北京市哲学社会科学规划办公室
北　京　市　教　育　委　员　会　资助出版

北京旅游发展研究报告 2019

北京旅游发展研究基地　编

北京·旅游教育出版社

《北京旅游发展研究报告2019》编委会

总 序

北京旅游发展研究基地是北京市首批省部级哲学社会科学研究基地，成立于2004年。北京第二外国语学院作为主要建设单位，通过四方共建协议与北京市哲学社会科学规划办公室、北京市教育委员会、北京市旅游发展委员会共同建设基地。基地的建设宗旨是：以北京第二外国语学院北京市重点学科——旅游管理为基础，依托本校旅游科学学院、商学院、中国旅游人才发展研究院、旅游教育出版社，联合校外北京市旅游发展委员会、首都旅游集团、北京高校旅游研究机构等单位，整合旅游及相关研究优势资源，紧紧围绕首都及全国旅游业发展过程中有待研究解决的重大理论和现实问题展开研究工作，推动我国及北京旅游研究领域的拓展、研究方法的创新和研究水平的提高，有效拉升北京旅游教学、研究和旅游业发展在国际上的层次和地位。

在前四个三年建设周期中，基地在北京市哲学社会科学规划办公室等各级领导、部门的关心和指导下，在北京第二外国语学院校领导的大力支持下，通过与北京市旅游发展委员会及各区县旅游局、各旅游企业、高等院校和科研院所的合作，取得了一批高质量的成果，同时举办了具有社会影响并逐步形成品牌的重要学术会议，为北京市及全国旅游研究和旅游行业发展做出了应有的贡献，实现了基地的建设目标，取得了优异的成绩。

从前四个建设周期的经验来看，“狠抓标志性成果建设，打造权威报告，提供观点和理论研究成果”是实现基地建设目标的重要途径。在新一轮建设周期（2017—2019年），基地继续秉承“前瞻视野、开放平台、权威报告、理论高地”的建设理念，努力实现“在充分满足北京市各类决策支持需求的前提下，抓住中国和国际旅游发展前沿的重大问题进行研究，做到‘北京旅游发展智库’和‘中国一流旅游学术研究机构’的统一”的建设目标。为此，基地学术委员会经讨论决定，为更好地发挥“智库”服务北京乃至中国旅游业发展的作用，第五个建设周期重新整合确立了三个研究方向：由首席专家邹统钎教授领衔的研究方向“旅游发展战略与政策研究”，重点研究国家、首都与地方旅游发展战略与产业政策规制、旅游服务国家“一带一路”“京津冀协同发展”、北京首都“四个中心”建设等重大战略，结合重大事件、重大项目研究，密切配合政府和有关机构，建设首都旅游专业智库，系统产出重要咨政成果；由基地学术委员厉新建教授领衔的研究方向“现代技术、大数据与旅游改革创新研究”，将基于人工智能、大数据等现代技术，一方面重点关注人工智能对旅游业发展的影响机制，另一方面重点关注旅游大数据与旅游者行为规律与机制研究、目的地营销创新研究、旅游产品及业态创新研究、旅游产业空间优化、旅游企业管理与服务优化、目的地在线声誉管理、旅游市场监管新模式；由学术委员谷慧敏教授牵头的研究方向“旅游企业发展与创新”，以旅游产业运行规律及企业管理为研究特色，重点关注酒店、旅行社、会展、健康服务、旅游分享经济、主题公园、民宿、餐饮等产业演化及标准，关注相关旅游类企业的投融资、财务会计、市场营销、服务运营、组织行为、人力资源、国际化经营、企业社会责任的前沿理论及实践。

今年乃至今后几年，基地陆续出版的标志性成果主要体现在两个方面：面向北京市政府及其旅游管理部门和企事业单位的《北京旅游发展研究报告》；面向旅游学术研究领域、致力于旅游学科建设和人才队伍培养的《中国旅游企业发展年度报告》《中国旅游目的地发展年度报告》《中国在线旅游年度报告》《中国旅游法评论》等。

《北京旅游发展研究报告》作为北京市哲学社会科学重点规划项目，其目的在于对北京市旅游经济与旅游市场的整体发展、北京旅游各行业运行状况、旅游供需市场、旅游行政管理及年度热点与创新等问题进行充分研究和集中展示，以期对实践具有一定的指导作用。在历年报告的基本框架基础上，新的《北京旅游发展年度报告》包括旅游行业发展趋势运行总报告、旅游业中各细分行业发展报告以及旅游热点。基地专家将尽最大努力，对每年北京旅游产业运行状况以及旅游研究热点和创新点进行全面阐述。

前期建设中，我们出版了《中国旅游法评论》《中国景区发展年度报告》《中国在线旅游研究报告》《中国上市旅游企业社会责任披露与分析研究报告》以及《中国休闲与旅游研究峰会论文集》等。基地依托我校外语、旅游优势，从产业、行业、企业三个方面对我国旅游业进行了充分的研究，展示了基地专家原创和多元视角的研究成果。

新一期建设中，基地继续加强《北京旅游发展研究报告》的研究和出版工作，使其成为反映我国旅游业发展现状、发展趋势、行业热点以及最新学术理论的标志性成果。基地同时计划推出新一期《中国在线旅游研究报告》，结合大数据、电商、线上平台等新兴热点、趋势，为我国旅游业发展提供建议。

作为中国旅游教育和研究的中心和基地之一，北京第二外国语学院始终将旅游学科的发展作为学校的重要战略。北京旅游发展研究基地依托于二外，除了完成作为一个北京市市级研究基地本身应完成的任务外，也直接服务于国家整体发展战略。我们期待通过基地全体研究人员的不懈努力，推动我国旅游教育和旅游学科发展，促进旅游学术界与行业主管部门、旅游业界的密切合作，为国家建设旅游强国、为北京市旅游产业发展提供更优质的研究成果和最直接的智力服务，以承担起时代赋予我们的责任，完成学者的历史使命和责任。

在此，我也代表基地衷心期盼业界同人对我们的工作提出意见和建议，并且参与到基地建设及相关工作中来，共同努力，合作发展，为首都和中国旅游事业的发展做出新的贡献。

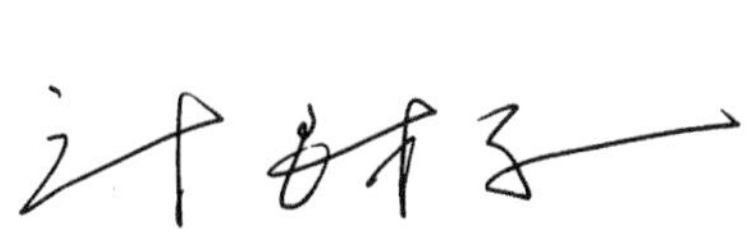

北京旅游发展研究基地负责人、学术委员会主任

北京第二外国语学院校长、教授、博士生导师

前 言

光阴荏苒，今年是北京旅游发展研究基地（以下简称“基地”）走过的第15个年头。自2004年成立以来，基地秉持“开放平台、前瞻视野、权威报告、理论高地”的建设理念，围绕过去一年北京市旅游业市场发展状况、行业运行中存在的问题及发展趋势，定期发布权威的《北京旅游发展年度报告》，已经成为基地建设的一项长期任务。《北京旅游发展年度报告》作为北京市哲学社会科学重点规划项目，通过对北京市旅游经济与旅游市场的整体发展、北京旅游各行业运行状况、旅游供需市场、旅游行政管理及年度热点与创新等问题进行深入研究和集中展示，以期对产业实践提供一定程度的指导。

《北京旅游发展研究报告2019》主要由总报告、行业发展报告和热点与趋势专题三个篇章组成。

第一篇为总报告：2018—2019年世界与中国旅游业发展大趋势。本篇在全面回顾2018年世界旅游业与中国旅游业发展状况与未来趋势的基础上，集中探讨了当前北京市旅游市场特征及产业发展状况。从市场分析来看，过去一年北京市国内旅游市场持续稳步增长，旅游人数和旅游消费总体向好，入境旅游人数“回正”，全年旅游外汇收入保持增长，居民出游力持续增长。从产业发展来看，酒店业经营表现继续回升，旅行社提质升级趋势明显，景区发展迎来契机，重点景区驱动市场模式创新。未来北京旅游业应持续推进旅游供给侧结构性改革，入境旅游方面，应促进政策扶持精准化，聚焦近程客源市场，重视国际社交媒体营销；出境旅游方面，应注重加强旅游定制等出境旅游产品创新，加大出境旅游管理；文旅融合方面，应注重盘活科技资源，积极推动“文化 + 旅游 + 科技”的融合发展。

第二篇为行业发展报告。本篇共由旅游景区篇、酒店篇、旅行社与旅游电商篇、会议与展览业篇四个板块构成。每个板块对各自主题相关的北京市场总体发展情况及基本特征进行深入探究，分别从产品结构、服务质量、业态体系、人才结构、运营现状、发展模式等角度甄别各主题发展中存在的问题，最后指明未来创新转型发展的新路径。

第三篇为热点与趋势专题。本年度热点与趋势专题篇主要由工业空间文化转型、老城保护与遗产旅游、康养旅游发展三个专题构成。

“工业空间文化转型”专题集中探讨了新形势下北京市工业空间文化转型的空间特点与转型模式。在全面回顾新中国成立以来北京市产业空间变迁的历史进程基础上，提出了北京市工业遗产空间的五种改造模式，并结合北京市范围内的代表性案例，对上述五种模式的基本特征进行了系统分析，进而指出了当前北京市工业遗产空间转型存在的主要问题以及未来应采取的改进措施。

“老城保护与遗产旅游”专题集中探讨了北京老城保护与遗产旅游的发展状况。在梳理北京老城保护与遗产旅游发展基本事实的基础上，分析了当前北京市老城遗产旅游开发与发展面临的压力与挑战，进而从遗产传承与可持续旅游观念、景区疏导与精细化管理、居民主体与遗产社区治理、主客共享与地方价值共创四个方面提出了未来北京市可持续推进遗产与旅游协同路径的对策建议。

“康养旅游发展”专题集中探讨了全国及北京市康养旅游产业发展的基本现状。在梳理康养旅游的理念内涵及提出背景的基础上，全面分析了现行的五种典型康养企业的运作模式，并指出当前北京市康养旅游发展面临的七大困难和挑战，进而提出下一步北京市发展康养旅游产业的对策建议。

《北京旅游发展研究报告 2019》是北京旅游发展研究基地服务北京和产业实践的标志性成果。为确保报告内容的专业性和权威性，基地专家学者搜集了大量资料，梳理研究了国内外最新的理论知识和实践经验，进行了多次学术研讨，反复斟酌，精益求精，在报告撰写工作中倾注了大量心力。

我们希望本报告能够为政府相关职能部门、旅游产业实践人员以及旅游领域的研究者们提供有益借鉴。当然，报告难免有欠缺之处，希望读者不吝赐教，多加指正。

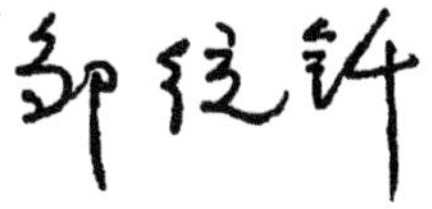

北京旅游发展研究基地首席专家、教授
2019 年 10 月 31 日

目　录

第一篇

总报告

2018—2019 年世界与中国旅游业发展大趋势①

邹统钎，邓　宁，李创新，韩　全，常梦倩

1. 世界旅游业发展现状与未来趋势

1.1 世界旅游业发展现状

1.1.1 世界旅游经济增速下降

2018 年全球贸易趋缓，全球旅游总人次和全球旅游总收入增速下降。据世界旅游组织（UNWTO）发布的 2018 年世界旅游晴雨表统计，2018 年世界旅游总人次达 14.03 亿人次，增速为 5.6%，较 2017 年（+7.0%）下降了 1.4 个百分点；2018 年世界旅游总收入达 1.448 万亿美元，增速为 4.2%，较 2017 年（+5.2%）下降了 1 个百分点。但从总体上看，世界旅游行业增速超过了全球经济的平均增速，较 GDP 增速的差距逐步缩小。

1.1.2 五大区域旅游发展呈现增长态势，三足鼎立格局逐步形成

全球各区域国际旅游人次均呈现出增长态势，据世界旅游组织发布的最新数据显示，全球 220 个国家或地区中实现国际旅游人次增长的国家或地区占比达 84%。其中中东（+10%）和非洲（+7%）板块增幅最为明显，亚太板块（6%）与欧洲（6%）板块均有所增长，而美洲板块的国际旅游人

① ［**作者简介**］邹统钎，男，江西吉安人，博士，教授，博士生导师，现任北京第二外国语学院校长助理、北京旅游发展研究基地首席专家，中国文化和旅游产业研究院院长、中国文化和旅游大数据研究院院长，兼任世界旅游城市联合会专家委员会副主任、亚太旅游协会人力资本开发委员会委员、国家教育部旅游管理类专业教学指导委员会副主任、中国国土经济学会副理事长、中国旅游协会旅游教育分会副会长、国家社会科学基金委员会管理科学规划专家、国务院学位委员会全国 MTA 教育指导委员会委员。邓宁，男，湖南湘乡人，博士，副教授，北京第二外国语学院旅游科学学院副院长，北二外旅游数字营销与人工智能研究中心主任，中国旅游景区协会标准化委员会副秘书长，主要研究领域为旅游大数据及旅游在线营销。李创新，男，管理学博士，北京第二外国语学院旅游科学学院副教授，主要研究领域为旅游市场与开发、旅游社会文化地理。韩全，女，北京第二外国语学院旅游管理专业硕士研究生，主要研究方向为旅游目的地管理与旅游规划。常梦倩，女，北京第二外国语学院旅游管理专业硕士研究生，主要研究方向为旅游目的地管理与旅游规划。

次增幅变小。近年来，欧洲板块和美洲板块的国际旅游人次和收入占全球比重持续下降，亚太板块比重显著上升。虽然目前欧洲板块的国际旅游业在全球仍占据绝对主体地位，但欧洲、美洲、亚太三大板块国际旅游的三足鼎立格局已经逐步形成。

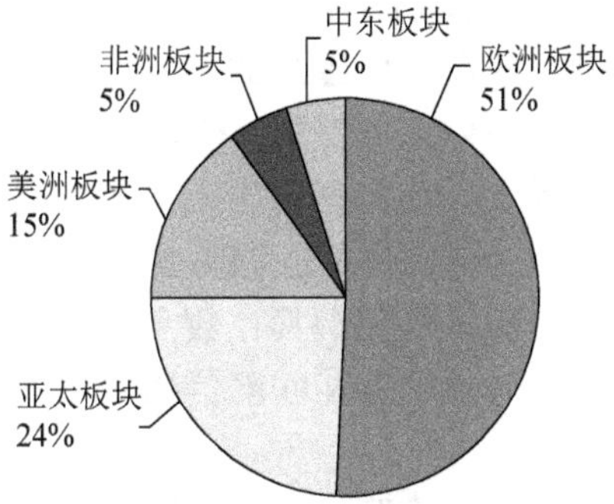

图 1　不同板块国际旅游人次占全球人次之比

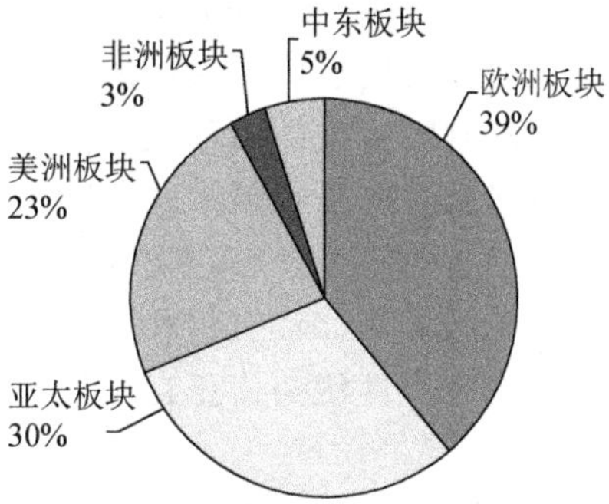

图 2　不同板块国际旅游收入占全球收入之比

1.1.3 全球旅游投资持续增长，带动就业能力凸显

2018 年全球旅游投资规模达 9409 亿美元，据世界旅游及旅行理事会（WTTC）预测，2019 年将增长 4.4%，到 2029 年全球旅游投资规模将达到 14 895 亿美元，占全球投资总额的 5.0%。与此同时，这一增长又反向促进了就业机会的创造。2018 年与旅游业相关的工作岗位达 328 208 000 个，占世界经济带动工作岗位总数的 10.0%，在过去五年中为全球贡献了约五分之一新工作岗位。

1.2 国际旅游发展热点

1.2.1 国际关系持续突变，旅游发展进程频频受阻

政治、经济环境的不确定性对旅游业及国际入境旅游人次和旅游收入产生重要影响。2018 年以来中美贸易战持续升级，赴美签证正在慢慢收紧。2019 年 6 月 4 日，新华社连续发出《文化和旅游部提醒中国游客近期谨慎前往美国旅游》《外交部发布赴美安全提醒》两文，中美关系达到冰点。美国钻石国际旅行社（DISTA）表示，自 6 月 4 日官方发布两次提醒之后，其赴美订单出现了较大规模的退款，约占总订单量的 10%。

此外，受政治、经济环境的影响，出入境旅游签证政策缩紧。2018 年，泰国、缅甸两国取消了对华免签的政策。英国退欧的政治不确定性使得前

往欧洲旅行的英国公民受到限制。受欧盟影响，新西兰决定自 2019 年 10 月 1 日起加强对访问本国旅客的限制，规定包括加拿大在内的 60 个免签国家，以及搭乘邮轮入境新西兰的乘客，都需提前申请电子旅行签（Electronic Travel Authority，简称 ETA）。

1.2.2 中国旅游移动支付领跑全球，旅游消费越发便利

随着智能手机普及率的增长和移动支付业务在世界各地的普及，越来越多的旅游者使用移动设备支付与旅行相关的服务。据美国 – 亚洲旅游中心合作发表的报告显示，全球 60% 以上的移动支付用户是中国人，支付宝和微信支付在海外移动支付市场占据主导地位。与此同时，服务提供商也正不断增加与移动支付相关的选项，例如区块链技术凭借其在数字身份管理上的安全性优势，正在引发一场有关旅游支付领域和互联网信用体系的革命。

1.2.3 Booking 与 Airbnb 加速房源拓展，在线住宿预订领域竞争加剧

近年来，素以传统酒店预订业务为核心的 Booking.com 开始向短租领域进行拓展，截至 2018 年 11 月，Booking.com 称其上线的非标住宿房源（民宿、公寓等独特住宿类型）达 570 万套，与 2017 年相比同比增长 21%，领先于 Airbnb 而成为其在短租领域的强大对手。与此同时，另一线上旅游代理寡头集团 Expedia 也正试图在其平台上增加非标住宿比例，综合展示传统酒店和非标住宿房源，简化消费者的预订过程。而 Airbnb 则加速由民宿短租向酒店分销业务的延展。2019 年 3 月 18 日，Airbnb 宣布收购酒店预订平台 HotelTonight，又于同年 4 月宣布与印度酒店集团 OYO 联手进军连锁酒店板块，加强对印度、中国等新兴市场的渗透。自此，OTA 企业间竞争日益激烈。

1.2.4 人工智能技术快速发展，旅游产业应用步伐加快

2018 年人工智能、大数据等技术逐渐在旅游产业中投入使用，为旅游企业提供更为精准的旅游市场预测和建议。据 Booking.com 最新一项调查发现，近三分之一的旅行者会乐于让电脑根据他们的旅行历史信息规划下一次旅行。德国最大的旅游经营商国际旅游联盟集团（TUI Group）和人工智能旅游规划服务公司 Utrip 合作创建了一个个性化的旅行规划服务，仅凭用户输入的一些简单的细节和旅行偏好，便可以为其设计出量身定制的旅行规划。

另一方面，旅游目的地管理部门及旅游服务提供商加快对大数据、物联网、AR、VR 技术的投资，丰富旅游者的旅游体验。2018 年 6 月万豪国

际酒店集团（Marriott International）与亚马逊达成合作协议，将亚马逊的Echo智能音箱置于酒店客房内，使酒店客人能够用其实现订购房间、呼叫保洁人员、呼叫礼宾部，以及订餐等需求，也可以借助Alexa语音助手控制酒店内的智能设备。

1.2.5 波音飞机频繁失事，旅游安全引发关注

当地时间2018年10月29日早上，印度尼西亚狮子航空一架波音737Max 8客机在雅加达起飞13分钟后坠毁在爪哇海，机上189人全部遇难。事后仅隔5个月，一架从埃塞俄比亚首都亚的斯亚贝巴前往肯尼亚内罗毕的埃航波音737Max 8客机于当地时间2019年3月10日上午坠毁，机上157人全部遇难。鉴于两次空难都发生在飞机起飞阶段，且失事机型相同，中国、欧盟、印度、澳大利亚、新加坡及加拿大的监管机构迅速宣布对波音737 Max 8禁飞，数十家航空公司也纷纷宣布暂停波音737Max航班，各大航空公司受损严重。

此外，由本国政局动荡或自然原因所引发的旅游安全问题也引发了国内外的广泛关注。2018年以来，斯里兰卡因部分地区暴力冲突、政治集会、游行罢工等问题，被中国驻斯里兰卡使馆先后两次发布了安全提醒。2018年7月5日下午，两艘载有127名中国游客的船只在返回普吉岛的途中，突遇特大暴风雨，分别在珊瑚岛和梅通岛发生倾覆，造成47名中国游客遇难。事故发生后，中国赴泰游客显著减少。2019年4月15日下午，法国巴黎圣母院突发火灾，整座建筑损毁严重，其中有超过300吨铅材料被焚烧、融化，有毒粉尘向周边扩散或造成周边居民“血铅”超标，对国际旅游者旅游目的地的选择产生潜在影响。

1.3 国际旅游发展趋势：旅游建设智能化、旅游营销去中心化、旅游交通绿色化

1.3.1 旅游目的地：自媒体将成为其旅游营销新手段

Flickr、Instagram等社交媒体正逐渐成为影响千禧一代选择旅游目的地的重要因素。据世界旅游市场的最新调查显示，在25至34岁的年轻人中，78%的人选择度假地的依据是能否在其社交媒体上引起粉丝的羡慕情绪。而旅游者也会受社交媒体的影响形成潜在的旅游意愿（Insta-holidays），并在做出决定前借鉴其他旅游者的建议和评论。如巴厘岛的金塔马尼（Kintamani）丛林秋千和巴哈马群岛的粉色沙滩等旅游目的地借助网红直播及社交媒体宣传的渠道吸引游客。

1.3.2 酒店行业：下行压力将推动其智能化建设

目前，酒店行业在经历了近十年的持续增长后开始呈现出回落态势，日均房价（ADR）、每间可销售房收入（RevPAR）和入住率的增长放缓。面对酒店消费需求下降、人力资源短缺及过度建设等问题，酒店将开始加大对人工智能、云管理平台以及物联网连接技术的投资力度，不断推出智能化的产品，提出创新性的概念和忠诚度策略，促进酒店业的发展。

智能房控系统、智能机器人在不断提升客人住宿体验的同时，也将减轻酒店用人成本的压力。2018 年，希尔顿集团和万豪集团大力推进其智能酒店客房项目。希尔顿计划在更多地区对自己研发的“Connected Room”智能客房系统进行大规模测试，并不断拓展其移动端应用“Hilton Honors”的服务功能，使其不仅能够用于智能开锁，还能控制照明、温度和电视机等。而万豪则与 Legrand 和三星集团展开合作，使用由三星开发的 ARTIK 云技术物联网系统将房间内的智能设备连接到客户的手机上。三星希望在 2020 年之前，将 ARTIK 的设备覆盖规模增加到 2000 亿件设备。与此同时，2018 年 11 月香格里拉酒店集团与腾讯签署战略合作文件，将利用腾讯的云技术、人工智能、社交和支付工具，通过“智慧酒店”解决方案，对酒店传统的服务、运营模式进行升级改造。此外，基于云平台的物业管理系统将有效地改进移动预订流程，提高入住管理的准确性和效率，保证用户的私密性。

1.3.3 OTA 企业：科技巨头公司将颠覆在线旅游产业

大型互联网公司在经营过程中储备了庞大的用户群与海量的消费行为数据，拥有先进的信息技术，这将使得他们能够极大地改变旅游者预订旅游产品及服务的方式。根据 MMGY 环球调查数据显示，2018 年在一站式旅游者眼中，谷歌已经成为仅次于 Expedia 的第二选择。而旅游供应商也更倾向于将谷歌作为其主要流量源与广告平台，来对抗 Expedia 与 Holdings 这两个线上旅游集团的双垄断地位。未来，亚马逊也将全面进入线上旅游市场，推出线上旅游预订系统，以低价和忠实的用户群体抢占在线旅游代理市场。

1.3.4 邮轮产业：IMO 限硫新规将促使其向绿色可持续发展

随着 2018 年 7 月国际海事组织（IMO）宣布将于 2020 年开始实施全球硫排放限制法规，嘉年华邮轮集团已在旗下六十多个品牌安装了脱硫设备，而迪斯尼邮轮、皇家加勒比国际邮轮和 MSC 邮轮等邮轮运营商巨头计划将液化天然气作为可替代燃料。与此同时，航空业、汽车业也开始争相改善它们的环境足迹，向绿色可持续发展。

1.3.5 旅游者：单人游将成为旅游新时尚

2018 年市场研究公司 Mintel 发布的单人旅行报告显示，在过去五年里，17% 的成年人选择独自度假（solo travel），同比增长了 2 个百分点。在集体旅行中，独自参团的游客人数增加了 40%。目前，“独自旅行”已开始成为人们选择放松、缓解压力的新趋势。与此同时，世界最大的探险旅游公司 Intrepid travel 在 2018 年发布了首个前往巴厘岛、印度或越南的一人游旅游产品，英国撒加邮轮公司（Saga Cruises）也在建造含有 109 个单人舱的新邮轮，旅游服务供应商开始逐步打造专为独自旅行的旅客提供服务的产品。

2. 中国旅游业发展现状与未来趋势

2.1 中国旅游业发展现状：市场经济平稳，政府监管增强，外部环境压力大

2.1.1 旅游产业平稳发展，出境旅游人次首次超入境旅游

2018 年国内旅游市场持续发展，入境旅游市场稳步进入缓慢回升通道，出境旅游市场平稳发展。2018 年全年，国内旅游人数 55.39 亿人次，比上年同期增长 10.8%；入出境旅游总人数 2.91 亿人次，同比增长 7.8%，其中出境旅游人次达到 14 972 万，首次超入境旅游人次（14 120 万）；全年实现旅游总收入 5.97 万亿元，同比增长 10.5%。经测算，全年全国旅游业对 GDP 的综合贡献为 9.94 万亿元，占 GDP 总量的 11.04%。旅游直接就业 2826 万人，旅游直接和间接就业 7991 万人，占全国就业总人口的 10.29%。仅 2019 年上半年，国内旅游人数就已达 30.8 亿人次，国内旅游收入 2.78 万亿元，同比分别增长 8.8% 和 13.5%。

2.1.2 旅行社与旅游景区数量稳步增加，星级酒店数量连续 10 年下跌

截至 2018 年底，全国星级饭店统计管理系统中共有星级饭店 10 375 家，且据国家统计局数据显示，我国星级饭店数量自 2010 年起逐年减少，一方面体现对于星级酒店的管理趋严，另一方面酒店评定星级对酒店经营者来讲吸引力下降；现有 5A 景区 259 家，包括 2018 年新推出的 9 家国家 5A 级旅游景区（贵州省铜仁市梵净山旅游区等），同时，旅游景区的动态管理不断加强，一批景区受到摘牌或警告处理；据国家统计局最新数据显示，自 2010 年起，我国旅行社数量逐年增加，现有旅行社 27 939 家，较 2010 年增加 5155 家，可经营境内、出境及边境旅游相关业务。这三个市场主体成

为我国旅游业发展的重要组成部分。

2.1.3 旅游市场监管力度加大，助力旅游业健康有序发展

文化和旅游部 2019 年提出，将建立以信用监管为核心的新型监管制度。在政策的推动下，旅游市场动态监管力度加大。以旅游景区为例，2019 年 7 月 31 日，在文化和旅游部召开的电视电话会议上，5A 级景区乔家大院因服务等不达标被摘牌。

我国省域旅游行政单位纷纷出台相关政策或开展有力举措加强旅游市场监管，例如安徽省、湖北省、天津市、四川省、西藏自治区文化和旅游厅均开展了对旅游市场经营者的规范性培训工作，一些地方政府充分利用大数据技术，建立了旅游行业信用监管平台（如三亚放心游消费市场监管平台），助力旅游业健康有序发展。

2.1.4 中美贸易摩擦堵塞中美两国文旅贸易渠道

自特朗普执政以来，美国对我国采取强硬的外交政策，大力推行贸易保护主义，并提高了赴美中国人工作签、学生签的标准，去美留学、工作甚至移民变得困难，2018 年美国对于中国的拒签率较 2017 年的 14.57% 提升了 2.43 个百分点，达到了 17%，其中仅 2018 年 5 月至 9 月，我国国民获得美国商务、教育和休闲娱乐签证的人数就比 2017 年同期减少了 10.2 万人，下降幅度高达 13%。

在此背景下，将堵塞中美两国文旅贸易渠道；影响中美两国文旅产业的投资、收购及并购；减少文旅产业的就业岗位——2018 年，我国游戏、影视、旅游等行业招聘需求大幅下降，掀起一阵裁员潮，根据 2018 年新三板挂牌文娱企业半年报显示，在 50 家影视类企业中，有 78% 的企业的员工数量减少；影响我国赴美商旅的人数，进而改变我国赴美旅游客源结构——美国国家旅游局总裁兼首席执行官克里斯托弗·汤普森表示，中国一直是美国旅游业极其重要的旅游客源国，2018 年中国游客在美消费额仍居首位，但中国赴美游客数量 15 年来首次出现下降，比上年下降 6%，并且今年以来继续减少。

2.1.5 乱港形势严峻，重创旅游业的发展

自 2019 年 6 月以来，香港发生了所谓的“不合作运动”，罢工、罢课、罢市，阻碍交通、火烧警署、严重搅乱社会治安。不仅严重影响香港市民的正常生活，更是引发了海内外游客对香港安全的忧虑，降低了游客的访港意愿，全港旅游业也因此遭到重创，导致 6 月旅游、消费下跌明显：从香港发布的一系列 2019 年 6 月旅游及消费数据来看，访港旅客人次约 514

万，环比下降 77 万人次；零售业总销货价值临时估计为 352 亿港元，同比下跌 6.7%；酒店入住率为 87%，同比下降 3 个百分点。

截至 2019 年 8 月 5 日下午 4 时，已经有至少 250 架航班取消，多条港铁线路停止服务。这些至港的交通线路停止服务，将直接导致到港旅游人数的快速减少。

2.2 中国旅游业发展热点：文旅走向融合，定制消费流行，夜间经济勃发

2.2.1 文旅融合如火如荼，旅游文创百花齐放

2019 年初，文化和旅游部部长雒树刚在 2019 年全国文化和旅游厅局长会议上就文化和旅游融合路径提出了具体的要求：理念融合、职能融合、产业融合、市场融合、服务融合、交流融合。据新旅界研究院根据公开信息统计，仅 2018 年 1—7 月，文旅相关产业投资事件就有 138 起，涉及拟投资总额超 5800 亿元，且目前超 70% 的百强房企已布局文旅产业，文旅成为房企转型的新抓手。

旅游文创产品作为文旅产业的一个细分领域，占据着旅游市场约 35% 的份额。早在 2017 年底，故宫文创产品总数就已突破 10000 种，年销售收入突破 15 亿元，开启了博物馆文旅融合产业发展的新局面。2018 年是故宫 IP 再次爆发的一年,《上新了 · 故宫》做了“IP+ 文创 + 消费”的尝试，从综艺、故宫口红、文创周边，到围绕《千里江山图》开发的手游《绘真 · 妙笔千山》，以及众筹期间售出 12.2 万册的《谜宫 · 如意琳琅图籍》，故宫 IP 和文创产品变得更鲜活。2019 年 5 月 19 日至 20 日，文化和旅游部举办全国旅游景区发展与文创产品开发座谈会暨全国文化和旅游资源开发工作会，围绕旅游景区发展与文创产品开发等工作进行阶段性总结和部署，并交流了最新的发展经验，为旅游文创产品的发展指明了方向。

2.2.2 夜间经济绽放活力

夜间经济在我国多城市的经济发展中处于重要地位，上海夜间商业销售额占白天的 50%，重庆 2/3 以上的餐饮营业额是在夜间实现的，广州服务业产值有 55% 来源于夜间经济，北京王府井超过 100 万人次的高峰客流时段也是在夜间。夜游项目作为文旅产业的新鲜血液，已经逐渐成为夜间经济发展中的重要组成部分，旅游者越来越喜欢在夜间出行进行游览和娱乐活动，且过夜游客的消费约为日游游客的 3 倍。目的地城市和地方景区逐渐发力，通过开发夜间项目来增加过夜游客的数量，夜游是城市与景区未

来发展的蓝海。

多地出台鼓励夜间经济发展的相关政策，2019 年 7 月 12 日，北京市出台“夜京城 13 条”再次将发展夜经济推上新高度，其计划在西城、朝阳、丰台、石景山、副中心通州和昌平等区域各打造一条深夜食堂特色餐饮街区。而在之前，上海、天津、重庆等地也纷纷颁布了相关指导意见，除了四个直辖市出台夜间经济发展措施，青岛、杭州、石家庄、南京、西安、成都、南昌等 13 地均发布过相关政策。提升夜间消费成为炙手可热的话题，在政策的有效扶持下，夜间经济大有可为。

2.2.3 旅游民宿二轮标星，推动规范发展及质量保障

在旅游业的业态中，住宿业是其中值得关注的领域。据途家民宿发布的 2019 年上半年发展报告显示，截至 2019 年上半年，途家民宿全球房源已超过 230 万，境内预订订单量同比增长 2 倍，境外预订订单量增长近 4 倍。

在民宿领域创业就业蓬勃发展的同时，国内民宿行业也正逐步走向规范化、成熟化的阶段。2019 年 7 月，国家发布了《旅游民宿基本要求与评价》，宣布民宿也可以评五星级。作为一种非标住宿业态，这一修订要求的提出，对于引导民宿行业的健康规范化发展提出了更加明确的方向与更高的要求。新的修订标准的发布，将会是国内民宿行业逐渐走向规范化、成熟化的一大转折，也将会给国内大量处于灰色地带的民宿产品带来一次大的洗牌与变革。

在线民宿市场发展迅速，2019 年中国在线住宿市场规模将超 3000 亿元，预计在线民宿市场交易规模将达 209.4 亿元，占在线住宿市场交易规模的 6.98%。在文旅融合的大背景下，民宿行业处在蓬勃发展的上升期。

2.2.4 高星级酒店卫生、安全问题频发，OYO 经济型快捷连锁酒店扩张迅速

2018 年，高星级酒店因卫生或安全问题被媒体和消费者频频曝光，在媒体曝光的现象当中，肮脏的口杯、污秽的毛巾、混乱的清洁程序等尤为突出，这已经严重威胁消费者的相关权益，为此，2019 年 7 月，武汉首家绿色洗涤基地正式投入运营，这家基地给每一条毛巾、每一条床单都“植入”了芯片，印上二维码，住店旅客扫码即可获知相关洗涤信息。然而，这一方式在全国酒店中的普及需要时间，这一乱象的根治更是需要政策强有力的支持及各酒店主体的严格自律。

2013 年，低星级酒店代表——OYO 印度经济连锁酒店成立。2017 年 11 月，OYO 酒店进入中国市场，在深圳开了首家门店之后，紧接着迅速布

局酒店在我国的扩张。2019 年 5 月 27 日，OYO 与携程计算机有限公司达成了战略合作，截至 5 月底，OYO 在中国拥有超 1 万家酒店、50 万间客房，其在中国的发展速度，远超其在印度本土的发展速度。

2.2.5 定制游消费翻倍，西南部城市为热门目的地

国务院总理李克强 7 月 31 日在主持召开的国务院常务会议中提到：为加快发展商品消费、深挖国内需求潜力、提升人民生活品质，会议确定，要顺应商业变革和消费升级趋势，鼓励运用大数据等技术，促进定制消费、智能消费等商业新模式发展。

暑期大促期间，马蜂窝境内定制游订单增幅达到 184%，境外定制游同比上涨 153%。随着游客个性化旅行需求的增长，定制游成为自由行之后兴起的新旅游品类，其正在从概念走向市场，定制游的门槛正在逐渐降低，旅行产品的内容和体验形式也越发多元，可满足旅游消费者的个性需求。

在境内目的地中，云南、青海、四川、新疆和贵州是国内定制游热门目的地，一方面，这些目的地本身就是暑期的热门旅游区域，另一方面，这些目的地均以长线旅游为主，涉及多个城市和景点，对交通、住宿、餐饮等资源整合能力要求更强，因此定制游发展较为迅速，加之智能技术的快速发展及应用，定制游有望实现高效发展。

2.2.6 国家文化公园建设方案推出，将建设国家文化财富的宝贵载体

2019 年 7 月 24 日，中央全面深化改革委员会第九次会议审议通过了《长城、大运河、长征国家文化公园建设方案》，会议指出，建设长城、大运河、长征国家文化公园，对坚定文化自信，彰显中华优秀传统文化的持久影响力、革命文化的强大感召力具有重要意义。

在党中央积极倡导“坚定文化自信、提高国家文化软实力”的背景下，国家文化公园的建设显得尤为重要。三大国家文化公园各自代表的是中国不同时代的历史文化，它们的建成，将成为我国文化传播的重要载体和渠道，也是我国新时期文化自信的展示平台。

当下，中国的国家文化公园尚处于前期的探索阶段，整体建设、运营管理、未来发展等都是在摸索中前进，让我们共同期待首个国家文化公园的面世。

2.2.7 景区门票加大优惠力度，在政策上加快全域旅游的进程

2018 年 6 月 28 日，国家发展改革委出台《关于完善国有景区门票价格形成机制，降低重点国有景区门票价格的指导意见》，为促进景区持续健康发展、推动旅游业高质量发展奠定了政策基础。

2019 年以来，多地纷纷出台相应的景区门票优惠政策，如浙江省衢州市自然型景区凭身份证在微信公众号上预约即可免费参观游览，江西省自 7 月 18 日起，对中小学生及大学生等实行连续两个月的免大门票的优惠政策，等等。这一系列优惠政策的实行，将有利于规范景区的价格管理机制，激励景区实现转型升级，进而推动全域旅游实现。

2.3 中国旅游业发展趋势：旅游服务智慧化，产品业态创新化，发展空间区域化

2.3.1 5G 技术助力智慧旅游高质量发展

2019 年 6 月 6 日，工信部向 4 家企业发放 5G 牌照，5G 网络建设全面铺开。5G 将为多个旅游应用场景提供更多支持，包括增强移动宽带应用场景，比如 AI 导游、AI 客服、VR 导游、3D 导览等；实现大规模物联网场景应用，比如手机扫码入园、扫码售票、刷脸入园、智慧厕所、无感停车、智慧酒店等；扩大高可靠低时延应用场景，比如智慧安防、无人机巡防、景区直播、数据平台等，给游客带来更便利、更深度、更沉浸式的体验；借助 5G 技术连接各类传感器，实时监测景区内的土壤湿度、人流密度，甚至垃圾桶、厕所等的使用情况，推动“智慧景区”服务管理质量跃升。

例如，重庆长江索道景区已运营“5G 技术长江索道 VR 超感体验”项目。与传统 VR 体验不同的是，5G 技术环境下的 VR 体验更加流畅、更加贴近真实情境，极具新鲜感的索道“5G+VR”体验项目成功地吸引了一部分游客的注意力，有效分散了客流。又如北京市公园管理中心携手华为公司与北京移动，将“5G+ 智慧公园”领域第一个试点设在了玉渊潭公园，利用 5G 网络高速率、大带宽、低时延的特性，解决高峰时段游客网上购票等问题。

2.3.2 2.5 天休假模式试行，丰富美好生活内涵

2019 年 7 月 1 日，江苏省委办公厅印发《关于完善促进消费体制机制，进一步激发居民消费潜力的实施意见》，旨在激发居民消费潜能，促进十大领域消费。其中，政策支持部分提出，探索在有条件的地区实施“2.5 天小长假”。“2.5 天小长假”一般是指周五下午加上双休日的休假方式。

此前，已有河北、江西、重庆、甘肃、辽宁、安徽、陕西、贵州、福建、浙江和广东等 10 多个省份出台了鼓励 2.5 天休假的意见。设置和实施 2.5 天小长假将会让国民增加外出旅游休闲的时间选择，为旅游业的发展提供利好条件，从而进一步提高人民群众生活品质，助力实现人民群众向往的美好生活。

2.3.3 实行区域发展大战略，大湾区文旅交流将更紧密

2019 年 2 月 18 日，中共中央、国务院印发了《粤港澳大湾区发展规划纲要》，并发出通知，要求各地区各部门结合实际认真贯彻落实。

纲要指出，积极开展对港澳台文化和旅游工作，推动粤港澳大湾区文化和旅游工作协调机制建设；举办第九届海峡两岸文化创意产业展、第十四届海峡旅游博览会和第十一届海峡两岸文博会；创新春节、中秋等节庆交流平台，提升“香江明月夜”“海峡两岸民俗庙会”等主题文化活动影响；持续打造“艺海流金”、情系钱塘——两岸文化联谊行等文化交流品牌，组织“如意甘肃行”等旅游推广活动，举办台北夏季旅展等；持续开展港澳台青少年文化旅游实习研学等活动，培育港澳台青少年中华文化认同。

据统计，2018 年全年经文化系统审批的对外文化交流项目有 3383 起，66 734 人次参加；对港澳文化交流项目 490 项，11 411 人次参加；对台文化交流项目 311 项，3642 人次参加。此次发展规划纲要的实行，将进一步推动大湾区的文旅交流。

2.3.4 旅游新业态持续笋出，体育、康养及研学旅游市场不断扩大

体育旅游成为新的消费热点。当前，公众对体育、对旅游的多样化消费需求日益增长。从“吃住行”到“游购娱”，再到“运健学”，体育旅游作为一种生活方式越来越受到人们推崇，成为新的消费热点。体育作为内容，进一步提升了旅游的资源价值，而旅游作为渠道，进一步拓展了体育的实现方式。去现场看比赛，去户外搞穿越，甚至到国外看球赛、玩滑雪、跑马拉松，早已不再是个别人的时尚，冰雪运动、山地户外、水上运动、航空运动、汽摩运动等已逐步成为大众休闲的重要组成部分。

康养旅游是旅游业新蓝海。在“健康中国”国家战略背景下，健康产业已经成为新常态下经济增长的重要引擎，大健康时代已全面来临。“康养”+“旅游”随之迎来黄金发展时期。国内养生旅游还是一片蓝海，据统计，2016—2020 年，我国康养旅游的市场规模将呈现快速增长的态势，年复合增长率有望达到 20%，2020 年市场规模将达 1000 亿元左右。但是目前我国康养旅游产业还处于初级阶段，健康旅游产品的供给还不是很充分，因此国内康养旅游的市场是无可限量，存在较大的发展空间。

研学旅行市场持续增长。2019 年中国旅行社协会发布《研学旅行基地（营地）设施与服务规范》，在政策上进一步引导并鼓励研学旅行健康发展。据艾瑞咨询的研究数据显示，研学旅行正以每年 20% 的增长速度，成长为

万亿以上规模的市场。但目前研学旅行市场的产品参差不齐，文化内涵丰富的研学旅行产品才是市场所需，才能在庞大的研学市场中赢得高速及高质发展的能力及机遇。

3. 北京旅游业发展现状与未来趋势

2018 年北京旅游业继续保持平稳发展，稳中向好，实现旅游总收入 5921.2 亿元，同比增长 8.3%；接待游客总人数 31 093.6 万人次，同比增长 4.5%。旅游餐饮和购物总额 3168.3 亿元，占全市社会消费品零售额的比重为 27%，比上年增长 1.8 个百分点。

3.1 北京旅游在全国的位次状况

中国国内居民出游力近三年持续增长，旅游逐渐成刚需。2018 年中国国内居民出游力指数再创新高，达到 17.8%，旅游消费大众化已成为趋势。从区域分布来看，出游力指数仍呈现东南沿海地区较高、西北地区较低的局面，但中西部地区出游力指数与东部地区差距有所缩小。

3.1.1 北京旅游：出游力指数全国排名第二

2018 年全国城市居民出游力指数排名前十位的城市依次是上海、北京、南京、武汉、杭州、苏州、广州、成都、深圳、郑州。

表 1　2018 年中国城市出游力指数 TOP10

位序	城市
1	上海
2	北京
3	南京
4	武汉
5	杭州
6	苏州
7	广州
8	成都
9	深圳
10	郑州

3.1.2 北京旅游：旅游消费热度全国排名第三

北京作为首都为旅游消费亦做出巨大客源贡献（排名第二），同时也成为旅游消费热度排名第三的城市。

表 2　2018 年中国城市旅游消费贡献 TOP10

位序	城市
1	上海
2	北京
3	广州
4	深圳
5	南京
6	郑州
7	武汉
8	苏州
9	杭州
10	长沙

表 3　2018 年中国城市旅游消费热度 TOP10

位序	城市
1	重庆
2	上海
3	北京
4	广州
5	南京
6	武汉
7	深圳
8	杭州
9	厦门
10	成都

3.2 北京旅游市场状况

2018 年北京市接待国内旅游者 3.1 亿人次，同比增长 4.6%。国内旅游总收入 5556 亿元，同比增长 8.5%。接待入境旅游者 400.4 万人次，同比增长 2.0%。其中，外国游客 339.8 万人次，同比增长 2.3%；港、澳、台游客 60.6 万人次，同比增长 0.1%。国内外旅游总收入 5921 亿元，同比增长 8.3%。全年经旅行社组织的出境游人数 510.9 万人次，同比下降 0.1%。

3.2.1 国内旅游市场持续稳步增长

北京市 2018 年接待国内旅游总人数 30 693.2 万人次，增长 4.6%；国内旅游总收入 5556 亿元，增长 8.5%。外省来京游和市民在京游两个市场均保持了稳定增长态势。

3.2.1.1 外省来京旅游情况

1. 总体核心指标

外省来京旅游人数 18 976.2 万人次，增长 5.9%；旅游收入 5077.9 亿元，增长 8.6%；人均消费 2676 元，增长 2.6%。

2. 花费构成

外省来京游客花费构成中，购物占比最高，达 32.4%，其次是餐饮和住宿，占比分别为 21.6% 和 18.8%，三者合计占比为 72.8%；长途交通占比 12.4%，景点游览占比 8.0%，市内交通占比 3.9%，娱乐占比 1.9%；邮电通信和居民服务占比较低，分别为 0.2% 和 0.1%。

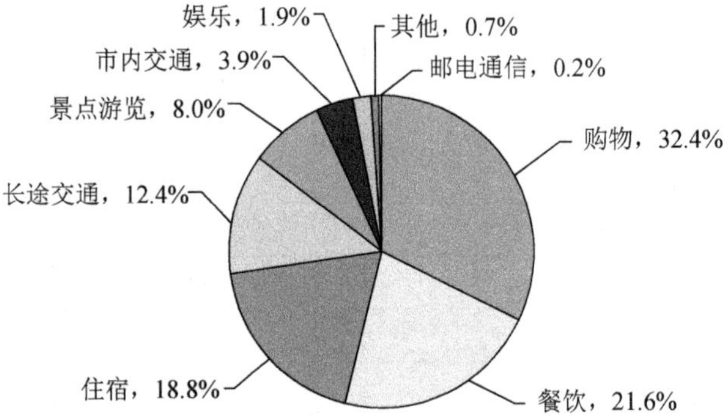

图 3　2018 年外省来京游客的消费构成占比

3.2.1.2 市民在京旅游情况

1. 总体核心指标

北京市民在京游人数 11 717 万人次，增长 2.5%；旅游收入 478.2 亿元，增长 6.6%；人均消费 408 元，增长 4.0%。

2. 花费构成

市民在京游花费构成中，购物占比最高，达 37.7%，其次是餐饮，占比为 25.1%，交通和景区游览占比相对较高，分别为 11.6% 和 10.8%，住宿和娱乐占比均为 7.0%，邮电通信占比最低，仅为 0.7%。

郊区游花费构成中，餐饮占比最高，为 28.7%，其次是购物，占比为 25.1%，二者合计占比为 53.8%；都市游花费构成中，购物占比超五成，达 54.8%，其次是餐饮，占比 20.2%，二者合计占比达 75.0%，其余占比相对较低。

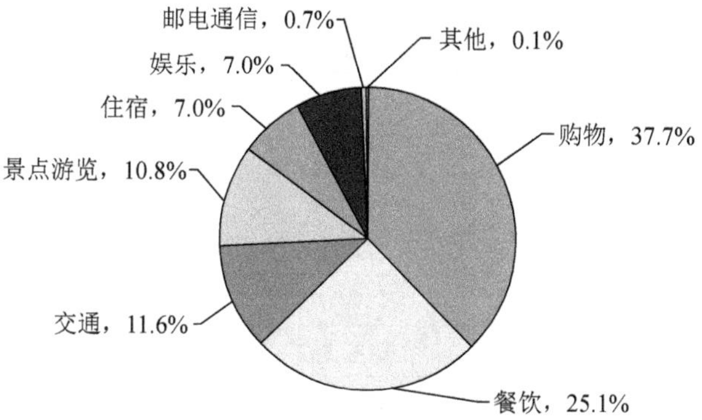

花费构成 %	购物	餐饮	交通	景区游览	住宿	娱乐	邮电通信	其他
全市	37.7	25.1	11.6	10.8	7.0	7.0	0.7	0.1
郊区游	25.1	28.7	15.2	12.4	11.0	7.2	0.3	0.2
都市游	54.8	20.2	6.7	8.7	1.7	6.8	1.7	0.1

图 4　2018 年北京市民在京的消费构成占比

3.2.2 入境旅游人数“回正”，外汇收入增长近一成

3.2.2.1 总体核心指标

2018 年，北京市累计接待入境游客 400.4 万人次，比 2017 年增加 7.9 万人次，增长 2.0%，是自 2012 年以来北京入境游人数首次“回正”，美国游客增加 4.7 万人次是入境游客人数上升的主要原因。其中，接待外国人 339.8 万人次，增长 2.3%，占接待入境游客总数的 84.9%；接待港澳台游客 60.6 万人次，增长 0.1%。

从主要客源国来看，2018 年，北京市累计接待美国游客 72.0 万人次，增长 7.0%；接待日本游客 24.9 万人次，增长 2.7%；接待韩国游客 24.8 万人次，增长 5.2%；接待德国游客 19.4 万人次，增长 0.3%。

从洲际客源市场情况看，2018 年，北京市累计接待亚洲游客（含我国港澳台地区）174.9 万人次，增长 1.4%；接待欧洲游客 101.2 万人次，增长 0.3%；接待美洲游客 97.0 万人次，增长 5.5%；接待大洋洲游客 17.4 万人次，增长 2.4%；接待非洲游客 8.4 万人次，下降 6.1%。

旅游外汇收入 55.2 亿美元，增长 9.6%（折合人民币 365.0 亿元，增长 7.5%）。人均消费 1378 美元，增长 7.5%。

表 4　2018 年北京市入境旅游客源市场结构图

客源国（地区）	来京人数（人次）	同比增长（%）
合计	4 004 078	2.0
中国台湾	241 953	–1.5
中国澳门	16 235	4.3
中国香港	348 219	1.1
外国	3 397 671	2.3
亚洲小计	1 142 967	2.1
日本	248 569	2.7
韩国	247 528	5.2
新加坡	122 864	10.2
欧洲小计	1 011 983	0.3
英国	159 341	–3.3
法国	126 598	3.2
德国	194 299	0.3
美洲小计	969 696	5.5
美国	719 898	7.0
加拿大	151 553	–1.0
大洋洲小计	173 824	2.4
澳大利亚	150 014	3.9
新西兰	19 800	–7.1
非洲小计	84 328	–6.1
其他小计	14 871	25.2

3.2.2.2 花费构成

入境游客花费构成（指人均天花费构成，来自于文化和旅游部 2018 年入境游客抽样调查数据）中，长途交通占比最高，达 27.2%，其次是购物和住宿，占比分别为 26% 和 19%，餐饮占比 8.2%，景点游览占比 3.9%，市内交通和娱乐占比分别为 3% 和 2.2%，邮电通信占比最低，为 0.7%。

3.2.3 出境旅游市场微降，总体人数与去年基本持平

2018 年全年，经北京市旅行社组织出境的旅游人数为 510.9 万人次，微降 0.1%。其中，出境游排名前五的国家分别是：前往日本 82.2 万人次，下降 21.1%；泰国 73.9 万人次，下降 3.1%；俄罗斯 28.1 万人次，增长 43.9%；越南 22.5 万人次，增长 36%；韩国 20.3 万人次，下降 20.1%。

前往港澳台地区旅游人数呈现下降趋势，前往香港旅游 12.0 万人次，下降 18.6%；前往澳门旅游 10.6 万人次，下降 30.8%；前往台湾 4.6 万人次，下降 26.6%。

表 5　2018 年北京市出境旅游客源市场结构图

总人数 / 地区	出境人数（人次）	增长（%）
首站前往地出境旅游总人数	5 109 328	–0.1
中国香港	120 469	–18.6
中国澳门	106 378	–30.8
中国台湾	45 585	–26.6
亚洲小计	3 537 699	6.0
泰国	739 352	–3.1
日本	822 163	–21.1
韩国	203 108	–20.1
印度尼西亚	166 854	–5.6
越南	225 490	36.0
菲律宾	171 003	208.1
柬埔寨	198 621	45.4
欧洲小计	1 670 293	–8.3
英国	60 984	–46.2
法国	167 567	–37.5
意大利	158 961	–28.7

续表

总人数 / 地区	出境人数（人次）	增长（%）
瑞士	135 178	–27.8
德国	133 784	–38.2
俄罗斯联邦	280 679	43.9
拉丁美洲小计	32 547	54.7
北美洲小计	179 266	–37.9
美国	158 081	–26.3
大洋洲小计	198 709	–13.3
澳大利亚	89 301	–20.3
新西兰	49 476	–21.6
非洲小计	144 916	–10.7
埃及	45 323	–38.5
其他小计	3296	–87.7

注：出境总人数采用首站前往地概念，指离开北京赴各国家或地区的游客总量，各洲际和国家或地区的人数采用前往地概念，既包括首站前往人数，也包括从其他国家地区中转游客。

3.3 北京旅游产业概况

3.3.1 星级饭店经营状况

星级饭店合计 450 家，其中四星五星共 180 家，出租率 66.9%，星级饭店平均房价 597 元 / 间天，其中四星和五星平均房价为 698 元 / 间天，营业收入 2 759 567 万元，利润总额 286 677 万元，从业人员平均人数 74 410 人。

3.3.2 旅行社接待及经营情况

在册旅行社合计 1192 家，外联（组团）人数 544.5 万人次，接待人数 337.8 万人次，实现营业收入 944 亿元，实现利润总额 590 亿元，旅游从业人员约 3.8 万人。

3.3.3 A 级及以上和重点旅游景区经营状况

A 级及以上和重点旅游景区 247 个，接待游客 3.1 亿人次，实现旅游收入 86.8 亿元，其中门票收入 50.3 亿元，商品销售收入 3 亿元，其他收入 33.5 亿元。

表 6 2018 年北京市景点景区最佳人气排行榜 TOP20

序号	景点名称	序号	景点名称
1	故宫博物院	11	北海公园
2	天安门	12	古北水镇
3	颐和园	13	恭王府
4	八达岭长城	14	雍和宫
5	天坛公园	15	玉渊潭公园
6	天安门广场	16	朝阳公园
7	香山公园	17	中国国家博物馆
8	圆明园遗址公园	18	景山公园
9	北京动物园	19	地坛公园
10	北京欢乐谷	20	北京野生动物园

近年来，故宫博物院稳居北京市热门景点榜首，成为最受游客欢迎的景点。以故宫取材或取景地的综艺，帮助故宫博物院以娱乐化的形式进入大众视野，吸引了众多游客参观。《我在故宫修文物》《国家宝藏》《上新了故宫》等大众喜闻乐见的综艺节目，也让故宫成了众多文化和旅游景区（景点）学习效仿的对象。

3.4 北京旅游发展趋势

3.4.1 持续推动旅游供给侧结构性改革

完善优化促进入境游、发展旅游商品、会奖旅游、144 小时过境免签配套政策、境外旅客购物离境退税政策。推动产业融合发展，开发推广文化、会展、体育、康养、研学旅游等五大类旅游产品。加强旅游商品体系建设，健全市、区、景区三级旅游商品体系。打造“北京礼物”系列旅游商品。扩大“吃在北京”旅游美食品牌影响力。培育“秀北京”旅游演出剧目。积极引导中国公民海外消费回流。

3.4.2 加大惩治与治理“一日游”乱象力度

按照“综合监管、部门联动、属地落实”思路，持续开展市场治理专项行动，围绕虚假网上信息、非法“一日游”揽客、强迫购物等问题，重拳出击斩断非法利益链条，增强游客的安全感、幸福感和获得感。完善旅游投诉信访接待受理机制，规范旅游投诉处理。推进旅游投诉属地化管理，做好市区两级旅游案件处理对接工作。

3.4.3 实施乡村振兴战略

持续实施京郊旅游“五十百千万亿”休闲体系建设。开展京郊旅游人才培训“百千万”工程。继续完善京郊旅游民俗户、小微企业融资担保制度和星级民俗户经营保险机制等政策体系。做好全域旅游工作，启动门头沟、昌平、平谷、怀柔、延庆 5 个区的全域旅游示范区创建与评估工作。推动门头沟全国旅游改革先行示范区建设。完善统计监测体系，研究分区旅游统计指标测算方法。

3.4.4 推进京津冀旅游协同发展

加强京张体育旅游休闲带、京东休闲旅游示范区、京西南生态旅游带等京津冀旅游协同发展示范区建设。完善“9+10”等区域旅游合作机制。加强旅游对口支援工作。

3.4.5 持续增进综合设施便利化

随着高铁时代的到来，区域之间的大交通便利化问题已经发生了明显的变化，但小交通的便利化问题也变得越来越突出，到达北京旅游度假区和景点的旅游专线或地铁并没有解决小交通的便利化问题，而自驾车方式也会带来堵车等旅游非便利化问题，因此，北京旅游在发展小交通方面仍需不断改善。

旅游业作为关乎人民发展的幸福产业，已经成为百姓生活方式的一种“常态”或“刚需”，它不仅会拓展人们生活的视野，还能提升大众感知美和发现美的能力，因此，北京旅游应围绕提高旅游者满意度和幸福度的目标，不断发展北京旅游特色和品牌，提升北京旅游品质和内涵，将北京建设成为具有东方特色的一流国际旅游城市和具有首都风貌的国内首位旅游中心城市。

3.5 北京旅游发展建议

3.5.1 入境旅游：政策扶持精准化，聚焦近程客源市场，重视国际社交媒体营销

文化和旅游部“统筹文化事业、文化产业、旅游业发展，加强对外文化交流，推动中华文化走出去”的主要职责，使得入境旅游将成为更受关注的发展领域。然而，近年来北京市入境旅游占全国入境旅游人次的比重持续走低，反映出北京市入境旅游面临着严峻的挑战。通过分析北京入境旅游市场存在的问题，本文有针对性地提出了政策扶持精准化、聚焦近程

客源市场、重视国际社交媒体营销等对策建议，旨在推动北京市入境旅游的健康发展。

3.5.2 出境旅游：旅游定制等出境旅游产品创新，加大出境旅游管理

受赴部分国家出境市场规模下降影响，2017 年北京市出境旅游市场出现整体下滑。在北京市旅游委对旅行社出境游服务质量加大监管力度的背景下，游客对旅行社、旅游产品与目的地旅游服务的满意度相对较高。为更好促进北京市出境旅游市场持续发展，涉旅企业可进行旅游定制、包机直飞等出境旅游产品创新，目的地旅游主管部门可提供针对性的产品与服务，客源地旅游主管部门需继续加大出境旅游市场管理。

3.5.3 文旅融合：盘活科技资源，推动“文化 + 旅游 + 科技”融合发展

北京科技旅游资源富集而真正意义的科技旅游却并不发达，北京需要加强引导性标准的研发，改变有资源无产业的状态，对高校、产业园、科技园等非旅游服务单位开展“科技旅游的总体规划”，通过“科技 +”重构科技旅游展陈方式，开发多层次科技体验项目，打造独具特色的科技旅游产品，盘活科技资源，推动“文化 + 旅游 + 科技”融合发展，满足广大科技爱好者对“科技体验”的需求，助力旅游发展。

第二篇

行业发展报告

2018年北京市旅游景区发展报告[①]

韩　霄，赵亚茹，陆文励，沈铮杰，吕　宁

前　言

随着我国社会经济的发展和居民人均可支配收入的增加，我国游客在进行旅游消费时越来越注重品质化，愿意花更多的钱来享受高端、有品质的旅游服务。体验经济时代，消费需求升级，消费者表现出更强烈的个性化、情感化和直接参与性等偏好。旅游者的旅游目的已不仅仅是走马观花，而是希望得到物质需求与精神需求的双重满足，其中情感、情绪的经历和感受尤为重要。在文旅融合发展的新时代，在景区投入越来越高、门票收入越来越低的情况下，旅游景区势必提升旅游文化内涵，增加文化创意产品，体现旅游产品供给品质化。广阔的旅游市场以及优越的旅游文化资源为北京文化和旅游融合发展创造了难得的历史机遇。

旅游景区数量爆发式增长阶段已经结束，景区等级结构更加优化，正朝着求精、求美、求特的方向继续前行。为迎合旅游者消费需求升级，北京市大力发展高端化、品质化的旅游产品，丰富定制化旅游产品的供给，深入发展红色旅游。中医养生、体育赛事、文化演出、精品文博、会议会展、研学旅行、文化遗产等定制旅游产品蓬勃发展。

---

① ［**作者简介**］韩霄，北京第二外国语学院旅游管理专业硕士研究生，主要研究方向为旅游与休闲经济。赵亚茹，北京第二外国语学院旅游管理专业硕士研究生，主要研究方向为旅游管理与旅游经济。陆文励，北京第二外国语学院旅游管理专业硕士研究生，主要研究方向为旅游与休闲经济。沈铮杰，北京第二外国语学院旅游管理专业硕士研究生，主要研究方向为旅游与休闲经济。吕宁，女，北京第二外国语学院旅游科学学院副院长，副教授，北京旅游发展研究基地研究员，博士，硕士生导师，兼任中国旅游协会休闲度假分会常务副秘书长，全国休闲标准化技术委员会委员（主任助理），中国文化旅游产业品质研究院（筹）副秘书长，中国职业安全健康协会户外教育安全分会委员，一带一路战略研究院研究员，主要研究领域为旅游宏观经济研究与产业规划、休闲经济学。

但是也要看到，北京市的旅游景区在发展过程中还是存在一些问题，如各区域发展不平衡、空气质量影响景区参观感受、低价一日游问题等，因此有必要在梳理旅游景区发展趋势的基础上，对北京市旅游景区发展的概况、特征、问题进行梳理研究，并提出针对性的对策建议，以此促进北京市旅游景区可持续、高质量发展。

1. 北京市旅游景区发展背景分析

1.1 全国旅游景区发展特点及趋势

1.1.1 文旅融合释放景区发展新动能

2018 年 3 月 13 日，国务院机构改革方案提请十三届全国人大一次会议审议。根据该方案，改革后，国家旅游局与文化部合并，组建文化和旅游部。3 月 17 日上午，十三届全国人大一次会议批准了国务院机构改革方案，文化和旅游部正式组建。4 月 8 日上午，新组建的文化和旅游部正式挂牌。文化和旅游部的成立，不仅是给旅游“加码”，更是给文化“赋能”，同时开启了文化与旅游融合发展的全新时代。景区作为旅游核心吸引物，是中国旅游业起步与发展的基石，文旅融合发展，不仅为景区发展提供了广阔空间，而且将更进一步驱动旅游行业的创新发展。

北京具有广阔的旅游市场以及优越的旅游文化资源，旅游景区类型多样，历史文化资源丰富，餐饮住宿业文化特色突出，乡村文化旅游蓬勃发展，演艺文化旅游市场前景良好，文化旅游人才资源丰富，同时北京正在全力建设全国文化中心，这正为文化和旅游融合发展创造了难得历史机遇。北京正抓住此次机遇，构建“两区、三带、多点、一圈”的历史文化旅游游览空间，创新文化旅游产品体系。目前，以故宫为代表的传统文化旅游景区和以 798 艺术区为代表的现代文化旅游景区带动了北京文旅市场的飞速发展，并深受国内外游客的关注与喜爱。

在文旅融合发展的新时代，在景区投入越来越高、门票收入越来越低的情况下，旅游景区势必提升旅游文化内涵，增加文化创意产品，体现旅游产品供给品质化。以“大火”的故宫为例，2017 年故宫门票收入约 7 亿元，但文创产品收入高达 15 亿元，是门票收入的两倍之多。故宫是差额拨款单位，国家每年提供 54% 的经费，剩余的 46% 需要通过其他途径挣取。因此，故宫不断地挖掘文化 IP，进行创新尝试，从《我从故宫修文物》到《如果国宝会说话》，从《国家宝藏》到《上新了故宫》，故宫 IP 可谓是本土 IP 挖掘的最好典范。从火爆朋友圈的“感觉自己萌萌哒”的雍正到一上线就卖断货的故宫口红，让我们看到文创产品、文化 IP 的巨大潜力。景区文创产品不断“上新”，吸引了景区众多的新游客，同时吸引老游客的不断回头，成为景区的新的盈利点，是景区收入不容小觑的一部分。

1.1.2 主题公园为品质旅游提供新内容

2018 年是中国主题公园市场飞速发展的一年。据不完全统计，截至目前，我国主题公园总量约为 2100 多家，投资在 5000 万元以上的有 300 家左右。主题公园对于满足广大人民群众日益增长的文化旅游需要、完善城市功能等发挥了积极作用，成为旅游业创新发展的重要业态。在我国旅游业持续发展、旅游消费持续升级及游客对主题公园的偏好不断增强的情况下，我国主题公园市场不断扩大，造就了一批有一定实力的本土主题公园品牌和公司，形成了华侨城集团、长隆集团、海昌控股、宋城演艺等多家主题公园公司并存发展的局面。

近年来，随着国际知名主题公园在一线城市落地，华东地区市场竞争不断加剧，加之二、三线城市居民对娱乐需求越来越高，主题公园也顺势而动，布局不断下沉。另一方面，主题公园正以轻资产模式加快品牌扩张。目前，包括宋城、华强方特、海昌海洋公园、华侨城等在内的多家公司都以轻资产模式进军市场。

此外，作为主题公园最重要的“软性”组成部分，主题演艺是让游客感受主题公园文化内涵和强化体验的最直接手段，是主题公园最核心文化的体验载体。各大主题公园相继推出沉浸式演艺，通过环境氛围营造及演职人员表演还原故事真实场景，并激励游客通过“角色扮演”方式主动参与，让参与者得到差异化的个性体验感受。如宋城演艺的“我回大宋”，为了达到沉浸式体验的效果，为游客准备了数万套各有特色、做工考究的古装，不穿古装的现代人将被谢绝入园，中途脱掉古装的游客将被衙役“捉拿”，押送至衙门，从而让数千名游客一起穿越到大宋，参与到《好汉劫法场》《岳飞点兵》《风月美人》《三千粉黛送柳永》《宋皇巡游》《包公铡美案》等演出中，共同演绎着千年前大宋的这一天。

1.1.3 旅游新业态为景区发展注入新动力

近年来，随着旅游消费的不断升级，游客需求多样化、个性化发展，旅游市场发生着巨大的变化，传统的旅游市场日渐萎缩，新的市场不断崛起，譬如冰雪旅游、康养旅游、研学旅游等主题旅游市场潜力巨大。随着 2022 年北京冬奥会临近，中国冰雪旅游迎来黄金发展期，《2019 年中国冰雪产业市场现状及发展前景分析》中指出，2018 年，我国总滑雪人次再创新高，达到 1970 万人次，比 2017 年的 1750 万人次增长了 12.57%。滑雪场数量不断增加，已从 2004 年的 170 个增加至 2018 年的 742 个，2018 年增幅为 5.55%。目前我国滑雪场数量已经超过全球的 1/3。中国的雪地产业得到了空前的发展，但这也不意味雪地市场已经接近饱和，目前中国的雪地市场在需求旺盛状况下依旧充满机遇。

此外，随着景区从“门票经济”向“产业经济”转型，围绕着景区的衍生业态不断兴起，从早期的农家饭到现在景区的主题餐厅，从农家乐到精品民宿、房车营地、乡奢主题酒店，还包括低空飞行、自驾营地、创意集市等，景区正从单一的发展模式中走出，开创一条多产业融合发展的道路。

1.2 互联网大数据助力旅游景区发展

1.2.1 从供给角度分析

随着互联网高速发展，旅游呈现出游客来源网络化、线上资源一体化、游客需求个性化等特点，这就要求旅游供给方重新整合和细分相关旅游资源，开发和实施更加个性化的服务，开辟游客旅游新方式，推动旅游产业结构的优化与发展。互联网技术的应用，为各行业累积了大量有价值的数据，这些数据对于旅游景区改善旅游产品和服务提供了重要依据，使针对性地开展个性化服务成为可能。除此之外，在互联网时代，景区整合资源的能力会明显提升，同时提供个性化服务的成本也会大幅降低。

此外，依托大数据技术，旅游供给方能够更加全面准确梳理游客构成、游客兴趣、轨迹、景区偏好等，同时进行游客属性分析、游客行为分析、旅游景区或目的地偏好度等分析，这一方面有助于旅游目的地的战略定位与精准营销，另一方面有助于旅游业态与产品的创新。通过大数据，相关旅游管理部门可以快速了解游客的数据和分布情况，分析所有旅游线路、消费行为、景点选择、热点、兴趣爱好等数据，准确预测客流趋势，进而采取相应措施做好客流服务。

1.2.2 从需求角度分析

在互联网快速发展的背景下，游客的旅游意识发生转变，消费心理需求层次提升，出行能力提高。随着旅游消费平常化，游客在旅行过程中不只局限在表面的观光，而是向学习、体验等主题进发。旅游消费体系日渐成熟，游客们能够通过网络、通信等科技手段对自己的旅途进行合理的规划。互联网的进步促进了旅行路线的多元化，增强了游客的安全感、便捷感和兴趣，游客消费行为也已从传统的 AIDMA 模式（注意、兴趣、欲望、记忆、行动）向含有网络特质的 AISAS 模式（注意、兴趣、搜索、购买、分享）发展。打开一部手机即可找到各类设施的位置，比如游玩项目、餐厅、厕所、商店、停车场等。各类旅游 APP 还能够帮助游客制定旅游路线，选择最佳的出行方式、出行时间，推荐最符合自己习惯的酒店、购物地点等。

互联网思维的运用，颠覆了传统旅游业的模式，通过 O2O 完全实现线上消费、线下体验的方式，为消费者提供更加自主、互动、实时的旅游服务，提高了整个旅游产业的服务效率。

1.2.3 从景区管理角度分析

通过大数据技术的应用，能够将景区内的规划、管理以及服务等有效融合，实现精细化管理，提升景区管理和服务的质量。在大数据背景下，通过推动智慧景区建设，实现景区内部的全面管理，包括技术设施建立、风险规避、环境整合等都包含在管理范畴之内，大大节省了人工管理和服务的时间以及工作量，有利于景区的优化升级，促进景区的进一步发展。同时，基于大数据，可以帮助景区绘制景区内精准的基础地图数据，帮助景区进行拥堵、排队等人流、车流大数据采集，分析基于位置的大数据，帮助景区进行实时活动信息、地址信息变更等在线数据管理。此外，大数据还有利于景区资源的保护和管理，从控制游客数量、明确责任到人、研发保护系统、构建监测体系等多个方面进行，全面发挥景区资源的保护作用，实现精细化管理目标。我国多数景区已经建立了景区物联网，可实时监控景区内部的动态数据，有效保护景区资源，并且构建了景区大数据中心与云计算平台，以便统筹安排、实时管理，处理突出性问题，对景区资源保护做出科学性决策。

大数据在行业监管方面也大有潜力可挖。借助于大数据，政府相关部门可以充分获取和运用信息，更加准确地了解市场主体需求，提高服务和监管的针对性、有效性。高效利用现代信息技术、社会数据资源和社会化的信息服务，一方面可以加强社会监督，发挥公众对规范市场主体行为的积极作用，另一方面可以降低行政监管成本。

1.3 旅游景区政策及相关法律法规分析

1.3.1 国务院办公厅印发《关于促进全域旅游发展的指导意见》

2018 年 3 月 22 日，国务院办公厅印发《关于促进全域旅游发展的指导意见》，就加快推动旅游业提质增效，深入推进旅游综合改革，全面优化旅游发展环境，更好满足旅游消费需求，走全域旅游发展的新路子做出部署。随着旅游消费不断升级，传统的景点旅游模式已不能满足现代大旅游发展的需要。人民日益增长的美好生活需要和旅游业综合管理滞后、产品有效供给不足等问题，要求各地区相关部门转变发展观念，打破固有的惯性思维，使旅游从区域的局部工作上升为整体工作，促进旅游业从单一景点景区建设管理向综合目的地服务转变。指导意见的发布，标志着全域旅游正式上升为国家战略，是大众旅游时代我国旅游业发展战略的一次新提升。

1.3.2 政府工作报告提出创建全域旅游示范区、降低国有重点景区门票价格

2018 年政府工作报告指出，我国要创建全域旅游示范区，降低重点国有景区门票价格。为贯彻落实中央经济工作会议和政府工作报告精神，发改委印发《关于完善国有景区门票价格形成机制 降低重点国有景区门票价格的指导意见》。文件指出，2018 年，在推进完善国有景区门票价格形成机制同时，降低重点国有景区门票价格任务取得明显成效。到 2020 年，以景区合理运营成本为基础，科学、规范、透明的国有景区门票价格形成机制基本健全，对促进景区持续健康发展、推动旅游业高质量发展的作用明显增强。景区是发展旅游业的重要资源和依托，景区门票价格直接关系人民群众切身利益，是社会关注的热点。政府此项举措不仅可以普惠消费者，推动以文化遗产、自然遗产等为主的国有景区回归公益属性，还可以倒逼景区摆脱对门票经济的过度依赖。有利于推动旅游业从单一的门票经济向产业经济转变，由景区景点游向目的地游转型。

1.3.3 多部门联合发布《促进乡村旅游发展提质升级行动方案（2018 年—2020 年）》

2018 年 10 月 10 日，文化和旅游部、国家发展改革委等 13 部门联合发布了《促进乡村旅游发展提质升级行动方案（2018 年—2020 年）》（以下简称《行动方案》）。《行动方案》重点在补齐乡村旅游道路和停车设施建设短板、推进垃圾和污水治理等农村人居环境整治、建立健全住宿餐饮等乡村旅游产品和服务标准、鼓励引导社会资本参与乡村旅游发展建设、加大对乡村旅游发展配套政策支持等方面出台政策措施，持续推进乡村旅游提质扩容。《行动方案》的发布体现了国家层面对乡村旅游发展的重视，明确了乡村旅游产业发展的任务，通过具体政策创新和措施保障，促进乡村旅游升级，给乡村繁荣注入新的活力。

1.3.4 北京市发布多个文件促进文旅融合发展

2018 年 6 月 5 日，北京市发布了《关于推动北京市文化文物单位文化创意产品开发试点工作的实施意见》，旨在指导和推动北京市文化文物单位开展文化创意产品开发试点工作，积极进行文化和旅游融合发展的政策突破和创新探索。实施意见指出，鼓励试点单位在确保公益目标、保护好国家文物、做强主业的前提下，采取合作、授权、独立开发等 3 种方式，开展文化创意产品开发工作。这为深入发掘激活北京市文化文物单位馆藏文化资源，加强文物保护利用和文化遗产保护传承提供了政策建议。同时也对推动优秀传统文化与当代文化相适应、与现代社会相协调，推陈出新、以文化人，推进经济社会协调发展，提升国家软实力，具有重要意义。

同时，为加快北京市文化创意产业转型升级，助力全国文化中心建设和构建高精尖经济结构，2018 年 6 月 21 日北京市市委、市政府印发了《关于推进文化创意产业创新发展的意见》，其中明确表明文化创意产业已成为首都高精尖经济发展的重要引擎。同时还指出新时期北京构建了由“两大主攻方向”和“九大重点领域环节”组成的文创“高精尖”内容体系。其中两大主攻方向分别指“数字创意”和“内容版权”，一者强调科技创新的功能支撑，一者突出文化内容的价值引领。在明确主攻方向的基础之上，提出重点打造创意设计、媒体融合、广播影视、出版发行、动漫游戏、演艺娱乐、文博非遗、艺术品交易和文创智库等九大重点领域及其重点环节，提出了文化旅游创新发展的要求。

另外，第十二届市委全面深化改革领导小组第九次会议审议通过了原市新闻出版广电局起草的《关于推动北京影视业繁荣发展的实施意见》，助力旅游与影视文化产业融合发展。市财政局通过旅游市对区专项转移支付资金、一般转移支付资金和中央对地方转移支付旅游专项资金，全力支持文化旅游融合发展。

2. 北京旅游景区发展状况分析

2.1 景区数量与结构分析

2018 年，北京市共有 A 级景区（点）241 家[①]，其中 5A 级 8 家，分别是故宫博物院、天坛公园、颐和园、十三陵、八达岭长城风景名胜区、北

① 采用北京市文化和旅游局在 2019 年 5 月 8 日公布的 A 级景区数量数据。

京市奥林匹克公园、孔庙和国子监博物馆、慕田峪长城，4A 级 75 家，3A 级 113 家，2A 级 40 家，1A 级 5 家。从景区数量上看，2018 年北京市 3A 级及以下的景区减少了 16 家，其中 3A 级景区减少了 9 家，2A 级景区减少了 5 家，1A 级景区减少了 2 家。4A 级景区增加了 4 家。2018 年北京市 A 级旅游景区在总量上减少了 12 家，高 A 级景区数量增加，景区等级结构更加优化，中间大两头小的特征没有改变。

2.1.1 景区数量总体分析

以北京市文化和旅游局的数据为依据，如表 1 所示，2018 年，北京市 A 级景区总量出现自 2013 年以来的首次减少，由 2017 年的 253 家减少至 2018 年的 241 家，减少 4.7 %。

表 1　2011—2018 年北京 A 级景区数量情况

项目	2011 年	2012 年	2013 年	2014 年	2015 年	2016 年	2017 年	2018 年
数量（家）	211	206	213	227	227	244	253	241
增量（家）	10	–5	7	14	0	17	9	–12
增长（%）	5.0	–2.4	3.4	6.6	0	7.5	3.7	–4.7

数据来源：北京市文化和旅游局

如表 2、图 1 所示，在等级数量上，自 2012 年以来，5A 级景区数量一直保持在 8 家，数量稳定；4A 级景区的数量在 2013 年、2018 年都增加了 4 家，2014 年增加了 5 家，2017 年减少了 1 家；3A 级景区数量占比最高，在 2015 至 2017 年之间，保持着较高的增长率，2018 年出现了下降的现象；2A 级景区数量在 2012 年至 2016 年间小幅上升，在近两年，数量有所下降；1A 级景区除了在 2017 年增加了 2 家外，自 2011 年以来数量一直在减少。

表 2　2011—2018 年北京 A 级景区等级数量情况

景区	2011 年	2012 年	2013 年	2014 年	2015 年	2016 年	2017 年	2018 年
5A 级景区	6	8	8	8	8	8	8	8
4A 级景区	63	63	67	72	72	72	71	75
3A 级景区	80	87	86	95	95	111	122	113
2A 级景区	46	36	42	44	44	48	45	40
1A 级景区	16	12	10	8	8	5	7	5

数据来源：北京市文化和旅游局

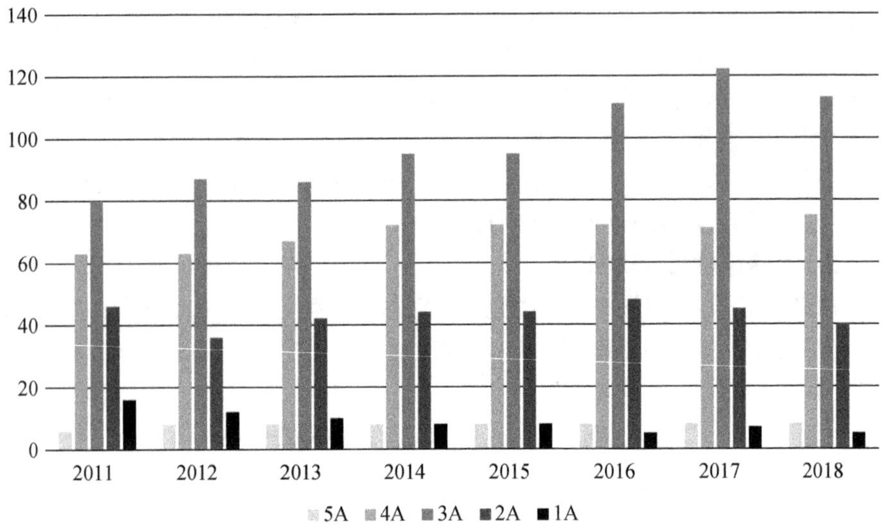

图 1　2011—2018 年北京市 A 级旅游景区等级数量

2.1.2 景区数量等级结构分析

2018 年，北京 A 级景区中依然是 3A 级景区数量最多，占北京市 A 级景区数量的 47%，4A 和 2A 级景区则分别占北京市 A 级景区数量的 31% 和 17%。而比例相对较少的分别为 5A 和 1A，占比 3% 和 2%。如图 2 所示，北京市 A 级景区等级分布依然呈明显的中间大两头小的结构特征。

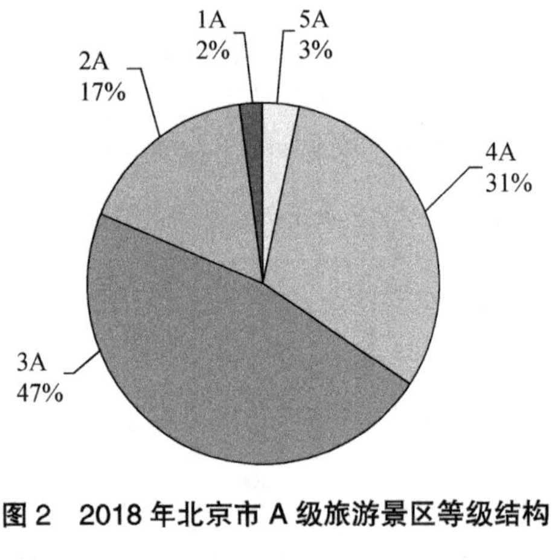

图 2　2018 年北京市 A 级旅游景区等级结构

2011 年至 2018 年，北京 A 级景区始终具有“橄榄球”的结构特征，

3A 级景区一直占较大比重，其次为 4A 级与 2A 级景区，而 5A 级、1A 级景区占比较少，质量等级结构总体趋于稳定。与 2017 年相比，2018 年高 A 级景区占比增加，低 A 级景区占比下降，A 级旅游景区等级结构更加优化。

2.2 景区接待人数与客源地分析

如表 3 所示，2018 年，北京旅游景区总体接待人数为 3.11 亿人次，较 2017 年增长 2.4%。自 2011 年至 2018 年，北京市旅游景区接待人数一直呈现上升趋势，年均增长率为 3.63%。

2018年北京市旅游景区入境游客量为753万人次，较2017年增长了3.0%，这是北京市旅游景区入境游客量自 2012 年以来第一次实现正的增长。由图 3 可以看出，2011 年至 2017 年，北京市旅游景区入境游客量一直呈下降趋势。

表 3　2011—2018 年北京旅游景区接待人数情况

项目	2011 年	2012 年	2013 年	2014 年	2015 年	2016 年	2017 年	2018 年
接待人数（万人次）	24 255	24 276	26 726	28 685	29 405	30 351	30 401.5	31 131.1
增长速度（%）	14.2	0.1	10.1	7.3	2.5	3.2	0.2	2.4
入境人数（万人次）	1030	1055	947	897	844	791	731.3	753.0
增长速度（%）	9.4	2.5	−10.2	−5.3	−5.9	−6.3	−7.5	3.0

数据来源：北京统计信息网

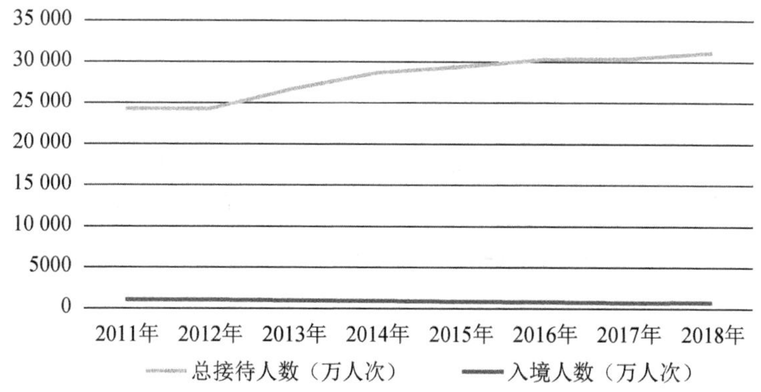

图 3　2011—2018 年北京旅游景区接待人数

数据来源：北京统计信息网

从图 4 可看出，2018 年北京旅游景区客源结构依然是以境内游客为主，占比 98%，入境游客占比较小，仅为 2%。境内游客中，外省市来京旅游人数 18 976.2 万人次，增长 5.9%；北京市民在京游人数 11 717 万人次，增长 2.5%。

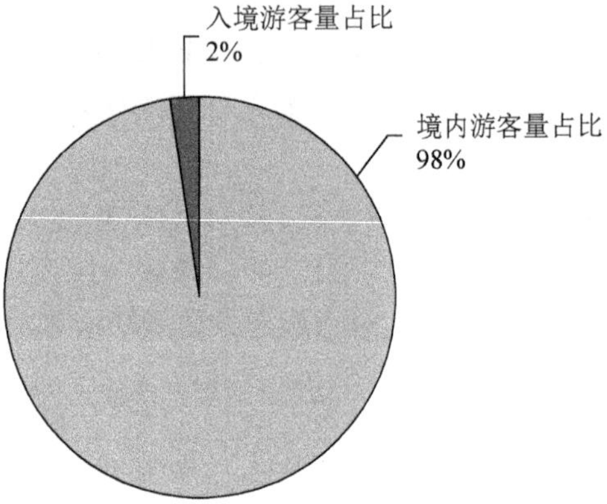

图 4　2018 年北京旅游景区境内、入境游客量结构

数据来源：北京统计信息网

2018 年，北京市接待入境游客 400.4 万人次，增长 2%。亚洲、欧洲、美洲一直是北京入境旅游的主要客源地，从表 4 可以看出，各大洲来京人数除了非洲下降 6.1% 外，其余各洲的来京旅游人数均有所增长，其中美洲来京人数增加最多，同比增长了 5.5%，其次是大洋洲，同比增长了 2.4%，亚洲（含我国港澳台地区）增长了 1.4%。

2018 年，北京的前十五位客源国家或地区分别是美国、中国香港、日本、韩国、中国台湾、德国、英国、加拿大、澳大利亚、法国、新加坡、俄罗斯、马来西亚、泰国和印度。美国、日本和韩国一直是北京的前三大客源国，在去年的同比下降之后，今年实现了同比增长。在前十五位客源国家或地区中，2018 年同比增长最多的分别是泰国和新加坡，实现了 19.2% 和 10.2% 的增长。同比下降最多的是来自印度和俄罗斯的游客，下降了 10.3% 和 6.1%。

表 4　各大洲来京旅游人数

	2016 年（人次）	同比增长（%）	2017 年（人次）	同比增长（%）	2018 年（人次）	同比增长（%）
亚洲（含港澳台地区）	1 881 225	−3.8	1 725 346	−8.3	1 749 374	1.4
欧洲	1 058 884	−1.0	1 009 286	−4.7	1 011 983	0.3
美洲	955 795	4.3	919 436	−3.8	969 696	5.5
大洋洲	175 769	8.0	169 805	−3.4	173 824	2.4
非洲	88 111	−0.9	89 828	1.9	84 328	−6.1
其他	5548	−23.9	11 875	114.0	14 871	25.2
总计	4 165 332	−0.8	3 925 576	−5.8	4 004 076	2.0

资料来源：北京市文化和旅游局

表 5　2018 年赴北京旅游人数前 15 名的国家或地区

序号	国家（地区）	2016 年（人次）	同比增长（%）	2017 年（人次）	同比增长（%）	2018 年（人次）	同比增长（%）
1	美国	703 381	1.3	672 800	−4.3	719 898	7.0
2	中国香港	352 942	1.0	344 319	−2.4	348 219	1.1
3	日本	248 261	−4.0	242 139	−2.5	248 569	2.7
4	韩国	379 410	−8.8	235 365	−38.0	247 528	5.2
5	中国台湾	248 507	−2.0	245 662	−1.1	241 953	−1.5
6	德国	205 575	−2.9	193 730	−5.8	194 299	0.3
7	英国	183 287	6.6	164 714	−10.0	159 341	−3.3
8	加拿大	152 901	17.4	153 018	0.1	151 553	−1.0
9	澳大利亚	146 019	7.6	144 324	−1.2	150 014	3.9
10	法国	131 740	−13.8	122 645	−6.9	126 598	3.2
11	新加坡	119 199	8.2	111 522	−6.4	122 864	10.2
12	俄罗斯	94 878	−7.6	93 076	−1.9	87 419	−6.1
13	马来西亚	80 773	3.5	89 663	11.0	87 105	−2.9
14	泰国	53 686	7.7	62 588	16.6	74 577	19.2
15	印度	74 605	−7.3	75 318	1.0	67 536	−10.3

资料来源：北京市文化和旅游局

如表 6 与图 5 所示，2018 年，北京旅游景区月度接待总人数在 4 月份出现小高峰，接待人数达到 3078 万人次，8 月份达到顶峰，接待人数达 3648.8 万人次，在 10 月形成次高峰，接待人数达 3557.2 万人次；1 月和 12 月接待游客量最低，分别为 1333.9 万人次和 1500.3 万人次，淡旺季明显。与 2017 年同期相比，6 月、9 月、10 月和 12 月接待人数有较高的增长，分别增长了 10.7%、21.4%、18.6% 和 10.6%，而 1 月、3 月和 4 月接待人数分别下降了 17.0%、6.3% 和 11.9%。

北京旅游景区接待境外人数月度淡旺季变化和接待总人数的淡旺季变化趋势基本一致，8 月和 10 月接待境外游客最多，分别达 77 万人次和 102.0 万人次；1 月、12 月接待境外游客最少，仅有 30.1 万人次和 34.4 万人次。与 2017 年同期相比，接待境外人数除 1 月和 12 月有所下降，其余月度均呈增长趋势，尤以 5 月、7 月、9 月增长较明显。

总体来看，2018 年北京旅游景区月度接待量具有较明显的淡旺季特征，4 月、8 月、10 月为旺季，1 月、12 月为淡季。

表 6　2018 年北京旅游景区月度接待人数情况

月份	1 月	2 月	3 月	4 月	5 月	6 月
接待人数（万人次）	1333.9	2159.7	2119.4	3078.0	2996.4	2666.1
同比增长（%）	–17.0	4.9	–6.3	–11.9	6.7	10.7
境外人数（万人次）	30.1	39.9	50.4	76.8	74.7	61.3
同比增长（%）	–15.4	9.3	12.1	8.3	22.1	6.2
月份	**7 月**	**8 月**	**9 月**	**10 月**	**11 月**	**12 月**
接待人数（万人次）	3101.9	3648.8	2889.9	3557.2	2079.7	1500.3
同比增长（%）	1.1	5.3	21.4	18.6	5.4	10.6
境外人数（万人次）	75.7	77.0	68.2	102.0	62.5	34.4
同比增长（%）	12.5	1.3	10.2	8.1	7.2	–3.3

资料来源：北京市统计局

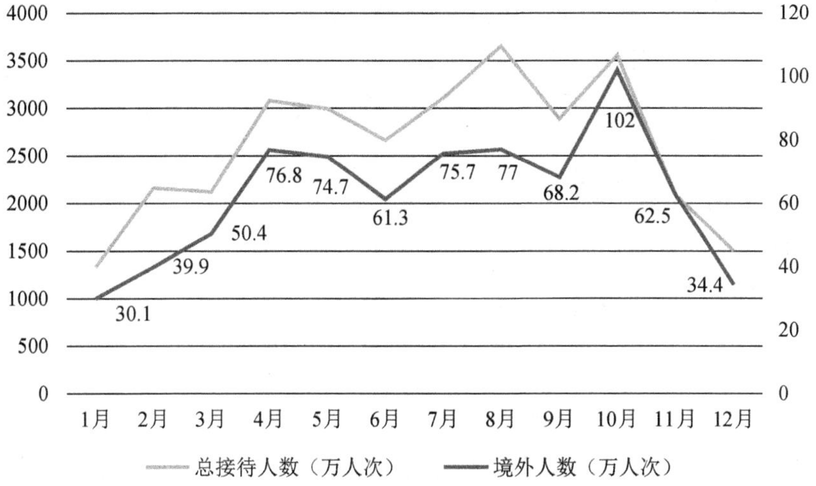

图 5　2018 年北京旅游景区月度接待人数

资料来源：北京市统计局

2.3 旅游景区收入分析

如表 7、图 6 所示，2018 年，北京旅游景区收入达 86.79 亿元，同比增长 4.9%，增长速度有所放缓。其中，门票收入达 50.32 亿元，占 58%，所占比重较 2017 年的 60% 有所下降，为近十年来最低水平，但仍然是景区最主要的收入来源，景区收入仍存在门票依赖；其次为其他收入，其他收入指旅游区（点）各项经营业务的收入中扣除门票收入、商品销售收入以外的场租、娱乐等项收入，占景区收入 39%，较 2017 年的 36% 有所增加；商品销售收入为 2.99 亿元，仅占 3%。与 2017 年相比，商品销售收入下降 0.2%，比重有所下降；其他收入增长 10.8%，增速放缓；门票收入虽有所增长，但增长幅度较小，仅为 1.6%。整体来看，2018 年景区的总收入、门票收入和其他收入保持历年来的增长趋势，但增长速度都有所放缓；景区的商品销售收入自 2013 年以来又一次出现下降现象；门票收入始终占据主导地位，非门票收入增量显著，占比有所提升，北京市核心景区正逐步摆脱“门票经济”依赖，景区收入结构更加多元化。

表 7　2012—2018 年北京旅游景区收入情况

项目	2012 年	2013 年	2014 年	2015 年	2016 年	2017 年	2018 年
收入（万元）	586 395	621 561	656 909	728 568	771 493	827 228.5	867 894.1
增长速度（%）	6.2	6.0	5.7	10.9	5.9	7.2	4.9
门票收入（万元）	380 993	398 495	417 698	462 318	475 262	495 242.2	503 234.8
增长速度（%）	3.6	4.6	4.8	10.7	2.8	4.2	1.6
商品销售收入（万元）	15 454	13 445	16 750	19 299	26 456	30 019.6	29 945.8
增长速度（%）	9.3	−13.0	24.6	15.2	37.1	13.5	−0.2
其他收入（万元）	189 948	209 621	22 462	222 462	269 775	301 966.7	334 713.5
增长速度（%）	11.4	10.4	6.1	11.0	9.2	11.9	10.8

数据来源：北京市统计局

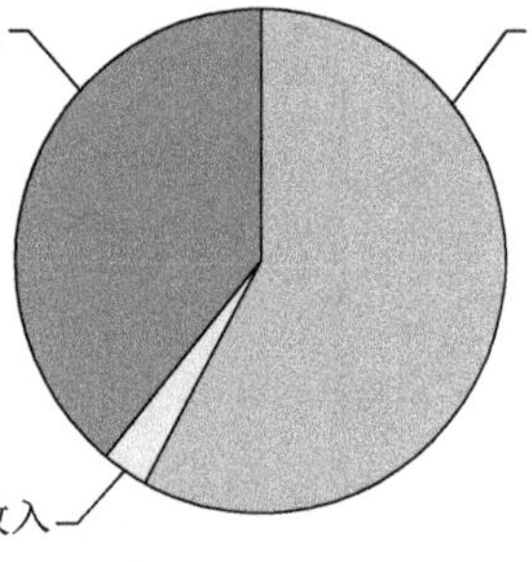

图 6　2018 年北京旅游景区收入结构

景区收入结构的变革是对“供给侧结构性改革”在旅游行业的落实。我国一直致力于促进景区转型，摆脱过度依赖门票经济的情况。2018 年 3 月起，我国重点国有景区降低了门票价格，北京市核心景区门票收入比重的下降很大程度上是由于门票价格的下调。北京市核心景区门票收入占比下降，体现了北京市旅游市场正在不断调整供给端，以满足消费端的多元化需求。

2.4 旅游景区投资分析

2018 年 1 月，时任国家旅游局局长李金早在《全国旅游工作会议》上提出，要着力引导旅游投资，创新金融支持方式，建立金融机构与旅游企业协作新机制。在旅游景区投资中，跨界投资趋势明显，地产、煤炭等传统行业巨头纷纷投资建设文化旅游城、主题公园、旅游度假区等项目，BAT等互联网企业也纷纷以多种方式介入旅游业。PPP（公私合营）、ABS（资产证券化）、IIF（产业投资基金）是旅游产业投资的新模式。资本作为重要纽带，将对重组旅游产业运营链发挥重要作用。中国文旅融合新模式及"旅游+"板块，值得业界关注，如北京山海文旅与中国工商银行、中国农业银行进行合作签约，是"旅游+金融"模式的实践。

根据新旅界研究院发布的《2018文旅产业投融资研究报告》，2018年，追踪到的全年投融资事件为295起，投融资总金额为1.37万亿元。首先，目的地资源端的文旅特色小镇和文旅综合体项目数量最多，占全部投融资事件数量的43.7%，投资规模合计达到1.27万亿元，占总金额的比例为92.53%。其次，产业服务端的产业运营管理、其他产业服务和智慧旅游类项目投资热度相对较高，投融资事件达到26起、17起和16起。自然和人文景区共发生投融资事件15起，披露的投融资总额为348.23亿元。从投资情况来看，新投资景区以自然型为主，四川、浙江等地新建景区项目较多。从融资情况来看，ABS、ABN等融资方式开始受到景区青睐，2018年瘦西湖通过ABN方式获得22亿元融资。从景区领域的发展趋势来看，提质升级、智慧景区建设将是景区未来发展的重点。

为了充分发挥政府资金引导作用和放大效应，北京市在2012年设立了北京旅游发展基金，遵照"政府引导、市场运作"的原则，实现了市场运作，政府资金与社会资本良性互动优化了北京旅游产业布局，推动了旅游发展方式转变。截至2017年底，基金累计投资项目5个，投资金额8.21亿元，全部处于旅游产业高端领域，其中1个项目已获利退出，投资收益率34.25%。通过基金投资，累计带动社会投资约150亿元，被投项目借助资本力量获得规模化、品牌化快速发展。旅游业金融支撑体系逐步建立完善。[①]

此外，北京市还于2014年成立了全国首个旅游类融资担保体系——京郊旅游融资担保服务体系，采取"政府引导，市场运作"的方式，撬动金融资本重点投向在北京市行政范围内从事旅游项目建设、民俗旅游、观光旅游、旅游商品开发销售和旅游新业态经营等旅游产业全链条（吃、住、

① 资料来源：北京市文化和旅游局。

行、游、购、娱）等相关的项目主体，包括中小微企业、农村合作组织、民俗户、3A 级及以下等级旅游景区，满足京郊旅游业众多从业者的融资需求，达到发展旅游、服务三农的目的。该体系推动了京郊旅游投资从政府直接投资向政府引导投资转变，是通过市场运作引入金融资本发展京郊旅游的创新尝试，是“处理好政府与市场的关系，使市场在资源配置中起决定性作用”的具体实践。

3. 游客消费需求与北京景区供给服务分析

3.1 游客新需求分析

3.1.1 多元化的旅游消费渠道

随着国内旅游市场的不断发展，游客的出游方式也在不断地发生变化，由原来的“跟着团走”，到如今的“我的行程我做主”。参团游客占国内旅游市场的比重不到 4%，散客化趋势明显。这也使得游客的旅游消费行为和购买渠道越来越多元化。

互联网的飞速发展和各类 OTA 平台的推广应用，使得人们更加习惯于从网上来获取各类信息和购买所需产品。游客尤其是青年游客已经养成了在线旅游消费的习惯，越来越倾向于从各大旅游网站和旅游平台上收集旅游信息、购买相关旅游产品和在线传播口碑。旅游行为内容扩充，增加了在线旅游行为。因此需要景区提供在线信息搜寻、在线预订、在线支付、电子导航、景区导览、在线评论等为主要内容的在线旅游服务。

根据艾瑞咨询发布的《2018 中国景区旅游消费研究报告》，在了解国内旅游景区信息方面，国内旅游用户主要是通过在线旅游预订网站广告（60.5%）和旅游攻略网站推荐（56.6%）这两个渠道。随着旅游网站上的信息越来越全面和细致，用户更多地选择从网上获取景区相关信息，从而规划自己的出行计划。国内旅游用户在预订门票的选择渠道方面，线上订票成为用户预订门票的主要形式，59.7% 的用户选择在线旅游网站上进行门票预订，而在景区售票处购买门票的用户只占到 8.8%，越来越多的游客会在线上为自己的出行做好准备。选择在线预订门票的用户中，接近九成（87.2%）的用户选择在移动端进行预订支付操作。2018 年国内旅游用户在未来预订景区门票渠道选择方面更加偏好线上预订的订票方式，其中在线旅游网站订票以 74.3% 的占比居于首位，这延续了当下用户的购票习惯。此外，其他线上购票方式，如电商网站、团购网站购票的用户占比也有所上升，景区售票处、旅行社等线下预订门票方式则不再是用户首选。

3.1.2 品质化的旅游消费行为

随着我国社会经济的发展和居民人均可支配收入的增加，我国游客在进行旅游消费时越来越注重品质化，愿意花更多的钱来享受高端、有品质的旅游服务。中国旅游研究院院长戴斌认为，“旅游已经从少数人的享受走进国民大众的日常生活；我国旅游经济正在进入大众旅游新时代、全域旅游新方位、品质旅游新阶段；老百姓的旅游消费诉求正在从有没有转向好不好、精不精”。

中国旅游研究院发布的“2018 旅游经济运行盘点”报告显示，我国旅游消费升级、消费分层协同发展。品质化消费诉求日益突出，2018 年国庆期间预订携程高端跟团游产品的用户比例高达 88%，纯玩无购物、高星级酒店、专属导游、精致小团、定制游成为今年国内游的关键词。根据银联商务、中国旅游研究院联合发布的《2019 春节旅游消费大数据报告》，高品质住宿设施[①]消费人次年增长率超 35%；与 2018 年春节相比，2019 年春节高品质住宿设施消费人次同比增幅高达 45.3%。根据艾瑞咨询发布的《2018 中国景区旅游消费研究报告》，2018 年国内旅游用户在游览景区过程中，没有进行额外消费的游客不消费的原因主要是觉得景区提供的产品品质达不到要求。这也表明了游客越来越追求品质化的产品。

3.1.3 个性化、体验化的旅游需求

旅游天然具有体验属性，体验经济时代，消费需求升级，消费者表现出更强烈的个性化、情感化和直接参与性等偏好，顾客体验成为新经济时代的价值取向。旅游者的旅游目的已不仅仅是走马观花，而是希望得到物质需求与精神需求的双重满足，其中情感、情绪的经历和感受尤为重要。旅游者渴望在旅游过程中求新、求异、求美、求知等需求得到切身满足。MacCannell 认为“旅游者是追求真实性的人”，旅游体验是旅游者为克服现代生活烦恼追求的一种“真实性”的经历而做出的积极反应。

随着旅游消费观念的日益成熟，旅游者对体验的需求日益高涨，他们已不再满足于大众化的旅游产品，而追求个性、情感、休闲等具有体验化色彩的旅游产品。中国旅游研究院发布的《2018 中国品质旅游发展报告》显示，旅游已经成为国民大众的日常生活选项，消费意愿连续四年排名第一位；个性化、体验性、定制旅游则更加受到年轻人的青睐。传统的标准

① 高品质住宿设施指每晚 1000 元以上酒店 / 度假别墅 / 温泉酒店 / 民宿等各类住宿设施。

化旅游产品，已经难以满足各类游客个性化需求。消费者需求个性化，推动了定制旅游从高端走向大众。2013 年以后，一方面由于跟团游在过去多年中出现的恶性消费陷阱等问题，导致消费者对跟团游的信心下降，另一方面由于自助游对游客自己的自主规划能力要求较高，有个性化需求的这部分大众用户开始选择通过定制的方式来获取适合自己的行程。由艾瑞咨询发布的《2018 中国在线定制旅游行业研究报告》显示，高端定制旅游主要的用户特征为高净值用户，追求体验感的中产阶级也逐渐成为目标用户群体之一。

3.2 旅游景区新供给分析

3.2.1 “智慧化”、便利化的旅游景区服务

互联网信息技术和大数据的应用，推动了景区管理的全方位升级。“智慧化”、便利化的旅游景区服务可以对游客突发需求和投诉进行快速反应与处理，将服务质量管理落实到景区的每一个服务细节，游客对景区的服务体验也更为直观和可视。通过智能设备收集的信息，景区可以对游客的个性化需求进行分析，为景区的个性化服务、人性化管理提供数据支持。

（1）线上预约购票，游览更加便利

北京各景区实施线上预约购票，方便游客购票游览。网络售票提升了参观质量，省去了大量观众排队的时间，避免了体力消耗。如北京市所属的 11 家公园及中国园林博物馆全面增设互联网预约购票、刷码验票入园通道。颐和园、天坛公园、北海公园、景山公园、中山公园、香山公园、北京植物园、北京动物园、玉渊潭公园、紫竹院公园、陶然亭公园及中国园林博物馆门票目前均实现网上购买，电子票覆盖 41 个门区及部分核心景区，可直接刷二维码检票入园。购买电子票除了现场扫码外，游客还可在电脑和微信上购票：登录官方网站“畅游公园”购票；通过微信公众号“畅游公园”注册购票。游客购买网络电子票，刷码入园，省时省力，同时管理部门将在热点公园的重点门区适时设置刷码专用通道。这十二家公园（博物馆）最早可提前 5 天购票，方便游客出行前设计安排游览行程，最大限度地节省排队等候时间。在支付方式上，游客可使用微信、支付宝、网银支付，通过“畅游公园”微信公众号售票平台购票只能使用微信支付付款。游客购买但未使用的电子票可全额退款，无须支付手续费用，自游客选定游览日期起 7 日内均可在线操作退票，经后台审核后票款将全额原路退回支付账户。

（2）融入新技术满足游客需求

新技术的应用使得景区更好地满足了游客的需求。如故宫开发了360度全景虚拟模式，为观众提供优秀的游览体验。故宫博物院拥有庞大的宫廷建筑群以及数量众多的珍贵文物，每年也有许多精彩的展览，但是出于古建及文物保护的需要，很多地方并不具备向观众开放的条件，举办展览的时间也比较短暂。因此，对重要宫殿建筑以及精品展览进行360度全景虚拟再现，可为观众提供身临其境的游览体验。游客甚至不需要到故宫就能全方面地体验故宫。故宫对具有相应条件的宫殿，开发了VR模式，人们可以用手机搭配VR眼镜对养心殿、灵沼轩和勤倦斋三处进行身临其境的旅游体验。

3.2.2 发展夜间经济，打造夜间旅游产品

目前我国夜间经济如火如荼地进行着，夜间旅游产品作为文化和旅游产业的新鲜血液，已经逐渐成为夜间经济发展中的重要组成部分，旅游者越来越喜欢在夜间出行进行游览和娱乐活动。北京市尤其重视发展夜间经济，出台了十三条具体措施进一步繁荣夜间经济、促进消费增长。

北京积极推动中心城区4A级以上景区根据实际条件延长开放时间1~2小时。对符合条件的景区，北京将给予资金补助。支持景区推出健康、规范的夜间娱乐精品节目或驻场演出项目；在颐和园、天坛公园、奥林匹克森林公园、朝阳公园等地组织夜间游览活动项目。2019年元宵节期间，故宫博物院和北京市委宣传部共同举办了“紫禁城上元之夜”文化活动，这次活动是故宫博物院建院94年来第一次在晚间免费向观众开放。通过灯光照明及灯光布景，紫禁城内的午门雁翅楼、太和门、太和殿、东南角楼、东华门、东北角楼、神武门等区域霓虹闪耀，让观众可以在晚间游览紫禁城。

3.2.3 积极发展定制化旅游产品

随着我国社会经济的快速发展和旅游活动的普及，旅游者对于旅游的认知趋于成熟，越来越注重在旅游过程中获得文化、精神等深层面的体验。旅游者多样化、个性化的旅游需求推动了定制旅游的产生和发展。

北京市高度重视高端定制化旅游产品的发展，在2016年出台的《北京市旅游条例》中就提出要增加高端定制化旅游产品的供给，推出了30条中医体验旅游线路、22条精品文博旅游线路和31个中医国际医疗旅游服务包。2018年，北京市继续丰富定制化旅游产品的供给，深入发展红色旅游，推出44条红色精品线路。中医养生、体育赛事、文化演出、精品文博、会议

会展、研学旅行、文化遗产等定制旅游产品蓬勃发展。

3.2.4 持续推出具有北京特色的文创产品

北京目前拥有 3840 处文物遗存、500 多万件馆藏文物、179 个博物馆。北京许多文化文物单位利用各自丰厚的文化、文物资源展开创意衍生品开发，让更多人“把文化带回家”。

颐和园历时四年开发的文创糕点“颐和八景”广受赞誉，天坛也在线上线下联动推广天坛好物。元青花凤首扁壶和松石绿地粉彩蕃莲纹多穆壶，是首都博物馆的著名藏品，两个藏品的形象、色彩、纹饰和器形均已被充分利用，开发出两大系列创意衍生品。位于雨儿胡同的齐白石旧居，也以齐白石画作中的经典意向幻化出百余种主题创意衍生品。故宫文创产品致力于自主开发 IP，同时不局限于自主经营，也进行合作经营或者品牌授权。文创产品利用自身优势，友好融合传统文化和现代生活。产品内容顺应时代潮流，同时进行线上和线下经营。“故宫博物院文创旗舰店”和“故宫淘宝”一个古典庄重，一个俏皮卖萌，让越来越多的人实现“将故宫文化带回家”。故宫产品不再局限于高端定位，开始适应大众实际需求，市场定位也从 35~50 岁男性为主转变为 35 岁以下女性，推出包括故宫胶带、故宫口红等产品。2018 年北京故宫博物院文创产品数量超过一万种，年销售额 10 亿余元。

4. 北京旅游景区发展现存问题分析

4.1 雾霾严重，影响景区的参观感受

2018 年北京的天气较上一年有了一定程度缓解，但问题依然严峻。2018 年，北京市 PM2.5 年平均浓度为 51 微克 / 立方米，虽然较 2017 年同比下降 12.1%，但依然超过国家 35 微克 / 立方米的标准。2018 年，北京市 SO_2 为 6 微克 / 立方米，达到国家 60 微克 / 立方米的标准；NO_2 为 42 微克 / 立方米，超过国家 40 微克 / 立方米的标准；PM10 为 78 微克 / 立方米，超过国家 70 微克 / 立方米的标准，其中 PM2.5 仍是北京市大气主要污染物。

2018 年北京市优良天数达 227 天，占全年比重 62.2%，但剩余全年 1/3 的时间依然处于不同程度的污染环境，其中重污染日有 15 天。

空气污染和旅游业之间存在很强的关联性。一个目的地环境质量是影响其旅游吸引力和可持续发展的重要因素，严重的雾霾问题将会影响旅游目的地的形象，对游客的游览体验造成一定程度的破坏，甚至造成游客逃

离雾霾城市。

北京是我国的首都，是国内重要的旅游目的地和门户城市，但同时也是受雾霾影响较为严重的城市之一。根据客流量数据，北京每年冬季的旅游活动都较为冷淡，其重要的制约因素就是空气质量，雾霾已经成为影响国民旅游需求和偏好的一大因素，绝大多数游客都将避霾作为旅游目的地选择的重要考虑因素。雾霾天气对游客的身体健康、体验质量等都有直接影响，雾霾问题不仅影响游客的参观质量，更影响游客对北京这一旅游目的地的形象感知，使其产生负面情感，从而对当地旅游经济产生负面影响。

雾霾天气会严重影响人们的出行安全，由于雾霾天气导致能见度降低，不仅会给游客出游带来安全隐患的风险及增加交通时间成本，还会严重影响游客的游览心情和体验，甚至使得游客最终放弃出游。据调查，雾霾会影响游客的行为倾向，91% 的受访者认为雾霾对旅游交通有很大影响，83% 的受访者认为雾霾会严重影响目的地的旅游形象，一半以上的受访者会因目的地有雾霾而缩短停留时间甚至调整旅游计划。由此可见，雾霾的危害不容小觑，优质的环境成为发展旅游业的重要的一环。

4.2 市内交通拥堵，影响景区的可达性

北京机动车数量增长迅速，保有量长期保持全国第一。2018 年末北京全市机动车保有量达到608.4万辆①。北京私家车多用于早晚通勤，在早高峰时段各大道路车流量大，加之北京城市中心缺乏南北干道，二、三环交通压力极大，环路之间缺乏快速联络线，城乡结合部缺乏主干道，现有的环路节点和立交桥难以满足大流量需求。前往北京市内景区的游客经常被堵在了上班通勤的车辆当中，而选择地铁的游客更是难以在早高峰挤上一班地铁前往景区。

北京虽然对机动车进行了限号，但是北京现有的私家车存量已经压得北京交通透不过气来，从北京的道路拥堵情况来看，北京私家车、小轿车通勤是拥堵的根本原因，在北京拥堵的道路上公共交通的数目并不多。

另一方面，游客出游时间过于集中，五一、十一小长假和暑假期间均为旅游出行高峰期。旅游景点如北京的故宫、八达岭长城、天安门广场、颐和园、动物园、圆明园等著名景区都会吸引大量游客前往，北京市内及周边的车流也随之增加，无疑给北京交通要道增大了交通压力，进一步加

① 《北京市 2018 年国民经济和社会发展统计公报》。

剧了市内交通拥堵的情况，导致游客需要花更多的时间在交通上，影响了景区的可达性。

4.3 部分景区客流量过大，影响体验质量

每到小长假假期，北京几乎所有景区都挤满了游客，放眼望去，除了游客还是游客，而非美丽的景色，目所能及之处都是一颗颗攒动的人头。在各大景区，游客之间摩肩接踵现象比比皆是，密密麻麻没有一丝空隙，几乎让人无法动弹，进退不得。

以 2018 年"十一"黄金周期间为例，数据显示国庆期间北京全市重点监测的 176 家旅游景区累计接待游客 1285 万人次，同比增长 1%。累计接待人数前十名的景区为前门大街、什刹海风景区、颐和园、故宫博物院、北海公园、八达岭长城、圆明园公园、北京动物园、天坛公园和乐多港假日广场。

如故宫景区虽然早已全面实名制购票，严格按照每天 8 万最大承载量限额售票，并实时发布景区的在园人数控制入园人数，然而一旦到小长假，故宫也依然免不了出现游客摩肩接踵的现象。节假日游客满负荷接待现象严重，俨然已成为各大景区的一个常态。

在历史文化观光型景区中，过多的游客导致景点拥堵不堪，想要拍摄一组美丽的照片几乎难以实现，打开镜头映入眼帘的都是熙熙攘攘的全国各地游客。过多的游客也破坏了景区原有的宁静和氛围，令游客难以享受景区原有的美丽景色和意境，影响游客的旅游体验。在现代娱乐型景区中，各个游玩项目都排起了长队，一天的游玩时间大部分消耗在了排队等待上，真正游玩的时间和项目屈指可数，极大降低了游客的体验感和满意度。

4.4 观光为主，旅游体验项目不足

北京目前大部分景区仍以观光为主，旅游体验项目不足。除故宫等少数景区已将 VR、AR 等技术运用于景区游览中之外，大部分景区现有娱乐项目体验性依然不高，无明显特色。

《北京旅游发展报告 2018》指出，2017 年北京旅游总收入和接待总人次稳定增长，但旅游六要素中"游""娱"消费水平不足，旅游消费存在结构失衡现象。这从侧面体现出目前北京旅游体验项目不够充分，旅游产品开发力度不够，附加值相对较低，难以满足游客日益增长的体验需求。

现有旅游产品体验性水平不高，无法满足游客追求个性化、品质化、

多元化的需求，无法向游客提供充分的体验式活动。目前游客已经不再满足于自然山水、花鸟鱼虫等美景，同时也在追求个性化、别样化、体验化、情感化的旅游体验活动，并有一部分游客将寻求新奇、刺激作为出行主要动机。旅游同时越发注重对旅游产品、项目的感受以及体验，并非仅仅简单追求“到此一游”，而是在旅游过程中深入其中，在旅游的同时学习到新的知识或体会到新奇的体验。

但目前大多数景区面临资金、技术、人员等因素的制约，并非所有的旅游项目开发都能做到质优价廉，也并非所有的景区都有足够的经济实力去开发新的体验项目。这导致现有的体验项目仍停留于初级阶段，缺乏足够创意和体验，同质化的内容形式难以吸引游客的欲望，造成部分旅游项目既没有丰富的体验性，又没有深刻的文化内涵，仅能吸引游客一时的目光，难以给游客留下深刻的印象。

4.5 低价一日游问题亟待解决

北京低价一日游泛滥，强制消费问题突出，长期以来一直为广大游客所诟病。2018 年 7 月 17 日，北京市消费者协会发布《2018 年北京旅游消费市场体验式调查报告》。报告显示，北京一日游强制消费比例较去年有所下降，但依然存在。在全部北京一日游体验线路中，55% 的线路存在强制消费现象，而且，隐性强制消费成为主要形式。例如，在一日游线路中，在游览颐和园时，导游要求游客坐船经慈禧水道进入颐和园，否则赶不上时间；在另一条线路中，导游推出了强制自费项目“大龙舟”每人 100 元，称不交这个钱行程无法继续进行。

非法“一日游”经营者往往利用人们贪图便宜的心理，在闹市街头人流量较大的地点散发小名片、小广告，或依托部分快捷酒店、社会旅馆，以低价方式招徕客人，价格从 60 元至 120 元不等，声称可游览八达岭长城、十三陵、颐和园、故宫等景点。在网络上，一些经营者采取冒充中国青年旅行社、北京青年旅行社、中国国际旅行社、北京旅游集散中心等知名旅行社或以北京旅游团购网、北京旅游在线预订中心等名义，注册非法经营网站进行客源网上非法招徕。

游客在低价“一日游”过程中经常遭遇中途加价、改变行程和强行购物等欺客、宰客问题。低价“一日游”以低价团费揽客，途中收取高价“自费”以及设置“特产店”购物陷阱，甚至采取“不购物谁也别想走”的“热情”推销服务。低价一日游以游览为辅，购物为主，一整天十几个小时下来，真正的游览时间仅有 1~2 小时，其余的时间都被安排在了特产超市、玉器店等所谓优质特产店和各类自费景点。并且报名时虽明确有安排“免费的午餐”，但端上桌却是以凉菜为主的八菜一汤，几乎看不到半点荤腥。北京一日游打着低价“一日游”的幌子，实北京“一日购”的事实。

5. 新时代北京旅游景区发展趋势和建议

5.1 北京旅游景区发展趋势

5.1.1 特色旅游市场兴起，为景区发展注入新动力

随着社会的发展和人民生活水平的提高，旅游市场发生了剧烈的变化，固定业态的景区对游客吸引力逐渐下降，即传统旅游市场逐渐萎缩，而包含特色旅游的景区越来越引起消费者的关注，即新兴市场不断崛起。特色旅游，是指为满足旅游者某方面的特殊兴趣与需要，定向开发组织的一种特色专题旅游活动，通常也被称为“专题旅游”“专项旅游”和“特种旅游”等，如研学游、冰雪游、避暑游、网红打卡游、低空游等。2018 年我国滑雪总人次再创新高，达到空前的 2113 万人次，同比 2017 年的 1847 万人次足足增长了 14.4%。伴随 2022 年冬奥会的来临，中国冰雪旅游将迎来黄金发展时期。2018 年国内研学旅行人数达到了 400 万人次，市场规模达到了 125 亿元，人均消费 3117 元 / 次，研学旅行机构数量达 12 000 家，研学旅行逐渐由政府主导转向由企业主导。

北京市为促进特色旅游的发展，并为景区注入新动能，制定并落实了一系列相关政策。教育部等十一个部门于 2016 年 11 月印发的《关于推进中小学生研学旅行的意见》指出，中小学生研学旅行是教育教学的重要内容，是综合实践育人的有效途径。为贯彻此意见并保障研学旅行的顺利开展，北京市教育委员会发布了《关于初中综合实践活动、开放性科学实践活动计入中考成绩有关事项的通知》。同时为贯彻落实习近平总书记关于办好北京 2022 年冬奥会的重要指示批示精神，北京市于 2018 年 11 月发布《关于加快冰雪运动发展的意见（2016—2022 年）》，不仅为加快冰雪旅游的发展提供了政策支持，而且为成功举办北京 2022 年冬奥会奠定了坚实基础。

5.1.2 拓展景区夜游项目，满足游客精神文化需求

随着物质生活水平的不断提高，人们的精神文化需求也在不断提高。为加快推进北京市夜间经济发展，进一步繁荣夜间经济，更好地满足人民群众品质化、多元化、便利化的消费需求，北京市商务局于 7 月 9 日发布

实施《北京市关于进一步繁荣夜间经济促进消费增长的措施》，其中开发夜间旅游消费“打卡”地这项措施中明确指出：积极推动中心城区 4A 级以上景区根据实际条件延长开放时间 1~2 小时。为促进夜间经济的发展，景区需拓展夜游项目；为满足游客精神文化需求，景区需在夜游项目中体现本地文化内涵。今年春节期间上元节故宫夜游活动引起了人们的广泛关注，充分表明了景区夜游拥有广泛的市场基础。故宫运用灯光设计，打造场景变换，展现出具有时空穿越感的夜游产品，在带给游客奇妙体验的同时也满足了他们精神层面的需求。

5.1.3 顺应文旅融合之势，景区优质发展

为满足人民群众日益增长的精神文化需求，推动文化与旅游协调发展，文化部和国家旅游局于 2009 年 9 月 8 日印发了《关于促进文化与旅游结合发展的指导意见》，强调要高度重视文化和旅游的结合发展。习近平总书记在党的十九大报告中指出：“满足人民过上美好生活的新期待，必须提供丰富的精神食粮。”当前，国家大力推动发展旅游、文化、体育、健康、养老等“幸福产业”。旅游是文化的载体，文化是旅游的灵魂，文化与旅游相融合有助于实现人民美好生活的幸福产业。急剧变化的大众旅游文化消费需求，正在推动景区向优质旅游景区发展。优质旅游景区的发展就是提升人民生活的幸福感、安全感和获得感的重要体现。

北京市为促进景区优质发展，满足游客精神文化需求，高度重视文化与旅游产业的发展。同程旅游研究院和北京第二外国语学院首都文化和旅游发展研究院近日发布的《北京文旅消费大数据报告 2019》显示，2018 年度，北京市文化产业规模突破了 1 万亿元，其中与旅游产业密切相关的休闲娱乐产业的规模达到了 99.8 亿元，“文化 + 旅游”的产业规模将进一步扩大。故宫在新媒体时代迎来了新机遇，以故宫文物与文化元素相结合从而设计出的创意产品吸引了消费者的兴趣，并通过互联网化的语言与新生代消费者建立了紧密联系，成功地让传统文化焕发生机。

5.2 北京旅游景区发展建议

5.2.1 完善外部交通枢纽，提高景区可达性

2017 年 3 月 1 日，交通运输部、国家旅游局、国家铁路局、中国民用航空局、中国铁路总公司、国家开发银行六部门联合发布《关于促进交通运输与旅游融合发展的若干意见》，提出构建“快进慢游”的旅游交通网络。为改善北京市交通运行状况，提升交通综合治理能力，提高交通管理

水平，营造良好交通环境，缓解交通拥堵，北京市人民政府办公厅于 3 月 14 日发布《2018 年北京市缓解交通拥堵行动计划》，这为改善北京市内交通拥堵，提高景区可达性提供了政策支持。

首先，要完善北京市内旅游干线交通设施。城市旅游发展的前提条件是完善城市的道路网架，完善干线道路交通基础设施，从而实现中心城区各主要景区间便捷的功能联系，保障旅游景区间的快速可达性。其次，建设旅游公交巴士专线，如北京首都国际机场到景区的专线、火车站及汽车站到达景区的专线、酒店到景区的专线，逐步减少小汽车作为出入方式的比重，减少市内交通拥堵状况。最后，景区要提供适度的停车泊位，减少景区外部停车造成的拥堵，并鼓励自驾游旅客将车辆停放在换乘中心，换乘旅游巴士前往旅游景点。

5.2.2 景区承载量合理化，各项制度完善化

北京各旅游景区应根据《北京市旅游管理条例》标准，确定旅游接待承载能力，实行游客流量控制。一是核定环境容量，景区应该聘请专业人员针对景区环境核定游客承载量并公之于众。二是根据环境容量合理调控景区游客数量，旅游区（点）达到或者接近游客流量控制标准时，旅游区（点）的经营管理者应当及时进行疏导，并采取分时进入或者限制进入等措施来限制游客的进入，减轻景区负担。同时，景区要运用现代技术手段，及时向游客报告景区流量情况，避免游客爆满现象的发生。

在流量控制措施方面，北京各旅游景区还需完善各项制度。首先，日程安排采取多样设计，打破旅游团队的行动规律，避免热门景点高峰期，解决冷门景点的低谷期，从而实现景点间的冷热平衡。其次，门票实行预售制度。随着互联网的发展，数据库的建立，利用网络支付平台来完成门票预约成为控制游客流量的有效途径。最后，票价采用优惠制度。根据景区淡旺季推出不同票价；根据入区时间推出错时票价，如一些景区推出了下午四点以后入园的优惠票，还有一些景区推出较早入园的优惠票。

5.2.3 绿色环保旅游，景区生态化发展

作为一种复合型大气污染，雾霾已经成为我国严重的灾害性天气现象，严重影响着社会经济产业的可持续发展。旅游业是严重依赖生态环境和天气气候条件的产业，近年来北京市冬春季节频繁爆发的雾霾天气确实已经影响了北京市旅游业的发展，北京市要贯彻落实习近平总书记“绿水青山就是金山银山”的理念，提倡绿色、环保、低碳旅游，景区要向生态化发展。一方面旅游交通线路要便捷，旅游交通车辆要快捷。在机场、火车站、

汽车站及酒店周边设立旅游专线大巴上车点，减少私家车出行，以减少碳排放量，做到低碳出游；另一方面景区内要尽量使用纸质的提示牌，不仅景区内部售卖场所使用纸袋，还要提醒游客自带食物需使用纸袋，以减少塑料袋的污染；同时景区要对垃圾进行分类处理，降低垃圾对环境的污染。

5.2.4 从公共服务角度入手，改善一日游问题

无论是从旅游公共服务的供给端还是旅游公共服务的需求端看，满足游客需求是核心价值。即使从行业管理的角度看，发力点也应直接放在游客利益的维护上。可以通过联合排查、主动抽查、旅游者举报等手段严格处理危害消费者行为的经营者。首先，提供便利的信息服务，多渠道、全方位为游客提供“一日游”信息咨询及线路导览等，避免游客来京旅游上当，明确告知游客选择正规“一日游”途径。其次，在游客主要集聚区广泛设立旅游咨询服务台，解决游客咨询服务需求，避免被宰、被骗现象的发生。还可以尝试建立旅游投诉快速处理通道，以保障急于离京且赔偿数额较低的“一日游”游客合法权益的维护。最后，充分发挥北京旅游集散中心功能，使其充分实现“一日游”客源集散作用。关于《中华人民共和国旅游法》和《北京市旅游条例》实施情况的报告指出：全市旅游经营者依法经营，不断提升服务品质，为旅游者提供更加满意的服务，全市旅游投诉逐年下降，2016年、2017年和2018年上半年，分别受理非法“一日游”投诉1612件、897件和195件，同比分别减少79%、44%和60%。由此可以看出，北京“一日游”问题在不断得到改善，根治“一日游”这一影响首都形象的老大难问题有望早日解决。

5.2.5 增加景区体验项目，提升景区体验感

新时代国内旅游者的旅游需求日益增长，北京市旅游市场潜力巨大。消费者的出游目的不再是以观光为主，而是以获取体验感为主。对此，北京各旅游景区应努力扩大融资渠道，吸引社会资金的注入，开发一系列旅游体验项目，增加旅游的附加价值。景区体验项目要围绕相关主题进行设计，使游客在对主题项目的理解和感悟中获得对景区的整体印象。游客在旅游活动中并不仅仅局限于某一种体验，而是从多角度、多维度体验旅游带来的愉悦和快乐。因此，增加景区的旅游体验项目是游客获得景区体验感的关键。体验性项目的设计不仅要从横向上丰富体验项目的类型，还应从纵向上增加体验项目的深度。

体验型项目的类型越多，游客获得的体验经历才越多；体验型项目越丰富，游客获得的体验质量才越高。因此，景区体验项目的设计应充分挖

掘当地旅游资源的体验价值潜力，在此基础上进行多样化体验项目设计来增加景区吸引力。体验的精髓在于使游客身临其境，达到深度旅游的境界。因此，体验项目要尽可能涉及较多的感官，充分结合人的视、听、嗅、味、触等多方面感受，通过将各种感受结合在一起来塑造完美旅游体验。

参考文献

[1] 战冬梅 . 2018 景区行业发展态势持续向好 [EB/OL] . http://www.ctnews.com.cn/art/2019/1/31/art_150_34117.html.2019-01-31/2019-08-18.

[2] 中国旅游研究院 . 中国旅游景区发展报告 2015 [M] . 北京：中国旅游出版社，2015.

[3] 黄龙 . 网红重庆的都市旅游个性体验及开发研究 [D] . 重庆师范大学，2019.

[4] MacCannell，Dean. Staged Authenticity： Arrangements of Social Space in Tourist Settings [J] . American Journal of Sociology，1973，79 (3) ：589-603.

[5] 薛银 . 基于体验视角的南京亲子旅游产品开发研究 [D] . 南京师范大学，2017.

[6] 邹统钎 . 国外经典夜游项目发展经验借鉴 [N] . 中国旅游报，2019-03-26 (003) .

[7] 彭建，郭思远，裴亚楠，等 . 大陆居民对北京雾霾的旅游影响感知和态度研究 [J] . 中国人口 · 资源与环境，2016，26 (10) ：168-176.

[8] 唐承财，冯时，戴湘毅 . 雾霾天气对北京入境旅游者的影响分析 [J] . 干旱区资源与环境，2017，31 (08) ：198-202.

[9] 赵慧娟 . 北京“一日游”久治仍乱的原因分析及对策探讨 [J]. 中国商贸，2013 (26)：130-131+133.

[10] 顺应文旅融合之势 谋划景区发展之道——第三届中国景区创新发展论坛综述 [EB/OL] http://www.ctnews.com.cn/art/2019/2/25/art_150_35192.html.

2018 年北京市住宿业发展年度报告①

李　彬，哀　佳，刘承伟，王丹丹

前　言

2018 年到 2019 年上半年，北京市继续推进以疏解首都非核心功能为“牛鼻子”的核心工作，举办世园会、筹办冬奥会的大型事件活动，为北京市住宿业实现高质量发展提供了难得的历史机遇期。与此同时，“文旅融合”又是 2018 年到 2019 年北京市旅游业和住宿业发展的关键词。伴随北京市文化旅游局的正式成立，北京市文旅业发展掀开了崭新一页，北京市住宿业也随之进入发展的关键之年。2018 年 11 月 16 日上午，北京市文化和旅游局正式挂牌成立，2019 年 2 月，北京市文化和旅游局三定方案出台。北京市文化旅游局局长宋宇指出，当前北京市经济已实现从制造业向服务业、从生产型向消费型的转变，文旅产业发展迎来最好时机，发展文旅产业，丰富文旅产品供给，已成为推动首都经济高质量发展、满足群众对美好生活向往的必然要求。他强调，北京市各区要找准定位，将文旅产业打造成推动经济发展、文化交流、生态建设、富民就业的支柱产业、民生产业，全面开辟文化建设和旅游发展新格局。

在这样的大背景下，北京市住宿业在 2018 年总体呈现稳中向好的发展态势，大部分行业指标与上年同期相比有一定提升。从北京市住宿业的基

① ［**作者简介**］李彬，男，现任北京第二外国语学院旅游科学学院酒店管理系主任、副教授，中国旅游研究院饭店产业研究基地研究员，北京旅游发展研究基地研究员，教育部黄大年式教学团队旅游管理团队成员，2017 年入选“北京市青年拔尖人才”计划，主要研究领域为旅游与酒店企业管理。哀佳，女，北京第二外国语学院饭店管理专业硕士研究生，主要研究方向为酒店企业管理。刘承伟，男，北京第二外国语学院饭店管理专业硕士研究生，主要研究方向为酒店企业管理。王丹丹，女，北京第二外国语学院饭店管理专业硕士研究生，主要研究方向为酒店企业管理。

本面来看，2018 年北京市大住宿业的规模基本保持稳定，结构上仍然以中低端住宿企业为主。其中，星级酒店由于低星级酒店数量减少较多，整体上规模在下降。从接待住宿人数来看，2018 年住宿业接待总人数缓慢增长，各个档次的住宿业接待情况有较大不同。接待住宿总人数方面，类型为“其他（非星级酒店、社会旅馆）”的住宿业接待人数占比最高，其次为四星级酒店和五星级酒店，而在接待入境人数方面，五星级酒店接待人数占比最高，其次为“其他（非星级酒店、社会旅馆）”和四星级酒店，表明来北京的住宿者整体上选择非星级酒店的比例较高，而入境住宿者则选择五星级酒店的比例较高。从接待量的增长率来看，类型为“其他”（非星级酒店、社会旅馆）的住宿业无论是接待总人数还是接待入境人数，增长率都为最高，反映出非星级酒店正在逐渐受到消费者的青睐，而五星级酒店和四星级酒店则增长较为缓慢，甚至在接待入境住宿者方面，出现了下降趋势，反映出住宿者选择中高星级酒店的倾向正在减弱，住宿选择偏好正在转向非星级酒店。从经营状况来看，2018 年北京住宿业呈现稳中向好的趋势，平均房价、平均出租率和收入都有小幅增长，2019 年前两个季度出现一定下滑。客房收入仍是总体收入的主要部分，且 2018 年增长较快，类型为“其他”（非星级酒店、社会旅馆）的收入增长较快，而二星级酒店（及以下）的收入不容乐观。

然而在稳中向好的发展过程中，北京市住宿业仍然存在着一些行业发展中的热点与痛点问题亟待解决，如新业态不断涌现但竞争无序、产品质量参差不齐，卫生质量、服务质量问题受到大众广泛关注，凸显政府监管方式与管理不规范，人员素质亟待提升和培训力度不够等问题。

针对上述问题，本文从政府相关部门、行业协会和住宿企业三个主体提出相关对策建议。政府相关部门方面，以北京市住宿业实现高质量发展为目标，在文旅融合背景推动下，利用冬奥会、世园会、休闲大会、大运河文化带开发等重大事件所带来的机遇与契机，充分坚持市场导向，立足旅游住宿市场需求多样化，通过文件和标准等形式引导和规范新业态发展，特别是要鼓励和规范京郊精品酒店、乡村民宿的发展，为促进乡村振兴做出贡献，规划和发展大运河文化带的文化住宿业的创新发展；抓住文旅融合趋势，提升酒店业的“文化气质”；同时，优化政府部门监管方式，结合大数据技术创新监管模式，加大住宿市场规范力度，做到“因地制宜”，针对不同区域不同业态住宿业的经营状况推进分类管理，加强建设人力资源培训及管理平台，着力改善传统线下员工的培训机制。行业协会方面，做好住宿企业和相关政府主管部门的桥梁，通过接地气的住宿行业调查，如疏解非首都核心功能下的住宿企业遇到的问题和困境，形成科学的、专业的调查报告，为政府各项工作提供决策参考，同时，开展住宿行业全方位的服务，如咨询、培训、行业会议等，提升行业整体发展水平。住宿企业方面，密切关注顾客需求变化，提升服务质量，创新营销方式；依托互联网技术系统，打造数字化新型优势；加强文旅融合、文化创新，树立行业良好形象，提升整体盈利水平。

本报告共分为三个部分：第一部分主要概述 2018 年北京市住宿业总体发展现状；第二部分具体分析北京市住宿业发展的基本特征；第三部分则针对 2018 年到 2019 年上半年北京市住宿业发展的特征及存在问题，从政府、协会和住宿企业三方面提出相关对策建议。

1. 北京市住宿业发展基本面分析

1.1 北京市住宿业总体特征分析

对北京市住宿业总体特征进行分析有利于我们了解北京住宿业到底发展到了多大规模、体现出何种结构，从而对北京市住宿业的基本面有一个整体把握。上海盈蝶企业管理咨询有限公司和北京第二外国语学院旅游科学学院联合发布的《2019 中国大住宿业发展报告》数据显示，截至 2018 年底，以城市为单位来分析酒店类住宿设施（门店数）的总数[①]，排名前10位的分别是重庆、西安、北京、广州、上海、成都、深圳、武汉、杭州和长沙，住宿设施数都超过了 4000 家，其中，北京排名第三，与 2017 年相比，排名提升 1 名；2018 年北京市的酒店类住宿设施为 8005 家，同比增长 3%。从客房总数来看，排名前十位的分别是北京、上海、广州、重庆、成都、西安、深圳、杭州、武汉和长沙，客房总数都超过了 19.3 万间。其中，北京、上海和广州的客房总数都超过了 45 万间，北京客房数为 57.8 万间，减少了 0.4 万间，同比减少了 0.5%。

这 10 个城市的客房数总数加起来超过了 370 万间，占全国客房总数的 22%。从十大城市住宿设施的平均规模来看，上海的设施最大，平均拥有 74 间客房。重庆的设施最小，平均只有 40 间客房，如图 1 所示。

① 酒店类住宿是依据原国家旅游局出台的相关标准中客房数大于15间的住宿设施，小于15间客房的是非酒店类住宿设施。

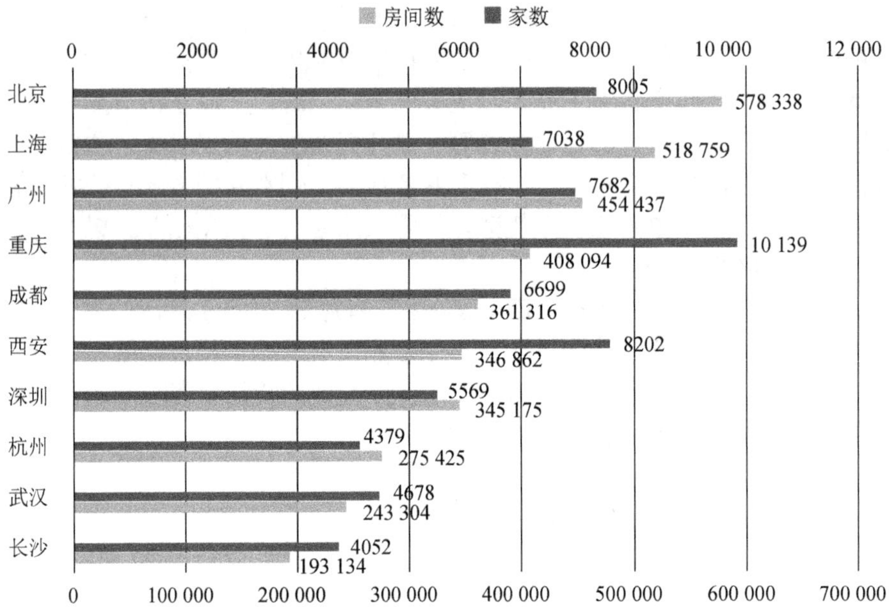

图 1　全国十大旅游城市的酒店类住宿业规模

从北京市酒店类住宿设施的结构来看（按照档次来分），如图 2，经济型（二星级及以下）所占比重最大，为 60%。中档（三星级）与高档（四星级）所占比重均为 15%，豪华（五星级）所占比重最小，为 10%。从北京市酒店类住宿设施的规模分布来看，客房在 150 间以上规模的设施所占比重最大，为 36%；15~29 间客房的小型设施所占比重最少，为 8%；30~69 间客房的设施所占比重为 23%；70~149 间客房的设施所占比重为 33%。

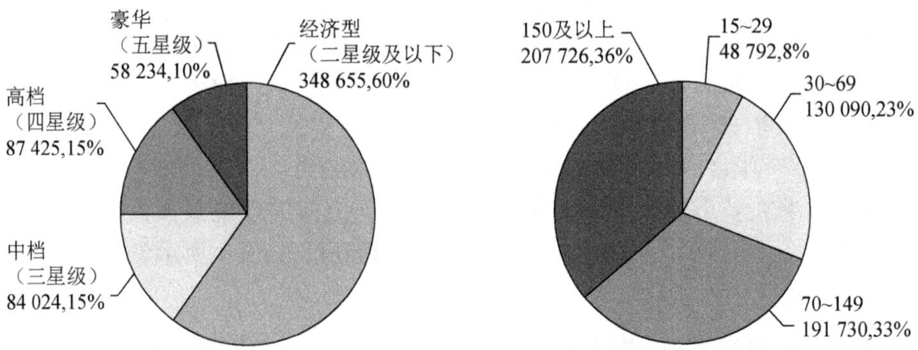

图 2　北京酒店类住宿业客房结构

根据北京市文化旅游局的统计数据，2018 年北京市住宿企业的平均出租率为 70.3%，同比增长 3.5%；平均房价为 538.5 元/间天，同比增长 6.5%。2018 年住宿业共实现营业收入 4 995 923 万元，比上年增长 7.4%。可见，从总体经营数据来看，北京市住宿业的经营状况整体稳中向好。

1.2 北京市星级酒店总体特征分析

北京市星级酒店业态是住宿业的重要组成部分，对其进行深入分析凸显北京市住宿业市场和行业发展特征。

2018 年，我国国内旅游市场保持稳定增长态势，北京市旅游市场继续保持平稳发展，虽然入境旅游人数有所下降，但外汇收入有所增长。北京市接待游客总人数 31 094 万人次，较上年同比增长 4.5%。其中，国内旅游总人数 30 693 万人次，较 2017 年同比增长 4.6%。2018 年北京接待入境游客 400.4 万人次，比上年同比增长 2.0%。北京市全年旅游总收入 5469 亿元，同比增长 8.9%；其中，国内旅游总收入 5556 亿元，与上年相比增长 8.5%；旅游外汇收入 55.2 亿美元，增长 7.5%（折合人民币 346.4 亿元，增长 2.8%）。

2018 年北京市星级酒店业的结构仍以三、四星级酒店为主体，与上年相比，规模数量上有所下降。根据北京市文化旅游局公布的统计数据，截至 2018 年 12 月，全市共有星级酒店 419 家，其中五星级 67 家，四星级 113 家，三星级 164 家，二星级及以下 75 家。同上年相比，各档次星级酒店数量变化较大，其中五星级酒店增加 6 家，四星级酒店减少 9 家，三星级酒店减少 22 家，二星级酒店减少 59 家，整体上较上年减少 84 家。

2. 北京市住宿业发展具体特征分析

2.1 北京市星级酒店接待不同类型住宿者的人数分析

2018 年北京市星级酒店共接待住宿人数 1902.8 万人次，较上年同比下降 1.2 个百分点。其中，国内住宿者 1693.2 万人次，同比下降 1.0 个百分点，占接待住宿总人次的 89.0%；入境住宿者 209.6 万人次，较上年同比下降 3.1 个百分点，占接待住宿总人次的 11.0%。国内旅游住宿者仍是北京市星级酒店的主要客源。入境住宿者数量仍然呈现下降趋势，其中香港住宿者数量下降最为明显。入境接待住宿天数达到 424.6 万，同比下降 5.8%，相比起上一年降幅缩减。（详见表 1）

2019 年前两个季度（1—6 月）北京市星级酒店共接待住宿人数 8 393

296 人次，同比下降 5.5%，前两个季度共接待住宿人天数 15 280 615 人天，同比下降 6.9%，国内住宿者为北京市星级酒店接待的主要客源，接待人次 754.1 万人次，接待天数达 13 564 680 人天，占接待总天数的 89%。入境住宿者接待量为 85.2 万人次，同比下降 17.4%。中国香港和台湾地区接待量相比 2018 年减幅较大，详见表 2。

表 1　2018 年北京市星级酒店接待住宿者情况比较（按住宿者类型划分）

项　目	接待量	同比增长（%）
星级酒店接待住宿人数（人次）	19 028 468	–1.2
国内住宿者	16 932 391	–1.0
入境住宿者	2 096 077	–3.1
台湾同胞	109 221	–9.4
澳门同胞	7 700	5.3
香港同胞	153 897	–12.0
外 国 人	1 825 259	–1.9
星级酒店接待住宿人天数（人天）	35 495 163	–0.9
国内住宿者	31 248 851	–0.2
入境住宿者	4 246 312	–5.8
台湾同胞	229 182	–9.7
澳门同胞	16 615	–1.3
香港同胞	315 734	–13.2

资料来源：根据北京市文化和旅游局网站（http://whlyj.beijing.gov.cn.）2018—2019 年统计信息整理。

表 2　2019 年 1—6 月北京市星级酒店接待住宿者情况比较（按住宿者类型划分）

项　目	接待量	同比增长（%）
星级酒店接待住宿人数（人次）	8 393 296	–5.5
国内住宿者	7 541 768	–3.9
入境住宿者	851 528	–17.4
台湾同胞	40 511	–20.5

续表

项　目	接待量	同比增长（%）
澳门同胞	2 734	–11.1
香港同胞	64 782	–19.8
外国人	743 501	–17.0
星级酒店接待住宿人天数（人天）	15 280 615	–6.9
国内住宿者	13 564 680	–5.6
入境住宿者	1 715 935	–15.6
台湾同胞	83 890	–16.2
澳门同胞	6 078	–5.6
香港同胞	125 677	–21.9
外国人	1 500 290	–15.0

资料来源：根据北京市文化和旅游局网站（http://whlyj.beijing.gov.cn.）2018—2019 年统计信息整理。

逐月分析 2018 年北京市住宿业接待人数情况（不考虑 1—2 月累计统计量），从接待住宿人数来看，星级酒店的接待住宿者数量随月份变动较为平稳。北京市星级酒店接待量年最低值出现在冬季 12 月份。2018 年北京市星级酒店接待量各月份较为稳定，全年中仅在 3、6、7、9、11、12 月份出现一定下降幅度，减幅分别为 4.9%、2.7%、3.3%、4.8%、7.5%、3.1%。2018 年增幅最大的月份是 10 月，为 4.6%，其次是 4 月和 8 月，同比增长率为 3.6%、3.2%。从接待住宿人天数来看，2018 年北京全市星级酒店市场总体形势欠佳，其中 3、5、6、7、9、11、12 月份出现了负增长的情况，减幅分别为 1.9%、1.0%、2.1%、1.6%、4.7%、5.6%、4.3%，但相比 2017 年降幅减弱，见图 3、图 5。

分析 2019 年 1 月到 6 月接待人数情况，北京市星级酒店每月接待量基本持平，4 月份呈现出明显的负增长，减幅为 10.3%。对比 2018 年数据，2019 年的接待水平整体呈现下降趋势。从接待住宿人天数来看，3、4 月的接待量出现显著负增长，减幅分别为 9.5%、9.4%，5 月份开始减幅缩小，见图 4、图 6。

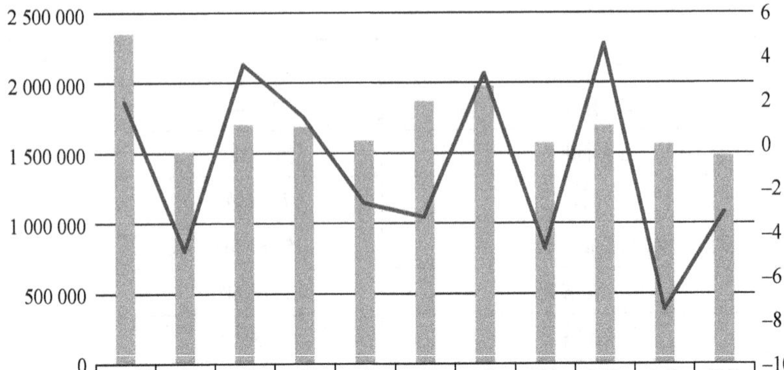

	1—2月	3月	4月	5月	6月	7月	8月	9月	10月	11月	12月
接待住宿人数（人次）	2 360 943	1 513 748	1 709 003	1 697 447	1 595 810	1 872 410	1 990 189	1 581 561	1 699 918	1 571 723	1 491 338
同比增长率（%）	1.9	−4.9	3.6	1.4	−2.7	−3.3	3.2	−4.8	4.6	−7.5	−3.1

图 3　2018 年北京市星级酒店接待住宿人数及同比增长率

资料来源：根据北京市文化和旅游局网站（http://whlyj.beijing.gov.cn.）2018—2019 年统计信息整理。

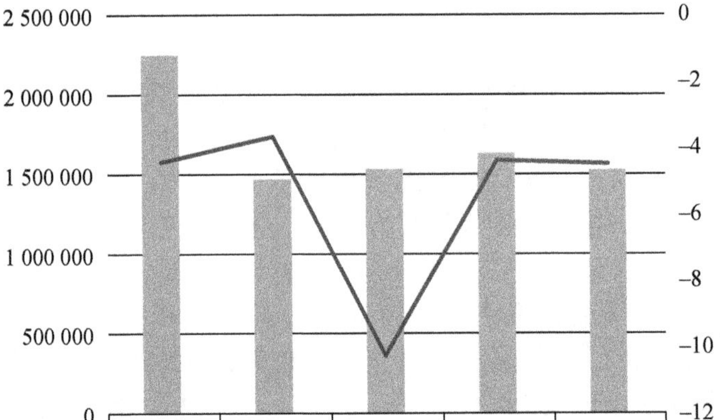

	1—2月	3月	4月	5月	6月
接待住宿人数（人次）	2 254 242	1 457 873	1 533 703	1 623 042	1 524 436
同比增长率（%）	−4.5	−3.7	−10.3	−4.4	−4.5

图 4　2019 年 1—6 月北京市星级酒店接待住宿人数及同比增长率

资料来源：根据北京市文化和旅游局网站（http://whlyj.beijing.gov.cn.）2018—2019 年统计信息整理。

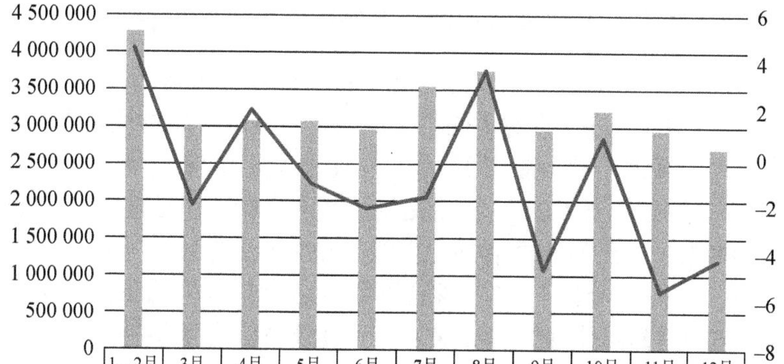

	1—2月	3月	4月	5月	6月	7月	8月	9月	10月	11月	12月
接待住宿人天数（人天）	4 279 318	3 005 551	3 089 698	3 063 542	2 967 225	3 540 373	3 763 452	2 968 760	3 210 619	2 967 468	2 705 574
同比增长率（%）	4.6	−1.9	2	−1	−2.1	−1.6	3.7	−4.7	0.9	−5.6	−4.3

图 5　2018 年北京市星级酒店接待住宿人天数及同比增长率

资料来源：根据北京市文化和旅游局网站（http://whlyj.beijing.gov.cn.）2018—2019 年统计信息整理。

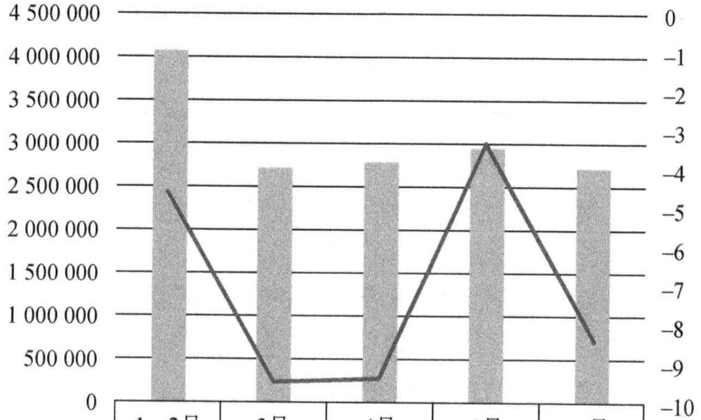

	1—2月	3月	4月	5月	6月
接待住宿人天数（人天）	4 080 713	2 718 917	2 798 692	2 962 982	2 719 311
同比增长率（%）	−4.6	−9.5	−9.4	−3.3	−8.4

图 6　2019 年 1—6 月北京市星级酒店接待住宿人天数及同比增长率

资料来源：根据北京市文化和旅游局网站（http://whlyj.beijing.gov.cn.）2018—2019 年统计信息整理。

总之，北京市星级酒店接待住宿总人数和入境住宿人数均呈下降趋势，这反映出需求层面的星级酒店市场仍然需要提振，需要进一步恢复。

2.2 北京市不同类型和档次的住宿业接待住宿者人数分析

2018 年北京市限额以上住宿业接待住宿者总量为 44 729 286 人次，同比增长 2.9%。进一步对不同档次的住宿企业接待旅游住宿者的情况来分析，类型为“其他（社会旅馆）”的住宿企业全年接待量为 25 700 818 人，占比 57.5%，同比增长 6.2%，无论是接待量的占比，还是接待量的增长速度，都是排名第一。五星级酒店的全年接待量为 6 263 153 人次，占比为 14%，排名第二，同比增长 1.1%。四星级酒店的全年接待量最多，为 6 619 509 人次，占比 15%，同比增长 0.4%。三星级酒店全年接待总量为 4 727 787 人次，占比为 11%，同比下降 2.7%。由此可见，按接待量来分析北京市住宿业结构，“其他（非星级酒店、社会旅馆类）”占比最高，且增长势头较好，其次为四五星级的中高档酒店，其接待量占有较大份额，但增长较为缓慢，而低星级酒店的市场状况依旧不容乐观，不仅占比较小，且有较大幅度下降，特别是二星级及以下的酒店接待住宿人数较去年下降了 12.8%。详见表 3。

2018 年北京市限额以上住宿业接待入境住宿人数 3 310 183 人次，同比增长 1.6%。其中，类型为“其他（非星级酒店、社会旅馆类）”的住宿企业共接待入境住宿人数 1 214 106 人次，占比 36.7%，同比增长 10.9%。五星级酒店接待入境人数为 1 228 787 人次，占比 37.1%，同比下降 4.1%，四星级酒店接待入境人数为 723 389 人次，占比 21.9%，同比下降 2.8%。详见表 3。

可以看出，按照住宿业的档次类型来分析，尽管 2018 年北京市住宿业接待人数有缓慢增长，但各个档次的住宿企业接待情况有较大不同。其中，从接待量的占比来看，在接待住宿总人数方面，类型为“其他（非星级酒店、社会旅馆）”的住宿企业接待人数占比最高，其次为四星级酒店和五星级酒店，而在接待入境人数方面，五星级酒店接待人数占比最高，其次为“其他（非星级酒店、社会旅馆类）”和四星级酒店，这表明来北京的住宿者选择非星级酒店的比例较高，而来北京的入境住宿者则选择五星级酒店的比例较高。从接待量的增长来看，“其他（非星级酒店、社会旅馆类）”无论是接待总人数还是接待入境人数，增长率都是最高的，反映出非星级酒店正在逐渐受到消费者的青睐，而五星级酒店和四星级酒店则增长较为缓慢，甚至在接待入境住宿者方面，出现了下降趋势，反映出了住宿者选择中高星级酒店的倾向正在减弱，住宿者的住宿选择偏好正在转向非星级酒店。

表 3　2018 年北京市住宿业接待量及同比增长率（类型和档次）

项　目	2018 年	同比增长率（%）
接待住宿人数（人次）	44 729 286	2.9
五星级	6 263 153	1.1
四星级	6 619 509	0.4
三星级	4 727 787	–2.7
二星级及以下	1 418 019	–12.8
其他	25 700 818	6.2
接待入境住宿人数（人次）	3 310 183	1.6
五星级	1 228 787	–4.1
四星级	723 389	–2.8
三星级	109 043	5.6
二星级及以下	34 858	0.3
其他	1 214 106	10.9

资料来源：根据北京市文化和旅游局网站（http://whlyj.beijing.gov.cn.）2018—2019 年统计信息整理。

2019 年前两个季度（1—6 月），限额以上住宿企业接待住宿总人数为 20 686 266 人次，同比下降 2.9%。其中，类型为“其他”的住宿企业接待总人数为 12 457 754 人次，占比 60.2%，同比增长 0.3%。而五星级酒店共接待 2 585 593 人次，占比 12.5%，同比下降 13.2%。四星级酒店接待 2 984 906 人次，占比 14.4%，同比下降 1.9%。三星级酒店接待 1 993 147 人次，占比 9.6%，同比下降 9.3%。由此可见，2019 年前两个季度，北京市住宿业接待量并不乐观，呈现出较为明显的下降趋势。

从接待入境住宿者的情况来看，共接待入境住宿者 1 476 383 人次，同比下降 7.9%。其中，类型为“其他”的住宿企业共接待 632 829 人次，占比 42.9%；五星级酒店接待 470 068 人次，占比 31.8%，同比下降 24.9%；四星级酒店接待 314 699 人次，占比 21.3%，同比下降 5.9%；三星级酒店同比下降 23.4%。可见，具体到入境住宿者方面，下降趋势更为明显，除“其他（非星级酒店社会旅馆类）”的增长较高外，星级酒店接待入境住宿者都出现了较高的下降趋势，特别是五星级和三星级酒店出现了两位数的负增长。详见表 4。

表 4　2019 年 1—6 月北京市住宿业接待量及增长率（类型和档次）

项　目	2019 年 1—6 月	同比增长率（%）
接待住宿总人数（人次）	20 686 266	–2.9
五星级	2 585 593	–13.2
四星级	2 984 906	–1.9
三星级	1 993 147	–9.3
二星级及以下	664 866	0.9
其他	12 457 754	0.3
接待入境住宿总人数（人次）	1 476 383	–7.9
五星级	470 068	–24.9
四星级	314 699	–5.9
三星级	42 038	–23.4
二星级及以下	16 749	8.0
其他	632 829	10.7

资料来源：根据北京市文化和旅游局网站（http://whlyj.beijing.gov.cn.）2019 年统计信息整理。

2.3 北京市住宿业经营状况

2018 年北京市限额以上住宿业的平均房价为 538.5 元 / 间，较去年同比增长 6.5%。其中类型为“其他（非星级酒店、社会旅馆类）”的住宿企业为 488.7 元 / 间，同比增长 8.7%，二星级及以下档次的酒店平均房价增长 9.3%，增幅最大；三星级、四星级、五星级酒店平均房价的增长率分别为 4.1%、4.3% 和 5.5%。

2018 年北京市限额以上住宿业平均出租率为 70.3%，同比增长 3.5%。其中，类型为“其他（非星级酒店、社会旅馆类）”的平均出租率为 73.1%，同比增长 3.4%，三星级和四星级酒店的出租率增长最快，其增长率达到 4.6% 和 4.0%，而五星级酒店出租率增长较为缓慢，增长率为 1.5%。详见表 5。

由此可见，北京市限额以上住宿业平均房价和出租率均有一定程度的提高，反映出住宿业的经营状况稳中有进，正在逐步向乐观方向发展。

表 5　2018 年北京市住宿业平均房价及出租率

项　目	2018 年	同比增长率（%）
限额以上住宿业平均房价（元 / 间）	538.5	6.5
二星级及以下	323.2	9.3
三星级	426.5	4.1
四星级	541.7	4.3
五星级	880.5	5.5
其他	488.7	8.7
限额以上住宿业平均出租率（%）	70.3	3.5
二星级及以下	58.8	3.5
三星级	63.4	4.6
四星级	69.6	4.0
五星级	69.7	1.5
其他	73.1	3.4

资料来源：根据北京市文化和旅游局网站（http://whlyj.beijing.gov.cn.）2018 年旅游统计信息整理。

从每个月情况来看，五星级酒店的平均房价明显高于其他星级酒店的平均房价。总体而言，2018 年全年各星级酒店的平均房价走势相对平缓。二星级酒店同比增长率在 7 月份出现明显波动，随后趋于稳定。三星级酒店从 7 月份开始增长率有下降趋势，在 12 月份时稍有回升。（如图 7 所示）

从各月份住宿业客房平均出租率情况来看，7 月份和 9 月份的平均出租率达到最大值，12 月份降至最低。相比 2017 年，整体上客房出租增长率在前两个季度持稳定态势，后两个季度波动明显，以 7 月份为分界线，增长率高峰期出现在 10 月份和 12 月份，出租率整体上稳步提升，但四、五星级酒店平均出租率情况不如“其他（非星级酒店、社会旅馆类）”酒店乐观，如图 8 所示。

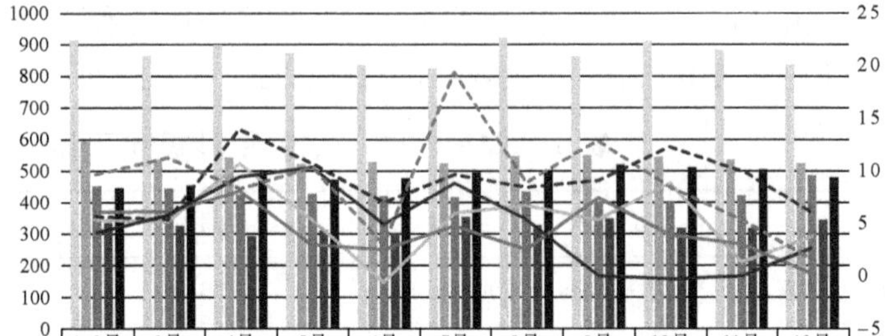

	1–2月	3月	4月	5月	6月	7月	8月	9月	10月	11月	12月
五星级酒店平均房价（元/间）	914.7	864.4	900.6	871.3	838.3	824.6	921.2	863.6	911.4	881.3	837.8
四星级酒店平均房价（元/间）	593.7	535.8	542.3	522.8	526.6	524.1	547.0	548.4	545.6	536.0	525.2
三星级酒店平均房价（元/间）	450.7	445.4	423.3	426.3	421.8	413.7	433.9	400.7	401	420.1	487.6
二星级及以下酒店平均房价（元/间）	334.6	324.8	291.9	310.4	300.5	351.5	325.3	347.6	317.5	315.9	343.5
其他平均房价（元/间）	445.8	453.6	485.3	470.7	477.1	494.5	501.3	518.1	510.9	503.7	479.5
五星级同比增长率（%）	5.4	5.2	10.6	5.3	–0.6	5.8	6.6	5.3	8.7	1.2	3.7
四星级同比增长率（%）	6.0	6.1	8.0	2.9	2.5	4.7	2.5	7.3	3.9	3.0	0.2
三星级同比增长率（%）	4.2	5.6	9.4	10.4	4.8	8.8	5.2	0.2	–0.3	–0.1	2.7
二星级及以下同比增长率（%）	9.6	11.2	8.3	10.3	2.9	19.2	8.9	12.8	8.4	5.2	1.5
其他同比增长率（%）	5.6	5.4	13.9	10.6	6.9	9.6	8.4	9.1	12.2	10.0	5.9

图 7　2018 年北京市住宿业平均房价及增长率对比分析（按类型和档次划分）

资料来源：根据北京市文化和旅游局网站（http://whlyj.beijing.gov.cn.）2018 年统计信息整理。

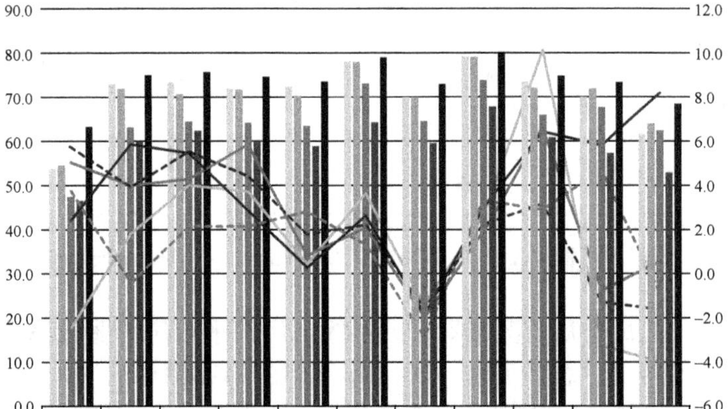

	1–2月	3月	4月	5月	6月	7月	8月	9月	10月	11月	12月
五星级酒店平均出租率（%）	53.9	73.2	73.5	72.0	72.6	78.3	70.2	79.3	73.8	70.2	61.8
四星级酒店平均出租率（%）	54.7	72.0	70.8	71.8	70.4	78.3	70.1	79.4	72.2	72.1	64.1
三星级酒店平均出租率（%）	47.5	63.2	64.7	64.2	63.6	73.3	64.7	74.0	66.2	67.8	62.6
二星级以及下酒店平均出租率（%）	46.7	60.2	62.6	60.2	59.1	64.5	59.7	68.0	60.9	57.4	53.1
其他平均出租率（%）	63.4	75.2	75.9	74.7	73.7	79.1	73.2	80.1	74.9	73.5	68.5
五星级同比增长率（%）	−2.4	1.8	4.0	3.7	0.5	3.6	−1.4	2.6	10.1	−3.2	−4.0
四星级同比增长率（%）	5.0	4.0	4.3	5.8	0.9	2.2	−2.0	2.0	6.6	−0.8	0.6
三星级同比增长率（%）	2.4	5.9	5.5	2.9	0.3	2.7	−2.1	3.1	6.4	5.8	8.1
二星级及以下同比增长率（%）	3.7	−0.4	2.1	2.2	2.8	1.3	−2.9	3.3	2.9	4.7	−0.9
其他同比增长率（%）	5.7	4.0	5.5	4.4	1.8	2.2	−1.6	2.2	3.2	−1.3	−1.6

图 8　2018 年各月份北京市住宿业平均出租率对比分析（按类型和档次划分）

资料来源：根据北京市文化和旅游局网站（http://whlyj.beijing.gov.cn.）2018 年统计信息整理。

2018年，北京市住宿业共实现了4 995 923万元的收入，与2017年相比，增长了7.4%[①]。住宿业收入的主要来源是客房收入，为2 804 733万元，占总收入的56.1%，较去年同比增长9.2%。餐饮收入1 263 183万元，占总收入的25.3%，同比增长5.6%。商品销售收入为42 032万元，下降2.3%，降幅较为明显，然而相比2017年的降幅有所回升，出现一定好转。比较各档次住宿企业的收入，其他“（非星级酒店、社会旅馆类）”的收入最高，其次是五星级酒店。从收入增长情况看，从表6中可以看到，与上年相比，所有档次的住宿企业收入同比增长，其中以“其他（非星级酒店、社会旅馆类）”为划分类型的住宿企业收入同比增长最快，同比增长11.3%，其次为四星级酒店和三星级酒店，增长率分别为5.9%和6.7%。详见表6。

表6　2018年北京市住宿业经营收入情况分析

项　目	2018年	同比增长率（%）
收入合计（万元）	4 995 923	7.4
客房收入	2 804 733	9.2
餐费收入	1 263 183	5.6
商品销售收入	42 032	–2.3
其他收入	885 974	5.0
收入合计（万元）	—	—
五星级	1 284 180	3.2
四星级	901 257	5.9
三星级	520 959	6.7
二星级及以下	102 362	1.7
其他	2 187 164	11.3

资料来源：北京市文化和旅游局网站 http://whlyj.beijing.gov.cn/cycj/tjxx/lstjxx/2018/xeyszsyjyqk/449357.htm。

从各月的情况来分析（不考虑1—2月累计统计量），全市住宿业收入呈现稳步发展的态势。五星级酒店收入以6月份最佳，为15.4亿元。四星

① 根据北京市文化和旅游局官方网站公布的统计数据，此处的住宿业统计范围是，全市范围内的限额以上住宿业法人单位、产业活动单位和个体经营户。

级、三星级酒店整体未呈现大的波动。相比 2017 年的发展状况，各星级酒店增长率波动较明显，6 月份和 11 月份为增长的低谷期，随后回升，其中以五星级酒店数据变化最为显著。如图 9 所示。

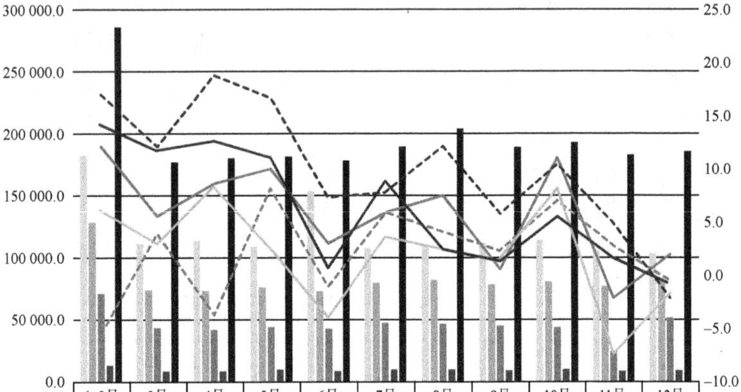

	1–2月	3月	4月	5月	6月	7月	8月	9月	10月	11月	12月
五星级酒店收入（万元）	181 939.0	111 246.0	113 043.0	108 834.0	153 505.0	107 669.0	110 154.0	111 523.0	114 154.0	105 377.0	103 348.0
四星级酒店收入（万元）	127 924.0	73 841.0	73 047.0	76 071.0	72 921.0	79 520.0	81 974.0	78 210.0	80 146.0	76 773.0	80 569.0
三星级酒店收入（万元）	71 401.0	43 187.0	42 015.0	43 650.0	42 421.0	47 104.0	45 925.0	45 017.0	43 214.0	44 404.0	51 249.0
二星级及以下酒店收入（万元）	13 135.0	8428.0	8176.0	9433.0	8019.0	9657.0	9740.0	9002.0	9829.0	8262.0	8751.0
其他酒店收入（万元）	285 125.0	176 399.0	180 313.0	181 188.0	178 463.0	189 499.0	203 597.0	188 684.0	192 760.0	182 867.0	185 945.0
五星级同比增长率（%）	6.0	3.0	8.2	2.4	−4.1	3.6	2.5	1.4	8.1	−7.6	−1.8
四星级同比增长率（%）	12.0	5.5	8.6	9.9	2.9	5.9	7.2	0.5	11.0	−2.2	1.9
三星级同比增长率（%）	14.1	11.8	12.6	11.0	0.6	8.7	2.4	1.3	5.5	1.6	−0.9
二星级及以下同比增长率（%）	−5.5	3.8	−3.8	8.0	−1.1	5.8	4.1	2.3	7.0	2.7	−0.5
其他同比增长率（%）	16.9	12.0	18.7	16.6	7.3	7.7	11.9	5.6	10.4	4.8	−2.2

图 9　2018 年各月份北京市住宿业经营收入对比分析

资料来源：根据北京市文化和旅游局网站（http://whlyj.beijing.gov.cn.）2018 年统计信息整理。

分析各分项的收入情况（不考虑 1—2 月累计统计量），客房收入、餐费收入和其他收入构成了北京市酒店的主要收入来源，商品销售收入所占份额较小。以客房收入为例，客房收入全年收益较好，每月的销售总额均突破 20 亿元大关。与 2017 年各月份的客房收入相比，商品销售收入变化最为明显，降幅明显收缩，4、6、8、11 月份为正向增长，其余各月均为负增长，其中 8 月份同比增长了 21.3%，10 月份降幅最大，达到了 37.7%。客房收入始终呈现正向增长的形式，餐费收入从 10 月份开始出现明显下降，最大降幅达 6.2%。各月份收入基本维持在 9 亿元以上。在酒店住宿过程中，顾客消费仍集中在吃、住两个方面。如图 10 所示。

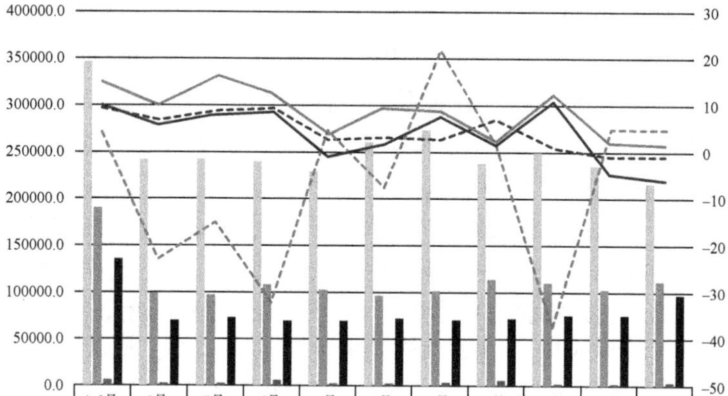

	1-2月	3月	4月	5月	6月	7月	8月	9月	10月	11月	12月
客房收入（万元）	346 045.0	241 780.0	242 957.0	240 035.0	229 853.0	261 332.0	274 355.0	238 901.0	251 146.0	235 618.0	216 191.0
餐费收入（万元）	190 529.0	99 493.0	97 924.0	107 758.0	103 608.0	97 613.0	102 007.0	114 605.0	110 437.0	103 462.0	112 127.0
商品销售收入（万元）	7003.0	2382.0	2310.0	2418.0	2789.0	2554.0	4408.0	6962.0	2810.0	3015.0	3695.0
其他收入（万元）	135 947.0	69 446.0	73 401.0	68 966.0	69 079.0	71 950.0	70 621.0	71 968.0	75 710.0	75 588.0	97 849.0
客房收入同比增长率（%）	14.7	9.8	16.4	12.4	3.9	9.3	8.7	2.5	12.4	2.1	1.5
餐费收入同比增长率（%）	9.9	5.8	8.4	8.9	-0.6	1.7	7.4	1.7	10.8	-5.0	-6.2
商品销售收入同比增长率（%）	3.9	-22.8	-15.1	-32.2	4.3	-7.6	21.3	1.5	-37.7	4.7	4.9
其他收入同比增长率（%）	9.3	6.9	8.7	9.6	2.7	3.2	2.5	7.1	1.0	-1.0	-1.0

图 10　2018 年各月份北京市住宿业经营收入各分项分析

资料来源：根据北京市文化和旅游局网站（http://whlyj.beijing.gov.cn.）2018 年统计信息整理。

总之，北京市住宿业在 2018 年全年和 2019 年 1 月到 6 月，总体呈现稳中向好的发展态势。从北京市住宿业的基本面来看，规模方面，2018 年北京的酒店类住宿的设施为 8005 家，同比增长 3%，客房数为 57.8 万间，同比减少 0.5%；结构方面，经济型（相当于二星级及以下）所占比重最大，为 60%，中档（相当于三星级）与高档（相当于四星级）所占比重均为 15%，豪华（相当于五星级）所占比重最小，为 10%。截至 2018 年底，全市共有星级酒店 419 家，其中五星级 67 家，四星级 113 家，三星级 164 家，二星级及以下 75 家。同上年相比，除五星级酒店增加 6 家外，其余几个星级的酒店数量均在减少，整体上共减少 84 家。可见，北京市大住宿业的规模基本保持稳定，结构上仍然以中低端酒店为主，星级酒店由于低星级酒店数量减少较多，整体上规模在下降。

从住宿业接待住宿人数来看，按照住宿业的档次类型分析，尽管 2018 年北京市住宿业接待人数有缓慢增长，但各个档次的住宿业接待情况有较大不同。接待住宿总人数方面，类型为“其他（非星级酒店、社会旅馆类）”的住宿业接待人数占比最高，其次为四星级酒店和五星级酒店；而在接待入境人数方面，五星级酒店接待人数占比最高，其次为“其他（非星级酒店、社会旅馆类）”和四星级酒店，表明来北京的住宿者总体选择非星级酒店的比例较高，而入境住宿者则选择五星级酒店的比例较高。从接待量的增长率来看，类型为“其他（非星级酒店、社会旅馆类）”的住宿业无论是接待总人数还是接待入境人数，增长率都为最高，反映出非星级酒店正在逐渐受到消费者的青睐，而五星级酒店和四星级酒店则增长较为缓慢，甚至在接待入境住宿者方面，出现了下降趋势，反映出了住宿者选择中高星级酒店的倾向正在减弱，住宿者的住宿选择偏好正在转向非星级酒店。

从经营状况来看，2018 年呈现稳中向好的趋势，2019 年前两个季度出现一定程度的下降。低星级酒店的收入不容乐观，直接导致了大量低星级酒店数量的减少。

3. 对策建议

从以上分析可得，北京市住宿业总体呈现稳中向好的态势，大部分行业指标与上一年同期相比有所提升，行业结构处于调整期，仍然存在一些亟待解决的行业问题。以下主要从政府相关部门、行业协会和住宿企业三个方面提出相关对策建议。

3.1 政府相关部门方面

3.1.1 优化政府部门监管方式，结合大数据技术创新监管模式，加大星级酒店市场规范力度

北京市旅游相关部门作为住宿业的监管者，特别是星级酒店的监管者，要坚持目标导向、问题导向和效果导向，加强住宿业监管，创新监管模式。

2018 年 9 月至 12 月，北京市旅游星级酒店评定委员会依据《旅游酒店星级的划分与评定》组织开展了北京市旅游星级酒店年度星级复核工作。不少星级酒店因卫生乱象、服务不规范等原因被查处和摘牌。后有网络大 V 就曝光了其入住过近 20 家五星级酒店竟然使用顾客毛巾擦拭马桶、从垃圾桶里回收一次性杯子等诸多卫生乱象，更是把高星级酒店的卫生问题推上了风口浪尖。北京市旅游委也明确将对涉事酒店进行警示约谈。北京卫生监督机构也对相关酒店进行卫生检测，并对检测结果进行公示。回顾 2017

年，北京万豪酒店、北京香格里拉酒店等 5 家五星级酒店就曾被曝出卫生问题。事后北京市旅游委联合北京旅游行业协会也曾共同约谈上述五星级酒店的负责人，要求涉事酒店开展自查和整改。时隔一年，酒店行业卫生问题依旧层出不穷，这一现象令消费者不寒而栗，并对整个酒店行业的内控力和监管力充满“疑心”。

针对北京市星级酒店目前的卫生等问题，北京市相关政府部门可以通过线上服务平台、智能技术等手段，优化星级酒店卫生问题的监督方式，努力改善现有酒店市场的卫生乱象问题。具体解释如下：

第一，北京市政府相关主管部门应做到“因地制宜”，针对不同地区、不同酒店经营状况推进个性化管理。《2019 年北京市政府工作报告》指出：坚定不移支持民营企业发展，出台促进民营经济健康发展意见，营造公平竞争市场环境。全面执行国家减税降费政策，确保企业社保缴费负担不增加。开展专项清欠行动，纠正一些政府部门和国有企业拖欠民营企业款项的行为。政府在适度放宽税收政策的同时，应加大酒店卫生质量的把控力度，提升整个行业的安全意识。另外，政府部门应转变政府职能，提升服务意识，借助互联网技术打造线上专业服务平台，为酒店办理相关业务的流程和手续提供便利，助力整个住宿行业实现健康可持续发展。

第二，政府相关主管部门应加快建设人力资源培训及管理平台，着力改善传统线下酒店员工的培训机制，让员工真正做到“主动服务”而非“被动服务”。一方面，北京市相关服务主管部门可依托智能化技术，建立人力资源平台，打造住宿行业人力资源数据库，并为每位员工实行顾客点评及同事、领导评分机制；另一方面，政府相关部门依托智能化技术，加强与各线上教育、培训机构的合作，建立完备的员工线上培训课程体系。课程体系应考虑员工的受教育水平、年龄等多方面因素，并侧重服务质量方面的培训，切实改善酒店行业现状，解决住宿行业服务质量问题。

3.1.2 立足市场多样化需求，以冬奥会、世园会等重大事件为契机，引导和规范住宿业新业态发展

以北京市住宿业实现高质量发展为目标，在文旅融合背景推动下，利用冬奥会、世园会、休闲大会、大运河文化带开发等重大事件所带来的机遇与契机，促进北京市住宿业新业态的健康、有序发展。

北京市住宿业新业态的出现打破了传统住宿业的分布格局，抓住了各类消费者的多样化需求。近年来出现的新业态有长短租市场、主题酒店、移动酒店、电竞酒店、体育酒店、智慧酒店、民宿等，使得住宿业在发展中百花齐放。然而，在新业态发展过程中，也不同程度地出现了诸多亟待解决的问题，如新业态的恶性竞争、产品参差不齐、服务质量不一致等问题。因此，北京市相关部门要在充分把握行业发展现状基础上，与高校专家、行业专家和行业协会合作，通过深入和系统的调查研究，以冬奥会、世园会等重大事件为契机，深刻把握市场多样化需求和住宿业市场发展规律，推出相关新业态发展的规划、指导意见，制定相应的行业发展标准。

冬奥会召开为延庆星级酒店的经营管理和服务质量的提升，以及精品酒店、精品乡村民宿等新兴新业态的发展提供了重要的机遇。

目前延庆的住宿业状况主要体现为，结构上以大量低端酒店为主，中高端酒店数量非常少。以携程网上的酒店数据为例，五星级档次的酒店有3家，四星级7家，三星级20家，二星级及以下有748家。[①] 酒店类型上，高端连锁9家，中端连锁1家，快捷连锁9家，民宿208家，客栈64家，农家乐263家。以世园会举办期间的延庆住宿业为例，可向游客提供住宿服务的住宿业单位共计615家，可提供2.4万余张床位，其中，12家星级旅游饭店可提供2200张床位，15家快捷旅游酒店可提供1504张床位，其他19家旅游酒店可提供3928张床位。包含高端民宿、特色业态、“世园人家”在内的569家三星级及以上民俗户，可提供16 939张床位。此外，一、二星级乡村旅游民俗户和营业旅游酒店也可提供部分床位。

由此可见，延庆住宿业尽管借助世园会的召开，在规模上有较大程度的提高，但面临冬奥会这一世界性重大赛事举办的重要机遇，需要在规模、结构和质量上有更大的发展。需要政府相关部门对延庆住宿业发展进行长远、科学规划，不仅在量上有提高，更重要的是在高质量发展方面有质的飞跃。例如，通过发挥冬奥会接待饭店在经营管理和服务接待等方面的引领作用，全面提升延庆地区住宿业整体发展质量。目前延庆赛区14家接待饭店签约，签约客房2977间，其中五星级饭店4家，共1348间客房，四星级6家，共936间客房，三星级饭店4家，共693间客房，客房签约率达89%。[②] 另外，借助2019年入选国家首批全域旅游示范区的机会，应大力引导和规范延庆旅游住宿业新业态的发展，特别是精品酒店、精品民宿

---

① 携程网https：//hotels.ctrip.com/hotel/beijing1/k1延庆#ctm_ref=ctr_hp_sb_lst，2019年10月7日

② http://www.beijing.gov.cn/zfxxgk/yqq11T041/lyjdqktj52/2019-08/30/content_b940c8a8b927484e8e65afbbde1ad1c0.shtml

的发展，例如已提出到冬奥会召开前，将打造一批具有延庆地方特色的乡村民宿，形成“奇迹长城”“缤纷世园”“激情冰雪”和“生态画廊”四大民宿集聚区，打造100个民宿村、1000个精品民宿小院、3000间精品客栈客房，完成“一区多集群、一镇多品牌、一村一特色”的发展布局。

乡村民宿发展方面，2019年国家信息中心提供的《中国共享住宿发展报告》表明，2018年约165亿元的共享住宿交易规模中，乡村民宿/城市近郊成为新热点。2018年及2019年上半年，北京周边乡村民宿不断兴起。2019年下半年即将出台《北京市关于促进乡村民宿发展的指导意见》和《京郊精品酒店建设试点工作推进方案》。北京市文化和旅游局根据2019年北京市政府工作报告，针对住宿业中的精品酒店、主题酒店进行了重点布局，提出“打造精品旅游路线，在郊区试点布局建设精品酒店，提升京郊游品质和服务能力。”① 延庆、密云等郊区有较好的乡村旅游、京郊旅游基础，特别是延庆在举办冬奥会和世园会的大背景下大力提升乡村旅游、乡村民宿的发展质量，出现了一大批精品民宿、特色民宿，使得原有的农家乐实现了较好的转型升级，同时也与爱彼迎（Airbnb）等民宿平台公司合作，全面提升区域内民宿的经营能力、营销能力和服务能力。总之，在高质量发展的目标下，通过提升品牌和服务能力，精品酒店、主题酒店等酒店特色业态正在逐步实现高质量发展。

在北京市委市政府的高度重视和宏观领导下，8家单位共同编制文化旅游领域的《开放改革三年行动计划》，意在搭建平台引入国际文化旅游市场先进理念和经营模式，促进丰富文化旅游市场经营主体多元发展和供给侧改革，激发文化旅游市场投资和消费。政府相关部门提出文化旅游市场中，经营主体的多元化发展。酒店行业伴随消费者需要而发展，伴随着大众消费能力的升级，市场需求的多样化为酒店的多业态发展提供了更多可能性。

为了弥合消费者需求升级带来的酒店需求的多样化，北京市政府相关部门应以消费者多样化需求为基本立足点，借助人工智能技术、大数据平台等鼓励酒店业态的多元化发展。具体地，一方面，政府应借助各类大数据平台，获取丰富的酒店行业数据，通过不同年份数据的纵向及横向对比，让酒店行业发展状况更加生动形象。北京市作为一线城市，各种新型业态的分布更加丰富，这就对北京市政府相关主管部门提出更高要求。政府应及时获取酒店新业态分布状况，从政策入手，将各种住宿业新业态调控到

① 北京市文化和旅游局网站 http://whlyj.beijing.gov.cn/zfxxgk/zyly/450223.htm

与国家相关政策更协调的方向上。另一方面，新业态的不断出现及发展多与消费者的需求紧密相关，而部分新业态发展并不成熟，北京市政府旅游相关主管部门应当利用人工智能技术助力新型业态，在提供相关的政策支持外，为类似的新型业态提供更真切的“福利”。

3.2 行业协会方面

3.2.1 开展行业全方位服务，提升行业整体素质

北京市旅游行业协会作为住宿企业和政府相关旅游主管部门的桥梁，在沟通、协调双方关系、信息等方面起着至关重要的作用。上面提到酒店行业存在诸多服务质量方面的问题，政府部门可从加大监管力度入手，但是政府部门的政策及规定需要行业协会的上通下达。因此，这就要求行业协会扮演好两方面角色，一方面，旅游行业协会应当站在企业角度换位思考，保障住宿企业的相关利益；另一方面，旅游行业协会应加强和政府相关部门的沟通，及时、快速了解政府的政策导向，并通过行业会议传达政府相关政策。因此，行业协会在整个住宿行业中处于必不可少的环节，它在整个行业整体素质提升中发挥着关键作用。

2018 年 12 月 19 日，北京市文化和旅游局质监所和北京市旅游行业协会组织召开“北京市酒店服务、卫生和安全大检查工作部署会暨酒店业服务质量提升工作培训会”。作为政府和企业联动的会议，一方面，通过行业及政府力量，加强对酒店企业卫生问题的监督及核查，另一方面，通过提供专业化培训，让酒店企业高管意识到服务质量问题的严重性。因此，旅游行业协会作为政府相关部门和酒店企业的桥梁，可开展行业的全方位管理，例如，北京市旅游行业协会可以与酒店行业相关院校共同举办“酒店总经理研修班”，将行业实践与理论知识相互结合，不仅将理论知识落地实战，更是利用实战经验更充分理解理论。从酒店管理者入手，将培训层层落实，提升酒店行业整体化素质。

3.2.2 配合政府推动行业多样化创新工作

《2019 年北京市政府工作报告》指出：聚焦“一核一城三带两区”，提升城市文化品质，展现开放包容自信的大国首都人文形象。一方面，旅游行业协会应充分发挥旅游业的拉动力，整合北京相关优势资源。北京有深厚的文化底蕴，行业协会应充分发挥文化优势，进一步加强文旅融合，并将文化元素融入到酒店行业，不断培育酒店新业态。行业协会可促进“酒店＋古建筑”“酒店＋冬奥”“酒店＋文化演出”等整合发展，并根据不同

的消费群体有所侧重，鼓励住宿企业研发形式多样的住宿新产品。另一方面，酒店行业协会应鼓励住宿企业自主创新。近年来，随着住宿业发展，住宿产品同质化现象越来越严重，住宿很难有可持续竞争的产品。

住宿行业协会应具备前瞻意识，在鼓励住宿企业管理者勇于创新的同时，提供相关培训、指导等支持，让住宿企业管理者切实感知到行业协会、政府对创新的支持。以电竞酒店为例，作为一个新出现的业态，到底是“酒店 + 电竞”，还是“电竞 + 酒店”，一直未有定论，处于萌芽期的电竞酒店，还无法看清自身未来的路在何方。这就需要行业协会联通相关政府部门进行相关扶持，适当放宽税费等相关政策限制，鼓励多种业态的百花齐放。

3.3 住宿企业方面

3.3.1 密切关注顾客需求变化，提升服务质量，创新酒店营销方式

2019 年北京市文旅产业工作座谈会指出，要坚持供给侧改革，善于利用北京成熟完善的消费者市场优势，善于换位思考，坚持以消费需求为导向，推动产品、线路、服务全面提升。作为服务行业，顾客是上帝，他们的满意度对一个住宿企业是至关重要的。住宿企业的核心竞争力在于，获知客人需求并在服务实践中提供体验。因此，住宿企业应当践行以顾客需求为导向，传统的以产品为导向的时代已经成为过去，真正留下的是不断满足消费者个性化需求的酒店企业。在消费升级背景下，顾客需求为导向更为重要。一方面，住宿企业应致力于提升服务质量，传统服务多为标准化服务，满足的是顾客的功能性需求，但是随着顾客需求的多样化，标准化需求已经不能适应当前需求。因此越来越多的住宿企业开始提供个性化服务。个性化对应的是顾客的心理需求，来保障顾客个人化体验的独特、难忘与感动。另一方面，住宿企业应致力于提升产品质量，顾客需要什么，住宿企业就提供什么。例如住宿企业的陈设、硬件设施设备不应单单以节省成本为导向，而应立足于满足顾客的个性化需求，酒店产品的终极目的是迎合消费者的口味，提升消费者的体验。

住宿企业以顾客需求为导向，紧抓顾客消费心理，提升了消费者的个性化体验，但住宿企业产品和服务同样离不开新兴的、多样化营销方式。住宿企业传统营销方式单一且起不到好的营销效果。近年来互联网技术的发展带来了行业多元化营销的春天。住宿企业新营销的方式多种多样。第一，利用短视频等新媒体的营销。新媒体营销在餐饮行业得到了很好的运

用，以海底捞及各大网红餐厅的爆红为例，新媒体营销为餐饮业提供了更好的机会来抓住消费者的心。只要在网上发布有新意的产品，再增添一些趣味性就可能吸引大批的消费者。短视频营销一个特点是影响力大，一旦某一视频引起关注，该产品就可能成为新爆点。第二，住宿企业与 IP 公司的合作。跨界合作融合了不同行业、不同元素，很容易给消费者带来不一样的体验。以亚朵酒店推出的 IP 酒店为例，亚朵与网易云、吴晓波、虎扑篮球、知乎等超级 IP 的合作，无不迸发着新灵感。第三，住宿企业应平衡好和 OTA 的关系，一方面，住宿企业应加强与 OTA 平台的合作，但合作不等于依赖，住宿企业还应开拓内部多元化营销渠道；另一方面，住宿企业应通过提升服务质量等增加酒店的行业竞争力，在和 OTA 平台博弈中掌握主动权。

3.3.2 依托互联网技术系统，打造数字化新型优势

2019 年北京智慧酒店主题论坛活动与酒店人共同探讨了节能、环保、增效之道，用技术手段促进酒店效益提升。互联网技术的不断发展改变了传统观念里的酒店形象，酒店不仅仅是有建筑，现在变成了“互联网 + 酒店”和“物联网 + 酒店”的新模式。传统意义上的酒店只能依靠客史档案等酒店内部记录了解消费者需求，数据很局限，但是互联网背景下发展起来的酒店预订系统，类似于一个大的数据库，这个数据库给酒店搭建一个智能化的体系。以众荟数据平台为例，OTA 预订数据、住中行为数据、住后点评数据形成了完整的数据链平台，希望通过这些数据连接酒店联合的力量和行业生态的力量，形成更好的应用，并为酒店产生更多的价值。一方面，用智能的体系把酒店的员工和管理层解放出来，提供更人性化的服务，最终体现在消费者体验更好，体现在酒店经营管理层的成本下降，经营管理能力更强。另一方面，酒店的智能化系统为酒店提供更加丰富的客户信息，通过对客户数据进行分析，酒店可以更全面掌握消费者个性化需求，从而更精准营销。

住宿业作为服务行业，其运营过程与人力资源密不可分，但是互联网技术的运用不应局限于数据分析。酒店整个运营过程中均可借助互联网技术，提升运营效率。消费者入住酒店，从预订酒店到离店结账，中间各个环节都可依托互联网技术，例如智能刷脸、一键入住、机器人送餐等都大大节省了人力成本，提升了酒店运营效率。酒店会员系统作为酒店很重要的信息数据中心，智能化手段的引入大大改善了传统会员系统的弊端，提升了前台工作效率。

3.3.3 加强企业文化建设，树立企业良好形象

企业文化对于企业来说至关重要。一方面，企业文化必须服务于战略目标，企业文化绝不是单纯的存在与任性的需求，而是要服务于战略目标。住宿企业应制定明确的战略目标，并共同为之不断奋斗，在实现战略目标过程中不断加深企业文化。另一方面，管理者作为住宿企业的形象代表，与企业文化密不可分。因此高管应当以身作则，即便是一项制度也需要高管以身作则地推行，更何况是一种文化。要让员工认识与理解，首先要高管正确理解并言传身教；要让员工做到，需要高管去推行、影响、并监督，而这些都首先需要高管身体力行，每一个举动，每一项决策，都秉承着公司的企业文化。另外，住宿企业员工也是文化的组成部分，住宿业作为人力密集行业，运营与人力紧密相连，住宿企业员工的形象、服务质量等影响住宿企业的形象，因此住宿企业应注重员工的培训及管理，树立良好企业形象。

2018 年北京市旅行社行业发展情况报告[①]

段冰杰，马佳丽，李　宏

1. 2018 年北京市旅游市场和旅行社行业发展状况[②]

2018 年北京市旅游业继续保持平稳发展，稳中向好，实现旅游总收入 5921.2 亿元，同比增长 8.3%；接待游客总人数 31 093.6 万人次，同比增长 4.5%。旅游餐饮和购物总额 3168.3 亿元，占全市社会消费品零售额的 27%，比上年增长 1.8%。

2018 年北京市共有 1192 家旅行社，比上年增加 53 家，外联（组团）旅游者人数 544.5 万人次，较 2017 年减少 5.0%，接待旅游者 377.8 万人次，较上年减少 10.5%。从旅行社经营情况来看，2018 年北京市旅行社全行业营业收入较 2017 年增长 7.02%，旅行社行业从业人员 37 660 人，比上年减少 0.8%。

1.1 出境旅游市场微降，日本、泰国成最热门出境游目的地

2018 年北京市具有出境游营业资格的旅行社共 426 家，与上一年同期相比增加 7 家，安排国内居民出境人数达 510.9 万人次，同比减少 0.1%。前往港澳台地区旅游人数下降趋势明显，前往香港旅游 12.0 万人次，下降 18.6%；

① ［作者简介］段冰杰，北京第二外国语学院旅游管理专业硕士研究生，主要研究方向为旅行社管理与旅游目的地营销。马佳丽，北京第二外国语学院旅游管理专业硕士研究生，主要研究方向为旅行社管理与旅游目的地营销。李宏，女，北京第二外国语学院教授，博士，硕士研究生导师，北京市中青年骨干教师，北京市拔尖创新人才，主攻领域为旅行社管理与旅游分销渠道研究、旅游目的地营销研究。

② 北京市文化和旅游局官网 . 2018 年北京旅游市场稳中向好［EB/OL］. http://whlyj.beijing.gov.cn/cycj/tjxx/ndtjxxzj/448699.htm 2019.02.15

北京市统计局官网 . 旅游年度统计资料发布计划［EB/OL］. http://tjj.beijing.gov.cn/tjsj/ndtjzl/2018ndtjzl_6949/ly_6698/201902/t20190220_417110.html 2019.07.19

前往澳门旅游10.6万人次，下降30.8%；前往台湾4.6万人次，下降26.6%。

2018年出境游洲际市场分布如表1所示。其中，亚洲和欧洲分别以61%和29%的比例位列第一和第二，其他地区出境游人数由高到低依次为大洋洲、北美洲、非洲、拉丁美洲，所占比例如图1所示。与2017年出境游人数相比，亚洲地区同比增长6%，拉丁美洲同比增长54.7%，其他各大洲均有不同程度减少，北美洲同比下降37.9%，出境游人数减少规模最大。

从目的地国家分布来看，日本、泰国、俄罗斯联邦、越南和韩国是2018年旅行社组织出境游人数最多的5个国家，如表2所示。具体来看，日本和泰国分别以82.2万人次和73.9万人次的出境人数成为国内最热门的出境游目的地。同2017年出境游人数相比，俄罗斯联邦因举办第21届世界杯足球赛吸引了大批国内游客前往，出境游人数猛增43.9%，越南同比增长36%，其余三国出境游人数均有减少。

表1 2018年各地区北京市旅行社组织出境游人数

地区	2018年出境游人数（人次）	同比增长率（%）
亚洲	3 537 699	6
欧洲	1 670 293	–8.3
大洋洲	198 709	–13.3
北美洲	179 266	–37.9
非洲	144 916	–10.7
拉丁美洲	32 547	54.7
其他	3296	–87.7

数据来源：北京市文化和旅游局官网——2018年北京旅游市场稳中向好

表2 2018年北京市旅行社组织出境游人数最多的5个国家或地区

国家或地区	出境游人数（人次）	同比增长率（%）
日本	822 163	–21.1
泰国	739 352	–3.1
俄罗斯联邦	280 679	43.9
越南	225 490	36
韩国	203 108	–20.1

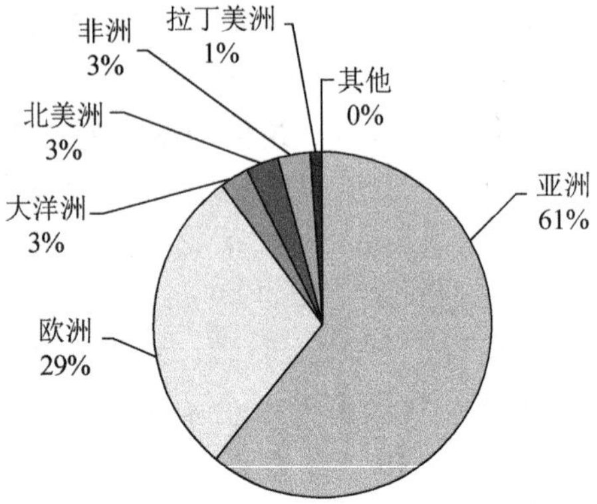

图 1　2018 年北京市旅行社组织去往各地区出境游人数占比

数据来源：北京市文化和旅游局官网——2018 年北京旅游市场稳中向好

1.2 2018 年北京市入境旅游人数"回正"，美、韩两国入境人数同比涨幅较大，旅游外汇收入增长近一成

2018 年北京市接待入境游客人数达 400.4 万人次，与 2017 年相比增长 2.0%，是自 2012 年以来，北京入境游人数首次"回正"，美国游客增加 4.7 万人次是入境游客人数上升的主要原因。其中，接待外国人 339.8 万人次，增长 2.3%，占接待入境游客总数的 84.9%；接待港澳台游客 60.6 万人次，增长 0.1%。

2018 年入境游洲际市场分布如表 3 所示。其中，亚洲、欧洲分别以 34%、30% 的比重位列第一和第二，其他地区入境游人数由高到低依次为美洲、大洋洲、非洲，所占比例如图 2 所示。与 2017 年入境游人数相比，只有非洲游客人数减少，同比下降 6.1%，其他各大洲均有不同程度上涨，尤其是美洲入境游客人数同比增长 5.5%。

从主要客源国来看，美国、日本、韩国、德国、英国是 2018 年入境游人数最多的 5 个客源国，如表 4 所示。具体来看，美国以 72.0 万人次的入境游客人数高居榜首，成为北京市 2018 年最大的客源国。同 2017 年入境游人数相比，除英国同比减少 3.3% 外，其他国家入境游人数皆上涨，美国同比增长 7%，韩国同比增长 5.2%，日本同比增长 2.7%，德国同比增长 0.3%。

2018 年入境游产生旅游外汇收入 55.2 亿美元，增长 9.6%（折合人民币 365.0 亿元，增长 7.5%）。人均消费 1378 美元 / 人次，增长 7.5%。

表 3　2018 年各地区北京市入境游人数

地区	2018 年入境游人数（人次）	同比增长率（%）
亚洲	1 142 967	2.1
欧洲	1 011 983	0.3
大洋洲	173 824	2.4
美洲	969 696	5.5
非洲	84 328	–6.1
其他	14 871	25.2

数据来源：北京市文化和旅游局官网——2018 年北京旅游市场稳中向好

表 4　2018 年北京市入境游人数最多的 5 个客源国

主要客源国	来京人数（人次）	同比增长率（%）
美国	719 898	7
日本	248 569	2.7
韩国	247 528	5.2
德国	194 299	0.3
英国	159 341	–3.3

数据来源：北京市文化和旅游局官网——2018 年北京旅游市场稳中向好

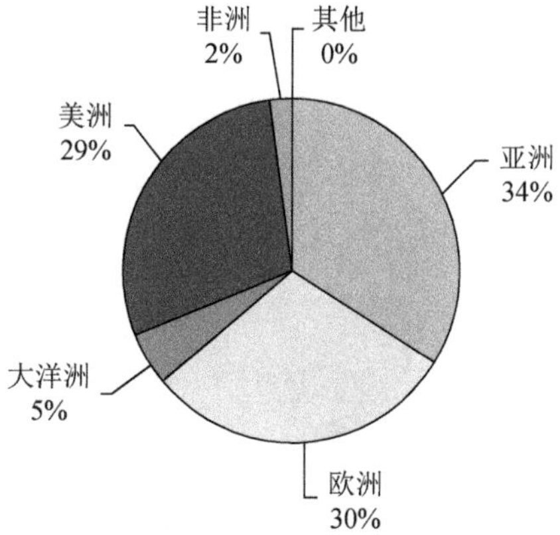

图 2　2018 年北京市来自各地区入境游人数比重

数据来源：北京市文化和旅游局官网——2018 年北京旅游市场稳中向好

1.3 国内旅游市场稳步增长

国内旅游总人数 30 693.2 万人次，增长 4.6%；国内旅游总收入 5556.2 亿元，增长 8.5%。外省来京游和市民在京游两个市场均保持了稳定增长态势。

外省来京旅游人数 18 976.2 万人次，增长 5.9%；旅游收入 5077.9 亿元，增长 8.6%；人均消费 2676 元，增长 2.6%。外省来京游客花费构成（指人均花费构成，来自于精诚兴 2018 年国内旅游调查数据）中，购物占比最高，达 32.4%，其次是餐饮和住宿，占比分别为 21.6% 和 18.8%，三者合计占比为 72.8%；长途交通占比 12.4%，景点游览占比 8.0%，市内交通占比 3.9%，娱乐占比 1.9%；邮电通信和居民服务占比较低，分别为 0.2% 和 0.1%。

北京市民在京游人数 11 717 万人次，增长 2.5%；旅游收入 478.2 亿元，增长 6.6%；人均消费 408 元，增长 4.0%。市民在京游览花费构成（指人均花费构成，来自于精诚兴 2018 年居民出游调查数据）中，购物占比最高，达 37.7%，其次是餐饮，占比为 25.1%，交通和景区游览占比相对较高，分别为 11.6% 和 10.8%，住宿和娱乐占比均为 7.0%，邮电通信占比最低，仅为 0.7%。

郊区游花费构成中，餐饮占比最高，为 28.7%，其次是购物，占比为 25.1%，二者合计占比为 53.8%；都市游花费构成中，购物占比超五成，达 54.8%，其次是餐饮，占比 20.2%，二者合计占比达 75.0%，其余占比相对较低。

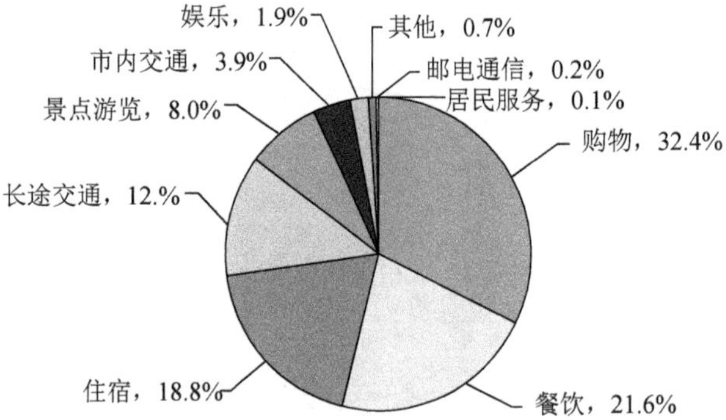

图 3　外省来京游客花费构成占比

图片来源：北京市文化和旅游局官网——2018 年北京旅游市场稳中向好

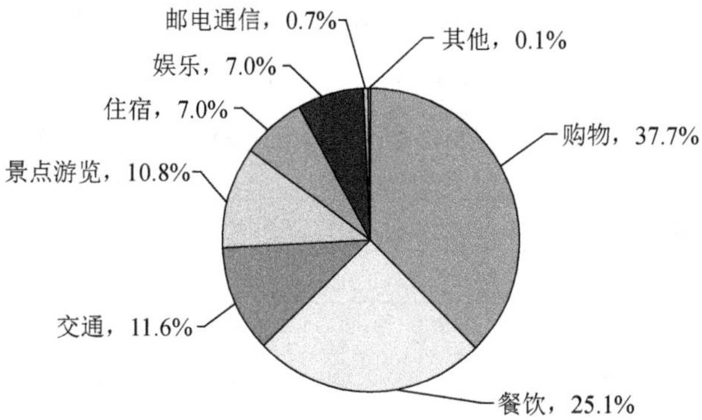

花费构成 %	购物	餐饮	交通	景区游览	住宿	娱乐	邮电通信	其他
全市	37.7	25.1	11.6	10.8	7.0	7.0	0.7	0.1
郊区游	25.1	28.7	15.2	12.4	11.0	7.2	0.3	0.2
都市游	54.8	20.2	6.7	8.7	1.7	6.8	1.7	0.1

图 4　本地市民在京游览花费构成

图片来源：北京市文化和旅游局官网——2018 年北京旅游市场稳中向好

1.4 旅行社外联（组团）旅游者人数同比减少 5.0%，外联（组团）旅游者天数同比减少 7.6%

外联（组团）旅游者人数是指报告期内旅行社自组外联（组团）的旅游者人数，反映旅行社对外招徕的能力。2018 年外联（组团）旅游者总人数 544.5 万人次，其中外联国内旅游总人数为 451.6 万人次，较 2017 年下降 6.02%，外联入境旅游总人数为 92.9 万人次，较 2017 年增长 0.3%。入境旅游者中，外国人 84.6 万人次，同比增长 0.39%，港澳同胞 4.1 万人次，同比下降 11.99%，台湾同胞 4.2 万人次，同比增长 17.55%。

外联（组团）人天数是指旅行社外联（组团）的入境游客中在中国大陆实际停留的人天数。2018 年旅行社外联（组团）人天数总计 2184.2 万人天，其中，国内旅游者 1716.1 万人天，较 2017 年同比下降 9.32%，入境旅游者 468.1 万人天。入境旅游者中，外国人总计 425.6 万人天，同比下降 1.45%，港澳同胞 20.0 万人天，同比下降 3.26%，台湾同胞 22.5 万人天，同比增长 14.49%。

表 5　2018 年北京市旅行社外联（组团）情况

项目		外联（组团）旅游者人数		外联（组团）人天数	
		2018 年（万人次）	同比增长率（%）	2018 年率（万人天）	同比增长率（%）
国内旅游者		451.6	-6.02	1716.1	-9.32
入境旅游者	总数	92.9	0.3	468.1	
	港澳同胞	4.1	-11.99	20.0	-3.26
	台湾同胞	4.2	17.55	22.5	14.49
	外国人	84.6	0.39	425.6	-1.45
合计		544.5	4.98	2184.2	7.63

数据来源：整理自北京市统计局官网——旅游年度统计资料发布计划

1.5 旅行社接待旅游者人数同比下降 10.5%，接待人天数同比下降 19.9%

接待旅游者人数是指报告期内旅行社接待的人数，包括本社组团本社接待和其他旅行社组团本社接待的游客人数。2018 年北京市旅行社共接待旅游者 377.8 万人次，较 2017 年下降 10.5%，其中，接待国内旅游者 273.4 万人次，同比下降 10.4%，接待入境旅游者 104.4 万人次，同比下降 11.2%。所接待的入境旅游者中，外国人 94.9 万人次，同比下降 12.5%，港澳同胞 5.6 万人次，同比下降 5.1%，台湾同胞 3.9 万人次，同比增长 34.9%。

表 6　2018 年北京市旅行社接待情况

项目		接待旅游者人数		接待人天数	
		2018 年（万人次）	同比增长率（%）	2018 年率（万人天）	同比增长率（%）
国内旅游者		273.4	-10.38	1044.4	-19.87
入境旅游者	总数	104.4	-11.2	421.4	
	港澳同胞	5.6	-5.07	27.9	-20.08
	台湾同胞	3.9	34.85	18.9	34.04
	外国人	94.9	-12.45	374.6	-21.81
合计		377.8	-10.53	1465.8	-19.87

数据来源：整理自北京市统计局官网——旅游年度统计资料发布计划

2018 年北京市旅行社接待人天数总计 1465.8 万人天，较 2017 年下降 19.9%，其中接待国内旅游者 1044.4 万人天，同比下降 19.9%，接待入境旅游者 421.4 万人天。所接待的入境旅游者中，接待外国人 374.6 万人天，同比下降 21.8%，接待港澳同胞 27.9 万人天，同比下降 20.1%，接待台湾同胞 18.9 万人天，同比增长 34.0%。

1.6 2018 年北京地区旅行社旅游服务质量投诉工作情况

1.6.1 第一季度旅行社投诉情况同比上一年增加 16%①

2018 年第一季度（自 2018 年 1 月 1 日至 2018 年 3 月 31 日）旅游投诉情况公示 600 件，同比上一年（734 件）降低 18%，其中：涉及旅行社投诉 394 件，同比上一年（339 件）增加 16%；涉及非法一日游投诉 101 件，同比上一年（261 件）降低 61%。

2018 年第一季度质监所立案受理各类旅游投诉共计 422 件，涉及旅行社投诉394件。其中：导游领队服务问题59件，购物及自费项目问题41件，合同争议问题 12 件，行前解约问题 111 件，降低质量标准问题 169 件，其他问题 2 件。具体分类情况如图 5 所示。

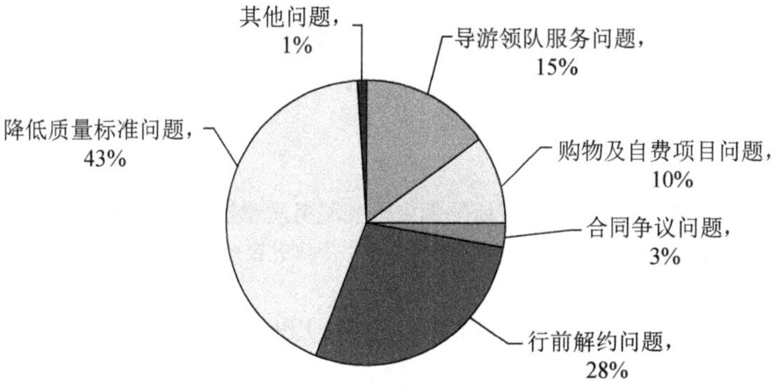

图 5　2018 年第一季度所受理旅行社服务质量投诉案件分类情况

图片来源：北京市文化和旅游局官网——2018 年第一季度北京地区旅游服务质量投诉工作情况

2018 年第一季度受理的旅行社服务质量投诉中，共涉及 92 家旅行社，其中导游领队服务问题占 15%，购物及自费项目问题占 10%，合同争议

① 北京市文化和旅游局官网. 2018年第一季度北京地区旅游服务质量投诉工作情况［EB/OL］. http://whlyj.beijing.gov.cn/scjg/cxgs/432939.htm 2018.04.04

问题占 3%，行前解约问题占 28%，降低质量标准问题占 43%，其他问题占 1%。

1.6.2 第二季度旅行社投诉情况同比上一年增加 7%①

2018 年第二季度旅游投诉情况公示 589 件，同比上一年（706 件）降低 17%，其中：涉及旅行社投诉 348 件，同比上一年（325 件）增加 7%；涉及非法一日游投诉 92 件，同比上一年（239 件）降低 62%。

2018 年第二季度质监所立案受理各类旅游投诉共计 370 件，涉及旅行社投诉 348 件，其中：导游领队服务问题 45 件，购物及自费项目问题 37 件，合同争议问题 7 件，行前解约问题 86 件，降低质量标准问题 170 件，其他问题 3 件。具体分类情况如图 6 所示。

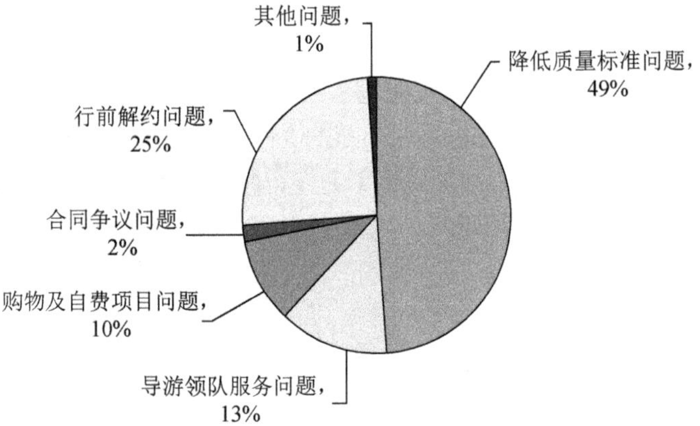

图 6　2018 年第二季度所受理旅行社服务质量投诉案件分类情况

图片来源：北京市文化和旅游局官网——2018 年第二季度北京地区旅游服务质量投诉工作情况

2018 年第二季度受理的旅行社服务质量投诉中，共涉及 75 家旅行社，其中导游领队服务问题占 13%、购物及自费项目问题占 10%、合同争议问题占 2%、行前解约问题占 25%、降低质量标准问题占 49%、其他问题占 1%。

投诉降低质量标准问题占旅行社全部投诉 49%，主要投诉问题包括：遗漏行程规定景点；缩减景点游玩时间，增加购物时间；行程中住宿和餐饮未达标。

① 2018 年第二季度北京地区旅游服务质量投诉工作情况［EB/OL］. http://whlyj.beijing.gov.cn/scjg/cxgs/432940.htm 2019.07.09

1.6.3 第三季度旅行社投诉情况同比上一年增加 18%①

2018 年第三季度旅游投诉情况公示 768 件，同比上一年（842 件）降低 9%，其中：涉及旅行社投诉 510 件，同比上一年（432 件）增加 18%；涉及非法一日游投诉 89 件，同比上一年（260 件）降低 66%。

2018 年第三季度质监所受理各类旅游投诉共计 531 件，涉及旅行社投诉 510 件，其中：导游领队服务问题 47 件，购物及自费项目问题 61 件，合同争议问题 8 件，行前解约问题 105 件，降低质量标准问题 282 件，其他问题 7 件。具体分类情况如图 7 所示。2018 年第三季度受理的旅行社服务质量投诉中，共涉及 115 家旅行社，其中降低质量标准问题占 55%、导游领队服务问题占 9%、购物及自费项目问题占 12%、合同争议问题占 2%、行前解约问题占 21%、其他问题占 1%。

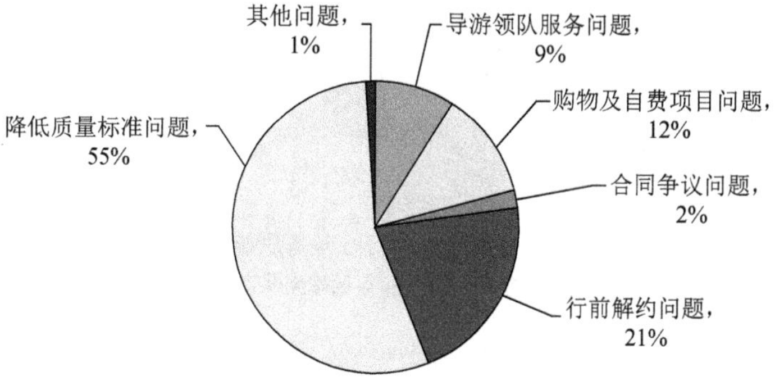

图 7　2018 年第三季度所受理旅行社服务质量投诉案件分类情况

图片来源：北京市文化和旅游局官网——2018 年第三季度北京地区旅游服务质量投诉工作情况

1.6.4 第四季度旅行社投诉情况同比上一年增加 13%②

2018 年第四季度旅游投诉情况公示 570 件，同比上一年（633 件）减少 10%，其中：涉及旅行社投诉 405 件，同比上一年（359 件）增加 13%；涉及“一日游”投诉 17 件，同比上一年（139 件）减少 88%，非法“一日游”零投诉。

2018 年第四季度质监所受理各类旅游投诉共计 420 件，涉及旅行社投

① 2018 年第三季度北京地区旅游服务质量投诉工作情况［EB/OL］. http://whlyj.beijing.gov.cn/scjg/cxgs/432941.htm 2019.10.11

② 2018 年第四季度北京地区旅游服务质量投诉工作情况［EB/OL］. http://whlyj.beijing.gov.cn/scjg/cxgs/447946.htm 2019.01.08

诉405件，其中：降低质量标准问题213件，导游领队服务问题45件，购物及自费项目问题60件，合同争议问题13件，行前解约问题73件，其他问题1件。具体分类情况如图8所示。2018年第四季度受理的旅行社服务质量投诉中，共涉及93家旅行社，其中降低质量标准问题占53%、导游领队服务问题占11%、购物及自费项目问题占15%、合同争议问题占3%、行前解约问题占18%。

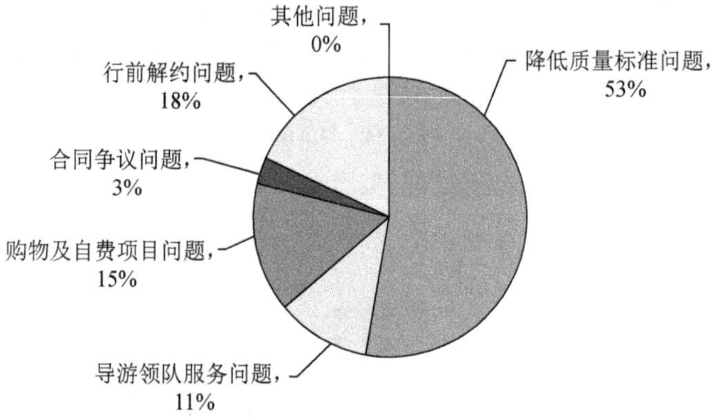

图8　2018年第四季度所受理旅行社服务质量投诉案件分类情况

图片来源：北京市文化和旅游局官网——2018年第四季度北京地区旅游服务质量投诉工作情况

2. 2018年北京市旅行社典型企业发展战略分析

2.1 中国国际旅行社

2.1.1 企业简介

中国国际旅行社总社有限公司（China International Travel Service Limited, Head Office，简称国旅总社），前身是中国国际旅行社总社，是在周恩来总理的亲自批示下，经政务院批准，于1954年在北京成立的新中国第一家接待海外游客的旅行社，是第一批获得国家特许经营出境旅游的旅行社、世界旅游组织在中国的第一家企业会员、北京市5A级旅行社之首。伴随着改革开放和中国经济的腾飞，经过几代国旅人的艰苦创业和不懈努力，国旅总社已经发展成为集入境游、出境游、国内游、会奖旅游、签证服务、商旅服务、航空服务、电子商务等综合服务于一体的大型旅游企业，是国内知名旅行社企业集团。“国旅 · CITS”品牌已成为国内领先、亚洲一流、世界知名的中国驰名商标，在世界品牌实验室发布的2017年中国500最具价值品牌中，“国旅”及“CITS”品牌以605.89亿元的品牌价值，荣登中国500最具价值品牌排行榜第48名，连续多年在旅游服务类品牌中位居第一，持续领跑中国旅游服务行业。

2004年，国旅总社和中免公司合并重组成为中国国旅集团有限公司，2009年，又作为中国国旅股份有限公司的重要子公司在上海证券交易所挂牌上市。2016年，经国务院批准，中国国旅集团有限公司与中国港中旅集团公司重组成立中国旅游集团公司，国旅总社成为中国旅游集团旗下企业。目前，国旅总社在全国范围内拥有全资、控股企业38家，参股企业5家，旅游门市数量1800余家，国旅理事会成员社上百家；在全球12个国家和地区设有6家全资、控股的海外旅行社公司和19家海外签证中心，并与100多个国家的1400多家旅行商建立了长期稳定的合作关系，形成了立足国内、放眼全球的现代化经营网络①。

2.1.2 中国国旅与港中旅合并

2016年7月，国资委官网披露，经报国务院批准，中国国旅集团有限公司整体并入中国港中旅集团公司，成为其全资子公司。中国国旅集团有限公司不再作为国资委监管企业。两家企业合并后，首先要面对的便是整合问题，双方的业务有互补性，但在旅行社业务方面，双方此前的竞争较多，日后的整合也将产生较多的成本。国旅的免税品业务利润率较高，大约在70%~80%之间，而港中旅的酒店、景区等较有优势，这三大业务之间的整合有较强的互补性，而旅行社方面重合较多②。国内旅游业具有小、散、乱的特点，并由此导致了效率低下等弊病，正是因此，旅游企业间的合并将帮助中国旅游企业减少成本，拉长产业链，形成更大的竞争优势③。本次“强强联合”是央企改革的主要趋势，也被业内人士普遍看好。

2.1.3 2018年企业大事记

2018年7月29日，由河北省张家口市康保县人民政府主办、中国国际旅行社总社有限公司和北京桓翼文化发展有限公司共同承办的“中国康保2018国家牧场‘恋人花’文化生态旅游嘉年华”开幕式在康保县恋人花海观景区隆重举行。中国康保2018国家牧场“恋人花”文化生态旅游嘉年

① 关于国旅 _ 国旅在线（CITS）https：//www.cits.cn/aboutus.html

② 港中旅与国旅合并一事终于落地 http://www.sohu.com/a/104678449_436221

③ 中国国旅整体并入港中旅成央企中最大旅游集团 _ 凤凰财经 http://finance.ifeng.com/a/20160712/14587106_0.shtml

华突出“国家牧场、美丽康保”的品牌名片，着力发挥“好风好光好风光、好水好土好水土”的独特优势，以草原天际线为主线，以“恋人花”为主题，着力发挥旅游产业覆盖面广、带动性强和可持续性好的优势，把发展旅游业和精准扶贫有机结合起来，为贫困群众谋增收、为农村谋发展添活力，全力打造具有康保特色的生态旅游产业，助力康保打赢脱贫攻坚战①。

2018 年 8 月 9 日，中国国际旅行社总社有限公司旗下专业的航空资源整合服务公司——国旅（北京）航空旅游服务有限公司（简称“国旅航服”）与泰国微笑航空公司在京举办中国区销售总代理协议签约仪式。未来双方将通过有针对性的合作，充分发挥各自优势，进一步拓展在华市场业务，巩固“THAI Smile”在中国市场的品牌知名度②。

2018 年 11 月 5 日，中国旅游集团有限公司发布人事任免令，陈荣出任中国旅行社总社有限公司、中国国际旅行社总社有限公司董事长、党委书记③。

2018 年 12 月 24 日，中国国旅发布公告称，中国国旅拟以非公开协议转让方式将下属全资子公司中国国际旅行社总社有限公司 100% 股权转让给中国旅游集团有限公司，转让价格为 18.31 亿元。中国国旅在公告中表示，本次交易完成后，国旅总社不再纳入中国国旅合并报表范围，中国国旅将退出旅行社业务，聚焦免税主业，进一步明晰战略定位，促进自身业务结构的优化调整④。

2.1.4 中国国旅战略分析

中国国旅的核心业务由三部分组成：旅游、免税 / 含税商品销售、对外投资。免税商品的销售具有特许经营权，具有垄断性质，国旅通过新中标、扩容、收购的方式扩大了免税业务的经营范围，免税商品的毛利高达 53.09%，其中 2018 年商品销售额占全年营业收入的 73%，但旅游服务同比 2017 年呈现 0.10% 的下降。中国国旅未来预期不是旅游服务业务的提升，而是免税商品销售范围的扩大。由于免税商品销售要依托机场、游轮等特

---

① 中国康保 2018 国家牧场“恋人花”文化生态旅游嘉年华开幕 – 文旅要闻 – 劲旅网_中国旅游财经新媒体 http://www.ctcnn.com/html/2018-07-30/10600046.html#PPN=info

② 国旅航服与泰国微笑航空签署中国地区总代理协议 – 文旅要闻 – 劲旅网_中国旅游财经新媒体 http://www.ctcnn.com/html/2018-08-09/10336092.html#PPN=info

③ 陈荣出任中旅总社、国旅总社董事长、党委书记 – 文旅要闻 – 劲旅网_中国旅游财经新媒体 http://www.ctcnn.com/html/2018-11-05/18507116.html#PPN=info

④ 中国国旅 18.31 亿剥离国旅总社聚焦免税业务 – 文旅要闻 – 劲旅网_中国旅游财经新媒体 http://www.ctcnn.com/html/2018-12-25/12392322.html#PPN=ta

殊场地，考虑到未来机场新建和扩容、游轮增量的情况，未来国旅在免税商品方面可能会有比较好的表现[①]。

单位：元　币种：人民币

主营业务分行业情况						
分行业	营业收入	营业成本	毛利率（%）	营业收入比上一年增减（%）	营业成本比上一年增减（%）	毛利率比上年增减（%）
旅游服务业	12 289 500 827.30	11 059 024 060.11	10.01	0.10	-0.36	增加 0.41 个百分点
商品销售业	34 335 071 643.36	16 398 219 142.08	52.24	119.81	89.41	增加 7.67 个百分点
合计	46 624 572 470.66	27 457 243 202.19	41.11	67.13	38.98	增加 11.93 个百分点
主营业务分产品情况						
分产品	营业收入	营业成本	毛利率（%）	营业收入比上一年增减（%）	营业成本比上一年增减（%）	毛利率比上年增减（%）
入境游	675 295 241.93	600 464 997.81	11.08	1.12	4.24	减少 2.66 个百分点
出境游	6 302 617 835.08	5 959 093 701.29	5.45	-2.43	-2.87	增加 0.43 个百分点
国内游	3 329 924 469.59	3 119 008 402.40	6.33	2.28	2.14	增加 0.13 个百分点
商旅服务	516 026 916.00	209 309 054.05	59.44	-6.84	-24.62	增加 9.57 个百分点
境外签证	1 131 582 838.87	866 072 794.48	23.46	14.91	14.98	减少 0.04 个百分点
其他业务	334 053 525.83	305 075 110.08	8.67	-6.04	0.66	减少 6.08 个百分点
旅游服务小计	12 289 500 827.30	11 059 024 060.11	10.01	0.10	-0.36	增加 0.41 个百分点
免税商品销售	33 227 329 380.32	15 588 571 000.29	53.09	123.59	93.26	增加 7.36 个百分点
有税商品销售	1 107 742 263.04	809 648 141.79	26.91	45.90	36.84	增加 4.84 个百分点
商品销售小计	34 335 071 643.36	16 398 219 142.08	52.24	119.81	89.[illegible]	增加7.67个百分点

图 9　2018 年主营业务分行业情况图

图片来源：https：//mp.weixin.qq.com/s/Du0dIzlFXq0S6U5iH4AK4Q

2.2 中青旅控股股份有限公司

2.2.1 企业简介

中青旅，前身为中国青年旅行社总社，成立于 1997 年 11 月，并于同年 12 月上市，是国内 A 股首家旅行社类上市公司。作为中国旅游行业的

① https：//mp.weixin.qq.com/s/Du0dIzlFXq0S6U5iH4AK4Q

领先品牌和综合运营商，中青旅坚持以创新为发展的根本推动力，不断推进旅游价值链的整合与延伸，在观光旅游、度假旅游、会奖旅游、差旅管理、景区开发、酒店运营等领域具有卓越的竞争优势。中青旅的主要业务包括旅游产品服务（主要为旅行社）、IT 产品销售与技术服务、整合营销业务（原会展业务）、景区综合经营以及酒店业务等，实现多元化的发展业态。目前，中青旅已达到年接待游客突破 1000 万人次、营业收入超 100 亿元的经营规模。旗下拥有中青旅、遨游网、百变自由行、中青旅会展、乌镇、古北水镇、山水时尚酒店等一系列知名企业和产品品牌，在北京、上海、广州、天津、南京、杭州、深圳、成都、乌鲁木齐、太原、南宁、香港、东京、温哥华等海内外三十余个核心城市设有分支机构[①]。

2.2.2 2018 年企业大事记

2018 年 9 月 11 日，中青旅控股股份有限公司入选由世界旅游联盟联合中国国际扶贫中心、世界银行共同确定的“WTA 旅游减贫案例 2018”案例。中青旅推动旅游扶贫，既是响应当前中央对地方政府的扶贫攻坚要求，帮助地方政府解决难题，也是积极探索拓展自身发展新空间的有效举措。

2018 年 10 月 11 日，“放歌新时代”2019 年中国北京世界园艺博览会（以下简称“世园会”）倒计时 200 天活动在延庆区夏都公园广场举行。中青旅受邀参加本次活动，并携手世园局首次公开发布“北京世园会三大精品旅游线路”。

2018 年 12 月 18 日，主题为“新动能新生态新娱乐”的 2018 第三届中国文旅大消费年度峰会暨“龙雀奖”颁奖盛典在上海举行。中青旅及相关公司共计斩获四项大奖，分别是：中青旅荣获“最佳文旅上市集团奖”；中青旅山水酒店集团荣获“最佳生活方式住宿品牌”；中青旅投资控股的古北水镇荣获“最佳文旅项目”；中青旅红奇基金荣获“最佳文旅投资机构”[②]。

2.2.3 中青旅战略分析

中青旅控股股份有限公司发布 2018 年年度报告显示，2018 年，中青旅实现营业收入 122.65 亿元，同比增长 11.30%；实现归属于上市公司股东的净利润 5.97 亿元，同比增长 4.50%；扣除非经常性损益后归属于上市公司股东的净利润较上一年同期增长 14.40%；基本每股收益 0.83 元，同比增长

① 中青旅控股股份有限公司 _360 百科 https：//baike.so.com/doc/5567731-5782877.html

② 文旅融合服务品质生活：中青旅及相关公司一举斩获“龙雀奖”四项大奖 _ 中青旅遨游网 http://www.aoyou.com/news/n14603/

4.50%。从主营业务来看，旅游产品服务为中青旅第一主营业务，2018 年实现营收 39.09 亿元，同比增长 3.52%；从毛利率来看，2018 年中青旅酒店业和景区经营毛利最高，分别为 81.34%、80.61%；从营收增长速度上来看，房地产销售业务营收增速最快，比上一年增长 307.22%[①]。

中青旅 2019 工作会议明确，立足旅游主业，围绕刚性需求，提供品质服务，形成可复制的核心竞争力，为打造全球领先综合服务商而奋斗。中青旅的发展目标是：作为光大集团大旅游战略的核心平台，以建设成为全球领先的综合旅游服务商为目标，紧扣国家战略、推进产融合作、聚焦价值创造，以文旅综合体为特色，强执行力实施“4+3”业务体系，以业务运营组合优化、资产资本融合发展为助推，打造拥有卓越创新名品与文旅资源的能力，拥有可复制的核心竞争力，做“品质生活的系统提供者”[②]。

2.3 凯撒旅游

2.3.1 企业简介

凯撒旅游创始于 1993 年，立足以高端旅游产品为核心，以时尚旅游为理念，以产品开发、质量管理为主要手段，构建专业高效的现代旅游企业。作为国内领先的全产业链出境游运营商，凯撒旅游背靠海航旅游集团，上游资源掌握力强，与全球 100 多个国家和地区境外地接社建立合作关系，在邮轮、航空、签证方面拥有很强的竞争优势。经过 26 年稳健发展，相继在汉堡、巴黎、伦敦、洛杉矶等 7 个海外核心城市设有分支机构，在中国的北京、上海、广州、成都以及沈阳等近 50 个口岸及核心商业城市设有分子公司。2015 年 10 月，凯撒旅游成功上市登陆 A 股市场，成为资本市场中的一员。

截至目前，凯撒旅游旗下拥有覆盖全球 120 多个国家和地区、超过 20 000 种服务于不同人群的高端旅游产品。同时，凯撒旅游注重文化与旅游的融合，将艺术、音乐、体育等文化内涵引入产品研发，对旅游产品进行品牌化包装，旗下多个明星产品名称已经商标局注册，成为凯撒旅游旗下的品牌产品，已经注册了包括“湖光山色”“纯美海岛”“双重美妙”“爱琴海新娘”等在内的多个商标。“我的海外婚礼”“环球体验季”等系列产

① 中青旅：2018 年净利润 5.97 亿元，同比增长 4.5%——品橙旅游 http://www.pinchain.com/article/189691

② https：//mp.weixin.qq.com/s/ayBJwVrFU2wkkjaNq3wYzw

品和大型活动，均已持续推出 11 年以上，成为业内具有相当深远影响力的旅游产品品牌[①]。

依托品牌优势、产品优势、服务优势、资源优势，得益于中国出境旅游市场的蓬勃发展，凯撒旅游在 26 年的发展历程中，凭借健康可持续的发展理念、创新的商业模式、国际化的运营管理思路，赢得了公众、业界及媒体的广泛认可，已然成为中国出境旅游的卓著品牌。

2.3.2 2018 年企业大事记

2018 年 10 月 9 日，中国奥委会官方网站发布公告称，凯撒旅游确认成为 2019—2020 年中国体育代表团票务销售及接待服务供应商，为 2019—2020 年中国奥委会票务独家代理机构，在中国奥委会辖区内负责推广、销售及分配东京奥运会门票，并提供相关接待、保障等服务。这就意味着，凯撒旅游将成为 2020 东京奥运会中国奥委会辖区独家票务代理机构。

2018 年 11 月 7 日，首届中国国际进口博览会迎来开幕第三天，凯撒旅游先后与皇家加勒比国际游轮、英国航空公司现场签署年度合作协议[②]。

2.3.3 凯撒战略分析

第一，以中法建交 55 周年为契机，加强与法国旅游业深度合作。1997 年凯撒在法国巴黎成立了第一家分公司。凯撒旅游是中国第一个推出法国一国深度游及主题游的旅游企业，这些年不断挖掘更多的主题及深度体验元素，推出了包括法国婚礼主题、勃朗峰徒步主题、美食品酒主题、滑雪主题、体育主题、亲子主题、博物馆主题等几十个主题产品，产品形态包括始发地参团游、目的地参团游、半自助、自由行、私家团等多种方式，目前，游客可以在凯撒旅游找到几百种法国旅游产品。在欧生活的华人也可以享受到高品质的旅游产品服务[③]。

第二，深度布局入境游业务板块，发扬博大精深的中华文化。在 2018 年 6 月中旬举行的北京国际旅游博览会上，凯撒旅游着力向参展商分享了其国内入境业务，目前，公司自主研发的十二大入境主题旅游产品已陆续上线，覆盖文化、美食、户外、邮轮等诸多领域，例如丝绸之路系列、中医理疗系列、中华古镇系列、茶文化系列等，通过精心研发的国内路线，希

---

① 凯撒旅游简介 – 关于凯撒 – 凯撒旅游网 http://about.caissa.com.cn/info/

② 进博会：凯撒旅游与皇家加勒比英航现场签约 – 品橙旅游 http://www.pinchain.com/article/175498

③ 赵爱玲. 向欧洲游客分享中国之美——专访凯撒中国创始人、凯撒旅游总裁陈小兵［J］. 中国对外贸易，2019（01）：17-19.

望与境内外游客分享中国之美。

第三，中国旅游市场正在向优质发展阶段转变。中国旅游行业正在迎来消费升级，整体市场向优质旅游发展阶段转变。凯撒旅游通过一系列的产品革新，使得很多客户的深层次差异化需求得到了满足，一定程度上摆脱了无序的价格竞争，在获得利润的同时也赢得了用户良好的口碑。此外，除了产品和服务升级之外，资源和渠道同样是凯撒旅游的发展重点。当前凯撒旅游也在加大旅游全产业链及一站式旅游服务平台体系研发投入，不断提升上下游资源协调整合能力①。

2.4 众信旅游集团股份有限公司

2.4.1 企业简介

众信旅游是中国最大的出境游运营商之一，也是 A 股市场上首家民营旅行社上市公司。众信坚持实施“批发零售一体、线上线下结合”的发展战略，整合机票、酒店、签证、邮轮、境外交通、境外接待服务等出境游产业链各要素资源，是出境旅游产品的制造者和服务的提供者，产品涵盖欧洲、大洋洲、非洲、中东、美洲、亚洲等全球主要的目的地国家和地区。公司一方面巩固扩大出境游批发业务，建立了基本覆盖全国的旅行社代理商网络，目前已拥有 2000 多家代理商和 100 多家零售门店；另一方面，公司积极拓展出境游零售业务，建立了专业的旅行服务电子商务网站——众信旅游网站和呼叫中心，更好地响应和满足客户个性化和多样化的需求，形成线下实体营销网络和线上电子商务相结合的业务模式。公司目前主要经营出境游批发、零售、商务会奖旅游等业务。

2.4.2 2018 年企业大事记

2018 年 1 月 18 日，众信旅游在北京发布 2018 年度产品，积极响应 2018 年全国旅游工作会议部署发展“优质旅游”的中心任务，以“U-tour Design”为核心理念，从产品制造向产品创造进一步升级，主打“设计师系列”“一家一团系列”“五天年假系列”“达人带路系列”四大原创品牌产品系列，强调旅行产品的创造力、品质感和服务性，旨在满足新时代广大旅游消费者的美好生活需要②。

2018 年 4 月 9 日，随奥地利总统范德贝伦访华团来到北京的奥地利国

---

① 旅游“大佬”看旅游新趋势［J］. 中外企业文化，2018（09）：30-31.

② 公告详情—众信旅游悠哉网 https：//www.uzai.com/aboutus/dynamicdetails?id=3103

家旅游局高层举办仪式，为中国区最重要的五家合作旅行社颁发荣誉证书，以表彰其为奥地利旅游业做出的卓越贡献。众信旅游和全景旅游以其出众的实力获此殊荣[①]。

2018 年 6 月 25 日，众信旅游与加拿大旅游局签署了谅解备忘录，宣布将开展广泛深入的战略合作，积极推动中加旅游产业实现快速优质发展，助力“中加旅游年”结出硕果。官方数据显示，中国目前已是加拿大第三大海外游客来源市场，在 2018 年“中国 – 加拿大旅游年”的推动下，中国出境游市场正在掀起新一轮的加拿大旅游热潮。由楚萱歌女士率领的旅游贸易代表团此行旨在推介加拿大丰富多元的旅游资源，向中国游客和中国旅游行业展示加拿大多样和独特的旅游机会[②]。

2018 年 12 月 10 日，由中国旅游研究院和中国旅游协会联合主办的 2018 旅游集团发展论坛在北京召开。论坛发布了 2018 中国旅游集团 20 强名单，众信旅游集团榜上有名，实现连续五年入围中国旅游集团 20 强[③]。

2.3.3 众信战略分析

众信旅游战略定位是全方位出境综合服务商。发展战略是从旅游到旅行，以出境游为核心，纵向发展上、中、下游业务，横向发展“旅游 +”服务业务，为广大客户提供更专业、更优质、更便捷的出境产品及服务，进而形成全方位的出境综合服务商。

众信旅游抓住国内出境游快速发展的有利契机，充分运用自身资源与资本市场平台优势，采取“一纵一横”战略。众信战略是坚持做专业出境游运营商，在目的地旅游资源、线上线下营销渠道、产品设计与服务三方面进行产业链一体化纵向扩张，不断保持出境游业务优势。立足以服务品质为前提，以产品为核心，线上线下结合的多渠道，采取零售、批发、商务会奖三大业务协同发展的发展战略，充分利用三大业务的优势，扩大运营规模，发扬竞争优势。同时横向发展“旅游 +”，包括游学及留学教育、健康医疗、移民置业、旅游金融、个人外币兑换、代理购物退税、消费信贷等一系列出境综合服务，实现全方位出境综合服务平台[④]。

众信旅游跨界合作的主要领域是以银行为主的金融行业，在与金融行业的跨界合作中，从旅游贷款到惠民补贴，再到旅游相关增值服务都是众

---

① 公告详情—众信旅游悠哉网 https：//www.uzai.com/aboutus/dynamicdetails?id=4114
② 公告详情—众信旅游悠哉网 https：//www.uzai.com/aboutus/dynamicdetails?id=4154
③ 公告详情—众信旅游悠哉网 https：//www.uzai.com/aboutus/dynamicdetails?id=4193
④ 曾岚 . 中国国旅和众信旅游的财务分析与发展战略比较研究［D］. 厦门大学，2018.

信服务的特色。众信旅游还与 7-11 跨界携手，与世纪佳缘共同研发“巴厘岛单身派对”主题旅游产品[①]。

3. 旅行社行业发展未来走向预测

3.1 文旅融合发展，完善管理体制

文旅融合为旅游业的发展带来新的契机，同时也存在新的挑战。

2019 年京津冀文化和旅游协同发展交流活动在北京举办。活动期间，三地文化和旅游部门组织召开了京津冀文化和旅游协同发展工作会，成立了京津冀文化和旅游协同发展领导小组，签署了《京津冀文化和旅游协同发展战略合作框架协议》。三地将加快推进京津冀文化和旅游产业发展；扩大京津冀文化和旅游投融资渠道，联合开展文化和旅游项目招商引资活动；加强京津冀文化和旅游试点示范区建设，全面提升示范区文化和旅游基础设施和公共服务水平，培育示范区文化和旅游品牌，实现合作项目共建共享；促进三地共享公共文化资源与发展成果，以公共文化设施建设为依托，探索公共文化设施建设交流机制[②]。

3.2 资本扩张加速，线上线下双管齐下

不论是携程战略投资华远国旅，还是众信旅游与竹园国旅重组，海航投资凯撒谋上市，君联资本投资寰宇旅游并开始线上布局等，线上线下旅游企业均开始通过资本扩张的方式来加快资源的整合，未来，必然会有更多的类似的并购重组、战略投资案例出现，线上线下融合发展的速度也将加快。

但是在线上线下同时发展的过程中，需要注意把握线上宣传与线下体验的差异性，以免造成消费者的体验大打折扣，影响满意度。其次是线上线下开展合作的过程中需要进行良好的沟通，如果用传统的思维观念来做，可能会出现互联网企业持续“烧钱”、看似人气旺但收益低、投诉多的现象。

---

① 朱丽 . 旅行社跨界营销现象研究［J］. 现代营销（下旬刊），2018（09）：72-73.

② 京津冀签署协议：加快推进三地文旅产业发展 – 品橙旅游 http://www.pinchain.com/article/197078

3.3 定制游、康养、红色旅游等分市场涌现

3.3.1 定制游旅游市场

标准旅游产品曾经是传统旅行社的优势，现在是 OTA 的优势。自由行就是游客自己定制自己的出游计划。尽管互联网、物联网飞速发展，OTA 中不乏专门的攻略类网站供用户进行旅游信息搜索和旅游路线规划，但是旅游内容繁多复杂，耗费的时间成本较高，而且信息的全面性得不到保证；传统旅行社背后有丰富可靠的地接资源和导游的线下服务，整合手中资源，创新自由行模式，为其提供解决问题的一揽子方案，小团队的定制游是可以满足的。

消费者需求层出不穷，定制市场空间巨大。定制游已成为出入境游中增幅最快的旅行方式，增长率达到 70% 以上；国内游中定制出行占比也逐渐扩大，且国内主题游定制成为趋势。在定制游实践中我们发现，从价格优先到品质优先，定制旅行呈现三大趋势：服务升级，从标准化走向个性化产品，从原来卖货给客人变成为客人提供服务，从隐性消费变成透明消费，不再有自费项目；渠道升级，定制旅行最重要的是点对点的连接，从分销到直客，从线下到线上，从低效到高效；资源升级，从切位、切房到动态采购，定制满足了个性化需求。

对于定制游平台而言，定制业务对供应链的整合能力有了更高的要求，需要专业人才，需要大数据，需要对资源和价格的控制，还需要令客户愿意买单的服务。有需求，有市场，也有挑战。

3.3.2 康养旅游市场

近年来，随着人们对健康生活的重视，“大健康”产业正快速迈入新一轮的增长。作为把旅游业和“大健康”产业结合的康养旅游，拥有良好的市场环境，是发展空间巨大的蓝海市场。数据显示，目前世界上有超过 100 个国家和地区开展康养旅游。我国也高度重视这一市场，制定相关政策来推动康养旅游的发展[①]。

随着我国经济社会的发展、人民生活水平的提高，国民对于健康和身体素质提升的需求不断增强，同时我国将步入老龄化社会，老龄化问题日益加剧，这些都为康养旅游提供巨大的市场。当然，发展康养旅游主要的市场是“银发”市场。银发人群对于游玩的要求较高，深度体验的慢游是他们的旅游追求，这类市场有时间有闲钱，更加注重体验和感受，喜欢与

① 康养旅游行业发展现状和市场前景分析 https：//www.douban.com/note/709275324/?type=rec

同行的其他游客互动，传统旅行社的优势产品在于团队游，只要减小团体规模、放缓行程安排就能满足银发市场的需求。推出“康养医疗”类慢旅游，“文化追忆”类轻旅游，凭借多年累积的资源优势，是可以在这个市场上有所作为的。

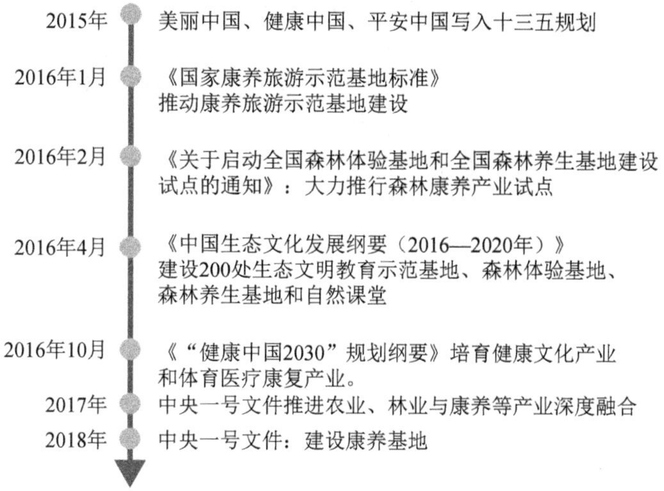

图 10　2015—2018 年中国康养旅游相关政策

图片来源：前瞻产业研究院整理

3.3.3 红色旅游市场

旅游加持，文化赋能。新时代背景下，红色文化旅游逐渐成为文旅经济的热点，一方面是红色文化具有强大政治基因，浓缩了近现代中国共产党领导中国人民抵御外辱、不屈不挠、艰苦奋斗的优良革命传统，而且包含改革开放以来解放思想、奋发向上、励精图治的时代精神；另一方面，红色文化也蕴含和承载了社会主义核心价值观的要义，通过红色文化赋能推动了文旅融合转型升级。

2004 年至 2018 年，中共中央办公厅、国务院办公厅先后印发 3 期《全国红色旅游发展规划纲要》，红色旅游至今已发展到第 15 个年头。经过不懈努力，红色旅游的规模不断扩大，体系不断完善，政治效益、社会效益和经济效益不断显现。一是经典景区数量多。红色旅游经典景区 300 个，占全国旅游景区景点的 1%。二是人次逐年攀升。根据国家旅游局公布的数据，全国参加红色旅游人数由 2004 年的 1.4 亿人次增至 2016 年的 11.47 亿人次，年均增长超过 16%，其中青少年游客数量累计达到 32 亿人次；2017 年红色旅游人数更是同比增长 15.4% 至 13.24 亿人次，比五年前翻了近 10 倍，平均每个中国人就去过一次红色旅游景点。预计 2019 年将突破 15 亿人次。三是市场潜力巨大。四是客群呈年轻化。据驴妈妈旅游网的数据显示，2018 年国内红色旅游的主要客群已由 60 后、70 后向 80 后、90 后转移。携程数据则显示，红色旅游游客中，80 后和 90 后的占比已升至 39%，60 后和 70 后则降至 32%。此外，全国自费参加红色游的游客达到 66.34%，18 岁到 40 岁之间的人占到总数的 57.37%。与以往偏中老年游客群体相比较，红色旅游现在越来越受年轻人的青睐[①]，成为了新焦点。

---

① 文旅融合新焦点：红色文旅的万亿“红色经济”–休闲文化–劲旅网_中国旅游财经新媒体 http://www.ctcnn.com/html/2019-07-15/16130935.html#PPN=culture

2018年北京市旅行电商发展情况报告①

邓　宁，张晓丹

1. 2018年在线旅游发展总览

随着时代发展，智能手机和移动互联网已经得到广泛的普及和应用，加之5G时代的即将到来，旅游行业与移动互联网产业融合速度加快，旅游形式发生了翻天覆地的变化，在线旅游用户渗透率逐年攀升。据《2018年度中国生活服务电商市场数据监测报告》显示，2018年我国在线旅游市场交易规模约8750亿元，相比于2017年的7426亿元增长了17.82%，在线旅游市场增速出现放缓状态。但是，随着人工智能与旅游产业的逐步结合，在新的技术领域和新的变革因素的作用之下，未来在线旅游市场会有一个更加广阔的发展空间。在线旅游目前的市场现状存在以下特点：

1.1 在线旅游创业与资本市场趋冷

在资本市场趋冷的背景下，盈利已经成为多数创业公司更加看重的指标，随着互联网人口红利的逐渐消失，互联网创投整体遇冷，让以往通过烧钱获取用户之后再求谋利的发展路径遇到瓶颈。携程系目前占领着国内在线旅游市场的霸主地位，美团点评紧随其后，在线旅游行业已经进入了深度整合期。同时，根据《2019中国旅游创业创新信心指数报告》显示，旅游双创正处于市场规律中的“波谷”阶段，相对于2017年，2018年旅游双创信息指数中的资本维度指数一直在下降，且下降幅度较大，说明资本市场对于投资旅游创新创业前景的乐观预期出现下降趋势，人才、政策、并购、成功率、前景等维度均有小幅度上升，其中“成功率”维度上升幅

① ［作者简介］邓宁，男，湖南湘乡人，博士，副教授，北京第二外国语学院旅游科学学院副院长，北二外旅游数字营销与人工智能研究中心主任，中国旅游景区协会标准化委员会副秘书长，主要研究领域为旅游大数据及旅游在线营销。张晓丹，北京第二外国语学院旅游管理专业硕士研究生，主要研究领域为旅游大数据、旅游在线营销。

度较大。且 2018 年旅游双创额度产品和商业模式主要集中领域为民宿、出境自助游类、亲子与游学、定制游类、人工智能科技类。

1.2 新技术推动在线旅游转型升级

新技术一直为在线旅游的发展提供动力，人工智能、大数据、云计算等技术领域的投入，最终可以被用户深刻地感知到进而提升用户的体验满意度。2018 年人工智能与 VR/AR 技术仍是头号明星，同时还有新的成员 MR 加入阵营，能够实现裸眼 3D 视觉效果，给游客前所未有的旅游体验。随着更多的新技术在旅游行业中运用，以人工智能为代表的新技术也将为旅游业的发展带来变革，重塑全球旅游价值生态链。例如，过去通过人工寻找方案进行核价，消费者往往需要 10~30 分钟才能够得到回复，如今用户通过在线旅游平台输入出发地和目的地查找机票，平台从数以亿计的机票产品中，筛选出最优的出行方案所需的时间只用 0.4 秒。[①] 还可以借助 VR 虚拟技术足不出户就能欣赏到遍及全世界的旅游景区。区块链技术在旅游业中的运用不仅可以有效地防止超售现象，还可以在一定程度上抑制点评造价的产生进而推动构建诚信旅游市场环境。

1.3 在线旅游企业更深度介入目的地开发

在线旅游企业正在更深一步地对旅游目的地的资源进行挖掘，天然拥有大量数据的优势使得在线旅游企业可以分析出对于目的地、出行天数、主题以及出游方式的倾向。在线旅游企业依据旅游目的地的特色，可开发设计出游客体验更好的线路。

携程旅行网与日本爱知县宣布正式达成战略合作，双方将在目的地营销和旅游产品开发等多个领域进行深度合作。[②] 驴妈妈为目的地智慧赋能，已经在全国打造了多板块联动赋能的标杆案例，其中黄山便是一个典型的服务案例，塑造了黄山万人自驾节庆 IP，并组织“跟着课本游黄山”“重走霞客路　畅游大黄山”“百城千店万人冬游黄山”等多项主题活动。[③] 目前，大量的在线旅游企业开始和目的地深度融合，不仅可以提高企业自身的竞

---

① 携程旅行网 CEO 孙洁：技术赋能 让中国旅游走在行业前沿 https：//t.cj.sina.com.cn/articles/view/1496814565/593793e502700kc8n?from=tech

② 携程签约日本爱知县　探索主题游促中日交流 http://www.travellinkdaily.com/tld/zxly/15765.htm

③ 消费升级背景下　驴妈妈如何为目的地智慧赋能 http://www.bbtnews.com.cn/2018/0806/257152.shtml

争力，同时为目的地的治理提供了新路径，并提供资本、线下产品运营、营销等一站式服务，呈现出从流量端入手倒逼旅游目的地进行供给侧结构性改革的趋势。

1.4 不同领域企业切入在线旅游趋势日益明显

2013 年在线旅游开始真正步入移动互联时代，做为一个覆盖食住行游购娱六大场景的巨大市场，实现大一统是几乎不可能的事情，各类在线旅游企业开始以不同的方式和专长从其主营业务切入旅游行业。百度地图、高德地图等以地图导航为主要业务开始依靠大数据，借助 AI 在智慧旅游领域发力，其中百度地图推出“城市旅游地图”功能，可以为游客推荐最热门的吃喝玩乐地点、游玩攻略和一键导航服务，让异地游客迅速融入本地特色。① 同时，推出全景地图、景区 AR 功能、智能导游、最佳拍照点等，进一步提升游客的旅游体验。滴滴、快的等以交通出行为主要业务，借助丰富的交通资源出现了向旅游行业进军的态势。2018 年 7 月 17 日，滴滴出行宣布与在线旅行及周边服务平台 Booking 达成战略合作关系，② 推出汽车租赁、小客车代驾等服务，向自驾旅行业务延伸。传统航空公司在旅游市场的吸引力之下也正在尝试提供航空服务以外的服务，共享经济之下的民宿平台也将视角投向旅游业，提供“本地人向导服务”，将服务范围扩展至旅游向导层面。

1.5 在线旅游市场新形式主题游层出不穷

在线旅游市场经过激烈的竞争角逐之后趋于稳定和饱和，2018 年旅游市场形成了携程、飞猪以及美团点评三大 OTA 三足鼎立的格局，新的创业企业在传统的预订市场已经很难有与 OTA 正面交锋的机会。人们的旅游需求从观光旅游到休闲度假再到注重体验，这些变化正在刺激旅游资本活跃于 OTA 非标产品覆盖范围之外的定制游、个性游、主题游等方面，更多围绕酒店、休闲、放松、美食方面的旅游产品层出不穷。只要可以挖掘某个特色的主题旅行和主题玩法并构建完整的消费体验，都会有消费者对其认可买单。例如在“食”方面，出现一款“余味全球美食”APP，专门收录

---

① 百度地图助力旅游产业升级：背靠大数据，依托AI科技的先行 http://baijiahao.baidu.com/s?id=1605479078680995654&wfr=spider&for=pc

② 滴滴要在旅游市场搞事情了 但5000万真的够吗？http://www.sohu.com/a/309660901_100138227

全球各地的特色美食，致力于打造一个有温度的美食社区，通过团队收集各地美食资讯和餐馆信息为用户提供具有参考意义的专业意见，同时用户可以在社区分享他们的美食攻略。此外，2018 年上线了一款专用于旅游拍照的 APP——“咔拍”，提供全国各大景点的旅游照示范，用户可以直接分享到旅游照片社区进行网红地打卡。各类旅游主题类产品如雨后春笋，正在从有针对性地满足一部分人的旅游需求逐渐形成个性化、差异化的旅游市场。

1.6 OTA 对线下流量争夺更为激烈

随着互联网线上流量红利的消失，OTA 已经重新认识到线下服务的重要性。不同于旅行社较为稳健的门店升级和新模式门店的特点，OTA 正在快速跑马圈地，争夺线下流量入口。在资本的推动下，OTA 在品牌和信息化管控上具有天然优势，模式较轻的加盟使得 OTA 线下布局得以快速进行，同时还有很多中小旅行社、门店和网点采取加盟的方式转换品牌，进入大型品牌的体系。截至 2018 年 11 月底，携程旅游门店数量已突破 1600 家，加上旅游百事通和去哪儿品牌门店，携程旗下的旅游门店数量超过 7000 家，全部是加盟模式。[①] 途牛目前开设 400 家旅游门店；同程虽然在直营店上有大幅度的收缩，但目前为止仍有 126 家直营旅游门店；驴妈妈采用加盟模式目前有 780 多家旅游门店。在线旅游企业的线下布局步步紧追传统旅行社线下流量入口，甚至会危及大型旅行社的优势，但是线上的流量如何在线下门店进行转化和赋能仍是在线旅游企业亟待解决的问题。

2. 北京在线旅游电商公司发展情况

2.1 美团点评

美团 2018 年实现营收约 652 亿元，较上年同期增长超 90%。目前美团点评市值约 304.85 亿美元，低于京东 329.29 亿美元，与小米相当。2018 年，美团点评发展势态良好，酒店业务取得突破性进展，频频出现大动作。4 月份收购摩拜，推出美团单车。9 月份，正式以 69 港元发行价在香港 IPO，对应市值 524 亿美元。11 月份，美团点评在内部信中宣布组织升级启动，

① 旅游门店：线下渠道的发展现状及思考 http://www.ctnews.com.cn/art/2018/12/25/art_148_31289.html

其将战略聚焦“Food+Platform”，围绕着“吃”这一核心，组建用户平台、到家和到店事业群。[①]

2018 年 3 月，美团酒店以 2270 万的单月间夜量首次超过携程、去哪儿、同程艺龙的总和。同时，2018 年第一季度，美团酒店以 5770 万的订单总量位居行业第一名。2018 年二季度，美团酒店以 6790 万的订单量、7290 万的间夜量双双位居行业第一，再次超越了携程 + 去哪儿 + 同程艺龙的三家总和。这只是开端，未来美团酒店与携程系的间夜量竞争必然更加激烈。不同于其他企业，美团将酒店当作生活服务来做，而不是作为旅行差旅的一部分，先构建一个酒店综合生态，再通过适当佣金赚钱，用场景和流量链接商家，美团让一切逻辑从用户生活服务需求出发，通过一个场景来带动另一个场景。如此模式让酒店旅游有望成为餐饮外卖后美团的第二个现金牛。

美团收购摩拜单车，进一步布局线下，利用摩拜的“超级高频的流量入口”进一步扩大了资本和流量的入口。同时，完善了美团出行方面的业务，进而推动美团出行业务链的发展。2018 年 7 月 25 日，美团对外正式发布无人配送开放平台。[②] 在此基础上，美团联合众多企业及院校、政府等机构，通过自动驾驶、高精地图、远程遥控等技术应用，同时依托物联网技术，可以打通智能交通、楼宇、电梯等环节，适应外部道路、园区、建筑物内部等不同场景，自主进行场景切换，提高外卖配送效率。此外，美团内部架构已进行了调整，成立了单独的出行事业部，包括无人配送、共享汽车、美团地图、自动驾驶以及网约车等出行领域的新业务。

美团业务体系一直在扩大，从最开始的团购网站，已经覆盖到了到店、酒店、旅游、打车、民宿和单车等领域，如今发展成囊括到店、到家、旅游、出行四大 LBS 场景的“美团帝国”。作为全球领先的互联网 + 生活服务的平台，美团正在朝向一个囊括吃喝住行的互联网超级巨头发展。

2.2 去哪儿

一直对数据讳莫如深的去哪儿网在 2019 年公布去哪儿网 2018 年全年 GMV 增长 30%。机票年增 20%；酒店重返高增长通道，中高星酒店保持 30% 以上的增长；火车票业务保持 40% 增速；[③] 距离 2015 年的“整合”风

① 美团的2018：做完三件头等大事，要让飞轮高速转动https：//www.jianshu.com/p/201f046c00ca

② 美团出行的“野心”https：//www.iyiou.com/p/93228.html

③ 去哪儿网 2018 全年 GMV 增长 30%，未来 3 年冲击 2500 亿 http://www.sohu.com/a/288949262_594364

波过去三年，经过三年的调整期，以特价机票闻名行业的去哪儿网涅槃重生。2018 年，去哪儿网度假、门票业务增长喜人。在自由行、周边游方面，有接近 3 位数的增长。此外，去哪儿网升级专车服务，其联合运营的专车业务将主打高端网约车出行品牌“尊享专车”，并通过完善专车生态，大幅扩张入驻城市。在管理层和各部门的高阶岗位上，去哪儿网引入新鲜血液。不但 COO、CMO 皆为 80 后，更有很多 85 后、90 后走上管理岗位。此外，为了鼓励内部创新，去哪儿网投资 3000 万元设立“沙漠基金”，让更多有创意和想法的人实现创业梦。

作为一个在线旅游企业，去哪儿网致力于以技术为根本提升用户体验。2018 年，去哪儿网技术学院举办“寻找八阿哥”（BUG）大赛，[①] 通过比赛磨炼技术人员的技艺，整体提升公司技术水准。同时，继 2017 年有 20 个专利被国知局受理之后，2018 年上半年去哪儿网有 10 个专利被国知局正式受理。目前，去哪儿网酒店售后问题率全年最低已接近 3%，趋于行业领先水平。

2.3 马蜂窝和穷游网

2018 年 2 月 5 日，蚂蜂窝旅行网发布声明，宣布“蚂蜂窝旅行网”正式更名为“马蜂窝旅游网”，并启动新一轮品牌换新，公司 Logo 及网站、APP、微信、微博等产品名称及官方账号也将同步更新，又宣布知名演员黄轩为马蜂窝品牌代言人，并出任公司的首席旅行官，开始加码品牌宣传。业内人士分析：“马蜂窝此次更名，实际瞄准的是一个更广阔的市场。”更名后马蜂窝将继续着力于以 90 后为主力的新旅游市场，在自由行旅游社群的基础上开始商业化实践，抢占自由行旅游细分市场，“UGC+ 大数据 + 自由行服务平台”既是马蜂窝的商业模式，也是产品的核心优势。通过大量数据挖掘和分析，马蜂窝可以对用户的需求进行归类研究，进而满足用户多元化、个性化、IP 化的旅游需求。10 月份，腾讯领头对马蜂窝进行 D+ 轮融资，高鹄资本担任融资顾问，融资完成后估值 20 亿美元，[②] 融资的完成进一步夯实了马蜂窝作为旅游行业内容巨头的地位。

世界杯期间，马蜂窝砸 2500 万举办“猜胜负，天天瓜分 100 万”的营

---

① 中国技术全球瞩目：去哪儿网专利、落户、BUG 大赛促创新 http://www.techweb.com.cn/news/2018-12-03/2715169.shtml

② 马蜂窝融资原已接近尾声，腾讯领投，估值 20 亿美元 https：//36kr.com/newsflashes/141719

销活动。通过“免错卡”带动新用户注册，在商业楼宇、优酷视频等位置投放视频广告进一步提升了品牌的知名度，基于观看球赛多为男性的特点而增加了男性用户的比例，还根据赛事热点推广相关线路，并在马蜂窝商城主推俄罗斯相关的产品，在俄罗斯观看比赛的人可以直接购买，有效提升了用户的付费率。此外，2016 年马蜂窝开始推出“未知旅行实验室”，制造了一个个现象级营销。从最开始的“未知旅行”到 2017 年 7 月的“未知小黄盒”，从 2017 年 12 月的“网红墙”再到 2018 年 12 月的“好吃的圣诞”，马蜂窝实现了与知乎、社交美食体验平台 Eatwith、杜蕾斯等多个品牌的跨界合作，打破了原有品牌的营销边界，进而覆盖了不同的场景与受众群体。

当前国内 UGC 旅游平台中除了马蜂窝动作活跃外，穷游网也不甘落后。随着在线旅游的发展，UGC 旅游网站用户内容商业转化速度过慢、变现能力弱的问题越来越明显，UGC 旅游企业纷纷开始考虑转型。穷游网在 2018 年 1 月发布了新一年的商城运营策略“穷游优选”，实现“商家优选”在零售端的升级，除了对商家产品的库存、服务端做出要求外，还将严格考查商家的产品设计生产能力和投放运营能力，进而实现高效交易。① 此外，穷游商城在站内开设“商家自助运营板块”，推动了旅行服务商真正进入到穷游论坛中。对于 2017 年开始尝试的内容付费模式，2018 年并未显现太多变现能力，内容付费变现是否能成为新的利润点，仍需要时间进行考证。“2018 年穷游 TOP 50 年度旅行者大会”在上海上升新所举办，② 大会上穷游网正式推出“创造者计划”，还将推出一系列 KOL 扶持政策，基于穷游网 8800 万用户平台以及 2 亿流量的优势，使得更多优质内容创作者能够被大众认识。

2.4 同程艺龙

继美团上市之后，合并不足一年的同程艺龙顶着“小程序第一股“的光环于 2018 年 11 月在香港 IPO，截至 2018 年 12 月 31 日止年度，按合并基准：收入由 2017 年的人民币 5 226.1 百万元同比增长 16.5% 至人民币 6 090.8 百万元。③ 同程艺龙合并之后整合酒店和交通等领域的资源，腾讯和

① 旅游攻略网站谋求流量变现 穷游网再上擂台 https：//www.seoxiehui.cn/article-20405-1.html

② 直击 2018 年 TOP50 年度旅行者大会：穷游网将打造“创造者计划” https：//www.csdn.net/article/a/2018-11-26/15966077

③ 同程艺龙年报一出，实力演绎“豪门贵子” http://www.pinchain.com/article/186818

携程作为其大股东提供资金和流量支持，2018 上半年，在腾讯旗下的平台月活动用户达到 1.24 亿，年增长达到 66%，[①] 在短时间内同程艺龙还完成了在微信端入口“同程艺龙酒店机票火车”小程序的整合。

背靠腾讯，同程艺龙 2018 年微信平台的表现可圈可点。2018 年 9 月和 10 月连续两个月位于阿拉丁 top100 微信小程序第一名，是第一个超过微信小程序“跳一跳”的旅游平台。同程艺龙设定矩阵小程序玩法，设计了 30 多款小程序，通过主场景（酒店、机票、火车票、汽车票、景区门票）和特色场景（签到、签证、拼团）为用户提供了多元化的服务。此外，同程艺龙将微信的流量入口分为 5 个平台进行运营，分别是微信钱包中机票和火车票的两大入口，是微信流量的主要组成部分，第二部分是朋友圈广告入口，对用户画像进行精准投放，小程序入口从功能和速度两方面大大提升了用户的体验，类似于拼多多电商分享砍价的社交流量入口贡献一部分流量，最后是搜一搜入口，也起到了部分的引流作用。其中，同程艺龙基于微信生态和出行场景不断深耕经营流量，通过小程序已经积累了过亿的流量。组织管理方面，针对小程序和微信专门新增了类似于微信营销的部门，专门负责这一部分的营销，现有组织中也增加了分享裂变等作为业务延展，线下部门也进行了相应转型，为小程序的进一步发展奠定组织和人力基础。

2.5 途家网、小猪短租

2018 年，共享住宿呈现蓬勃发展的态势，如家般的氛围和个性化的体验让以民宿为代表的非标准住宿成为出行人群更加偏向的选择。途家网于 2011 年上线，致力于从游客和房东两个方面提供优质的服务，一方面游客可以拥有优质、个性的出行住宿体验，另一方面为房东提供高收益且有保障的闲置房屋分享平台。2018 年，途家占据了约 45% 中国民俗市场份额，途家现已覆盖国内 335 个目的地和海外 1018 个目的地，在线房源超过 45 万套。[②]2018 年 1 月，大鱼自助游正式加入途家集团，为途家带来大量的境外优质房源，境外在线房源达到 40 万套。此外，途家盈利模式包括两个方面：一方面就是本身经营的出租房屋所获得的佣金，另一方面则是托管费，途家在线平台出租合作的酒店公寓，按照一定比例收取分成。

① 同程艺龙上市首日暴涨27%，市值255亿腾讯成大赢家https：//baijiahao.baidu.com/s?id=1618189244195986390&wfr=spider&for=pc

② 2018年中国独角兽企业成长趋势解读之——途家网：最大民宿流量入口https：//new.qq.com/rain/a/20190222G1220U00

作为后起之秀的小猪短租在民宿市场亦有不俗表现。截至2018年12月，小猪短租全球房源数量已突破50万，覆盖五大洲60个国家和地区，超过710座城市。[①]2018年10月，小猪短租接受马云的云峰基金融资3亿美元，并表示会把资金用于加大安全体系和服务生态的投入。2018年5月小猪采用蚂蚁金服的核心技术，将“刷脸入住”功能引入智能门锁，实现安全身份认证下的智慧入住，并迅速推广至全国40个城市。此外，小猪还推出了面向房东的一站式经营服务品牌——揽租公社，极大地降低了共享住宿的参与门槛。

3. 在线旅游电商发展趋势

3.1 在线旅游平台将探寻游客更深层次的文化需求

2018年3月20日，文化和旅游部正式亮相，对旅游行业未来几年的发展产生了巨大影响，文旅融合已经成为旅游界不得不赶的时尚潮流，在线旅游企业同样不甘落后。如穷游网推出的“City Walk城市漫步”和穷游网的旅行生活美学品牌JNE中的“一期一会”系列产品，将文化与旅游深度结合起来，从而探索游客更深层次的文化需求。

在线旅游服务平台往往存在着同质化现象，将线下旅行社产品移到线上售卖而没有真正意义上的创新，进而使得用户黏性不高，这种情况下文旅融合无疑给在线旅游企业提供了新的思路——将文化与旅游产品结合起来，从旅游的视角对目的地文化进行深度挖掘，赋予在线旅游企业重要的生命力。同时，文化并不意味着一定是传统文化，还要打开接纳新兴文化，向前看，如何从用户真实需求出发赋予旅游产品人文特色，让“文化自己说话”是众多在线旅游企业需要考虑的问题。

3.2 人工智能将成为在线旅游发展新机遇

人工智能技术快速发展，正在从多个方面为在线旅游带来新的发展机遇。一方面，基于大数据通过人工智能算法为旅游管理提供了更加智能化并具有前瞻性的管理辅助决策方式，获取的海量数据可以对用户进行精准地画像，进而推动整个行业业务流程的重构，最终实现产品和业态的创新。

---

① 2018小猪短租年终数据报告：亲子民宿受追捧https：//baijiahao.baidu.com/s?id=1622706074606773464&wfr=spider&for=pc

另一方面，人工智能为游客提供更加优质、人性化、智能化的旅游服务体验，智能语音导游导览系统、扫码入园、刷脸入住、翻译机器人等一系列智能化的服务正在勾勒出未来旅行的全新体验，既满足了用户多样化的需求还大大提高了行业服务的效率。最后，人工智能为旅游精准营销提供更多的途径。人工智能通过收集客户数据并经过智能分析之后，提出更为精准的营销方案，包括但不限于更加智能的搜索、智能的广告、精致的内容交付，更重要的是人工智能可以不断地“学习”，随着数据不断积累，人工智能会发现曾经被隐藏的见解，将决策方案变得更加智能化。

3.3 短视频将成在线旅游营销重要手段

相关数据显示，截至 2018 年 12 月，抖音国内 DAU 突破 2.5 亿，MAU 突破 5 亿，[①] 对旅游目的地营销造成很大的冲击，抖音俨然已经成为 2018 年旅游目的地营销现象级产品和平台。北京成为 2018 年度“抖音之城”。2018 年，依靠抖音视频“短小精”的特点，重庆的“洪崖洞”、西安永兴坊的“摔碗酒”、厦门鼓浪屿的“土耳其冰淇淋”等景点及文化场景借助短视频进行营销，吸引了大量游客，成为众人纷纷打卡的网红景点。抖音视频具有全民创作的特点，用户可以通过搭配音乐、控制视频拍摄的快慢、滤镜、特效及场景切换等技术，创作时长不超过 15 秒的 MV 作品，全民参与性已经使其悄然成为旅游营销的利器。在线旅游平台主要用户为 80 后、90 后，年轻人是旅游消费的主体，有超过 8 成的用户习惯手机下单，此类用户与抖音用户群体基本吻合，加之抖音视频录制简单、成本低廉从而吸引了庞大的“素人”用户，这就吸引包括 OTA 在内的“旅游行业原住民”纷纷加入其中，并开设官方账号进行旅游目的地营销。短视频平台为旅游目的地营销提供了新玩法，已经成为在线旅游营销的重要手段。

3.4 在线旅游中高端酒店争夺将更为激烈

2018 年，在线旅游企业酒店业务竞争如火如荼，在线酒店预订规模达到 1219.6 亿元，[②] 未来在线旅游企业在酒店行业的竞争越来越激烈，尤其是中高端酒店之间的竞争。随着社会经济的不断发展和人们可支配收入水平

---

① 抖音 2018 年度数据报告 https：//36kr.com/p/5175123

② 2018年在线酒店预订规模达到1219.6亿元，在线旅游将推动酒店市场http://www.chyxx.com/industry/201811/692795.html

的提高，人们更加注重旅游过程中住宿、餐饮、康养等方面的高品质，直接推动了中高端酒店市场的发展。此外，相对于机票和中低端酒店业务收入规模大但利润偏低的特点，中高端酒店业务相对能够带来更多的利润，将会刺激更多 OTA 纷纷进入中高端酒店市场。

2018 年 10 月，携程正式宣布成立丽呈酒店集团，通过将全国一、二线城市的高星级酒店结成“同盟”，利用携程大数据分析的优势，助力酒店在激烈的市场竞争中提升业务成绩和服务水准。同时，美团也继续加码高端酒店，[①] 与凯莱集团、世纪金源集团、玉渊潭集团、古北水镇集团、雅阁集团、山里寒舍集团、上邦戴斯集团、寓居酒店集团、新华联集团等 9 家华北地区高星酒店集团签署战略合作协议，并且在品牌建设方面，美团将助力各集团进行品牌形象宣传，通过互联网增加酒店品牌的曝光量。此外，酒店行业经过近年的整合行业集中度变高，单体酒店经营环境恶化，这些也都将会加剧 OTA 中高端酒店业的竞争。

① 暗战继续　美团加码高端酒店板块 http://www.sohu.com/a/253721319_316950

第四板块——会议与展览业篇

2018 年北京会议业发展报告[①]

刘林艳，刘羽瑶

会议业是一个对政策环境、经济周期等较为敏感的行业。2018 年，中国改革开放 40 周年，面对国内经济“新常态”下结构调整和国外中美贸易摩擦严峻国际形势的双重压力，中国经济全年增速放缓，但是经济总量不断上升，呈现出质量不断提升、结构持续优化的向好势头。随着国家“一带一路”建设的深入实施，开放型经济发展的不断推进，产业结构的不断优化调整，中国会议业总体运行平稳、稳中有进、缓中向好。

北京市“十三五”规划中，北京立足全国政治中心、文化中心、国际交往中心、科技创新中心的城市战略定位，将强化国际交往功能，培育重大国际会议和国际影响力强的文化、科技、体育等活动品牌，积极吸引国内外会展落户。

会议业作为构建现代市场体系和开放性经济体系的重要平台，其运行状态和发展趋势不但与经济转型密切相关，更对经济的创新驱动转型有着重要意义。应加快持续健康发展，努力推动北京市成为国际上具有竞争力和影响力的会议城市，更好地发挥自身在国民经济中的作用。

北京是国内公认的最活跃的会议城市、每年举办会议最多的城市。对北京会议业的历史和现状进行研究具有代表性，且富有理论意义和实践意义。

---

① ［**作者简介**］刘林艳（1985—），女，管理学博士，北京第二外国语学院经贸与会展学院副教授，北京旅游发展研究基地研究员，电子邮箱 liulinyan_99@126.com；刘羽瑶（1996—），女，北京第二外国语学院旅游科学学院 2018 级会展管理专业研究生。

［**基金项目**］2019 年度北京市属高校高水平教师队伍建设支持计划青年拔尖人才培育计划项目（CIT&TCD201904064）

1. 北京会议总体特征

本部分研究 2011—2018 年北京市承办会议的总体情况，分别从会议数量情况、会议收入情况、会议接待设施情况、会展从业人员情况、接待国际会议情况，以及会议时间分布等几个方面对北京市会议总体特征进行分析。数据主要来源于北京市统计局和国家统计局北京调查总队共同编制的 2011—2018 年间各年的《北京统计年鉴》[①]。

1.1 会议数量和参会人数情况

根据《北京统计年鉴》，2011—2018 年北京市接待会议数量及增长率情况如图 1 所示。2011—2012 年间，北京市接待会议数量从 2011 年的 28.3 万个迅速增长到 2012 年的 31.3 万个；2013 年北京市接待会议数量大幅回落，出现负增长现象，增长率为 –24%，此后继续回落，并在 2014 年达到最低值 20.4 万个；2015 年至 2017 年期间，北京市接待会议数量稳步上升，总量稳定在 20 万 ~22 万个，2017 年较上一年同比增长 4.9%；预计 2018 年继续平稳上升。

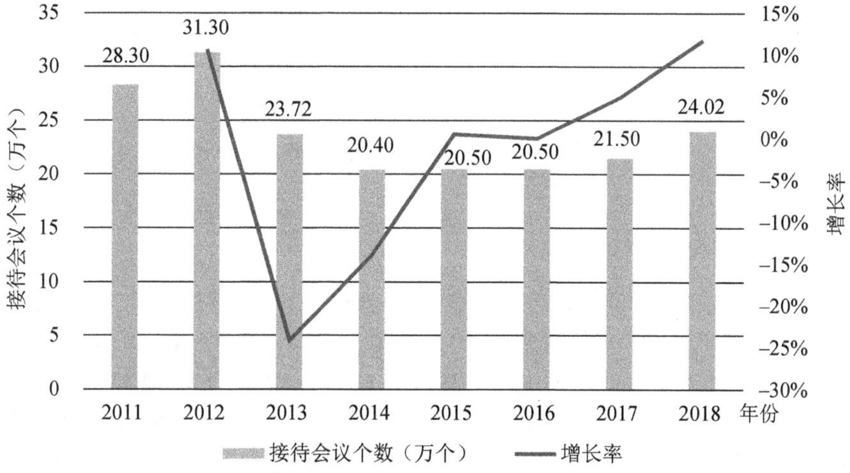

图 1　2011—2018 年北京市接待会议数量及其年增长率

① 注：统计范围包括会展场馆、星级饭店、会展举办单位以及规模以上会议及展览服务业法人单位和旅行社等。由于统计范围内单位名录每年均有变化，本文均采用北京市统计局根据当年实际情况调整后的数据。数据来源于《北京统计年鉴》的第十四部分第三产业中的《会展业活动情况》。因本文撰写时 2019 年《北京统计年鉴》还未出版，故 2018 年数据使用历史平均法计算得出。

2011—2018 年间，北京市接待会议人数总量变化情况与会议数量基本保持一致。其中，在 2012 年达到峰值 2010.9 万人次，此后自 2013 年开始迅速回落，并在 2014 年降至最低点 1418.6 万人，降幅达到 29.45%；然后从 2014 年开始逐年稳定上升，会议人数总量维持在 1500 万 ~1700 万人，2017 年增长速度最快，为 8.37%；预计 2018 年人数与 2017 年基本持平。（如图 2）

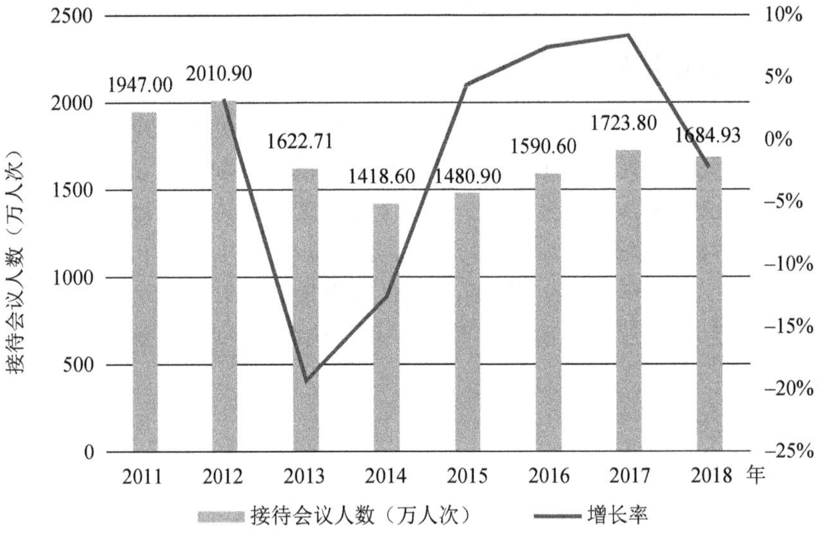

图 2　2011—2018 年北京市接待会议人数及年增长率

1.2 会议收入情况

2017 年，北京市会议产业实现收入 118.7 亿元，同比增长 5.42%，预计 2018 年会议产业收入将达到 114.17 亿元。2011—2012 年，北京市会议业收入处于稳步上升阶段，从 2011 年的 125.3 亿元增长到 2012 年的 135 亿元；2013 年会议市场出现萎缩现象，较之 2012 年减少 18.4%，2014 年持续萎缩，会议产业收入降至 2011 年以来的最低水平；2015 年北京会议业市场开始逐步回温，每年平均以 7% 的速度增长（如图 3）。

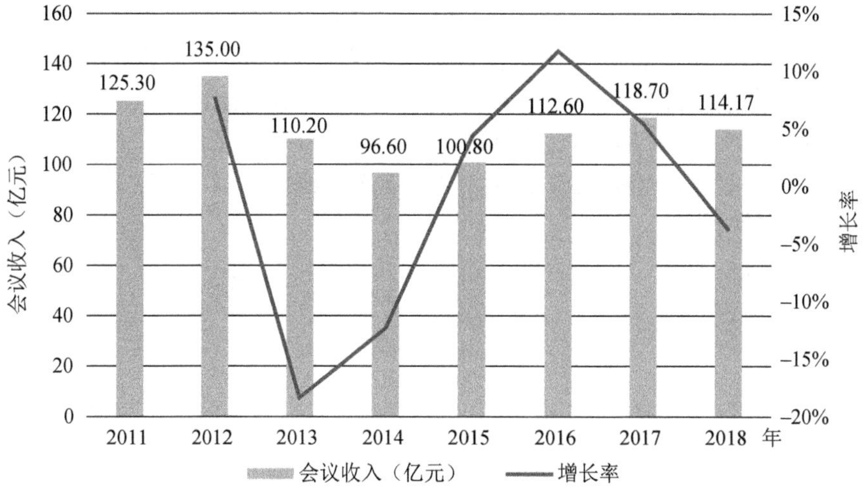

图 3　2011—2018 年北京市会议业收入及年增长率

从整个行业来看，北京市会议市场收入的变化与整个会展行业的变化基本保持一致。2011—2012 年北京市会展业高速发展，收入上升；此后在 2013 年会展业收入骤降至 206 亿元，增长率为 −16.7%；2014 年后会展业平稳发展，在 2017 年实现会展收入 245.4 亿元，增长 2.3%，接近 2012 年的 247.2 亿元峰值，预计 2018 年会展收入在 227.3 亿元（如图 4）。

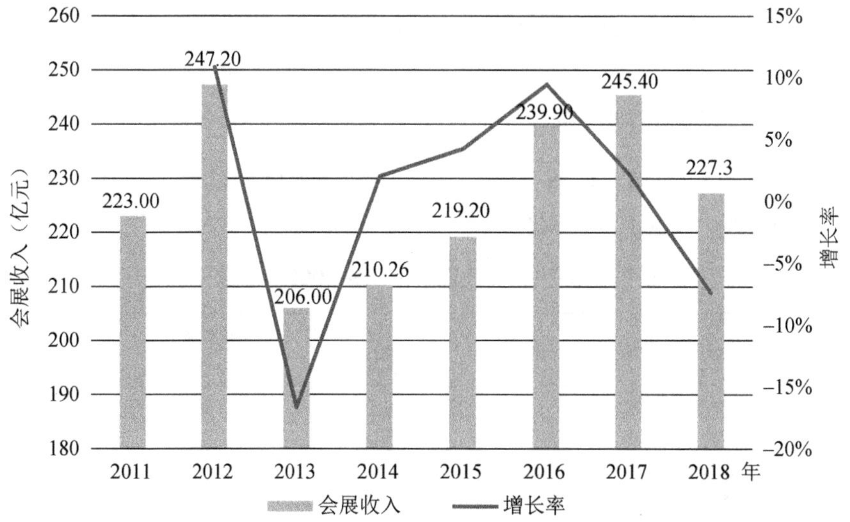

图 4　2011—2018 年北京市会展收入及年增长率

从收入占比来看，会议占会展的收入比例较为稳定地维持在 45%~57% 的范围内，会议业和会展业的发展和收缩趋于同步。会议占比最高的是 2011 年，占会展总收入的 56.19%；会议占比最低的是 2014 年，占会展总收入的 45.94%；2017 年占比为 48.37%，较 2016 年有所上升；而从 2013—2017 年这一时期的数据表现来看，会议业对经济、政策等外部环境的反应更为敏感（如图 5）。

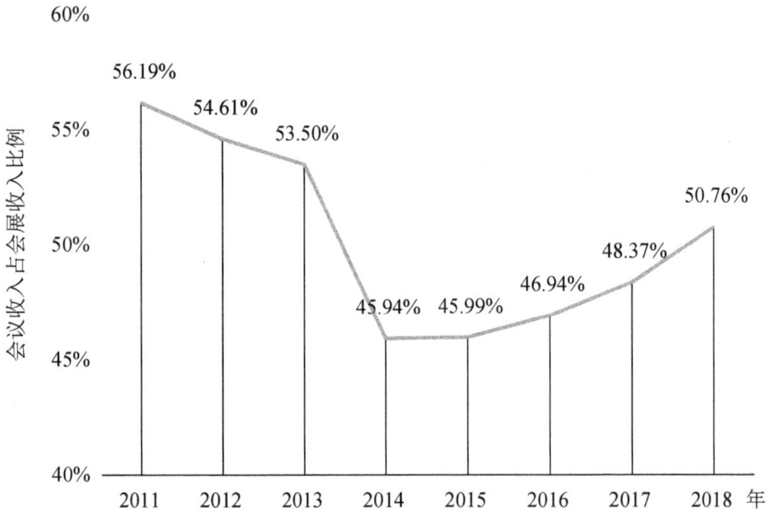

图 5　2011—2018 年北京市会议收入占会展收入比例

1.3 会议接待设施情况

根据各会议场馆设施官方网站以及相关会展网站的信息，归纳出北京市能容纳 1000 人以上的主要会议设施，如表 1 所示。

表 1　北京主要会议设施（容量 1000 人以上）

序号	名称	最大会场面积（平方米）	最大容量（人）	会议室（间）
1	国家体育场（鸟巢）	11 000（室外）	3000	6
2	水立方	8120	5000	3
3	人民大会堂	7980	6000	11
4	国家会议中心	6400	6000	100

续表

序号	名称	最大会场面积（平方米）	最大容量（人）	会议室（间）
5	北京雁栖湖国际会展中心	5500	5000	60
6	北京九华山庄	4000	3200	80
7	北京温都水城	1980	2000	66
8	北京建国会议中心	1925	2000	34
9	北京国际会议中心	1900	2350	18
10	北京会议中心	1700	1800	55
11	北京国际饭店会议中心	1700	1200	15
12	北京凯美佳国际会议中心	1680	1400	22
13	北京黄河京都会议中心	1600	3000	20
14	北京大红门国际会展中心	1500	1000	9

根据《北京统计年鉴》数据，2011—2013 年，北京市会议室数量相对稳定，总量基本维持在 5600 个左右，2014 年随着会议业收缩，接待场所会议室数量大幅度缩减至 4908 个，增长率为 –12.42%，此后会议室数量基本维持在 4900~5000 个；2017 年较 2016 年减少了 5 个，增长率为 –0.1%；预计 2018 年北京市接待场所会议室数量在 5200 个左右（如图 6）。

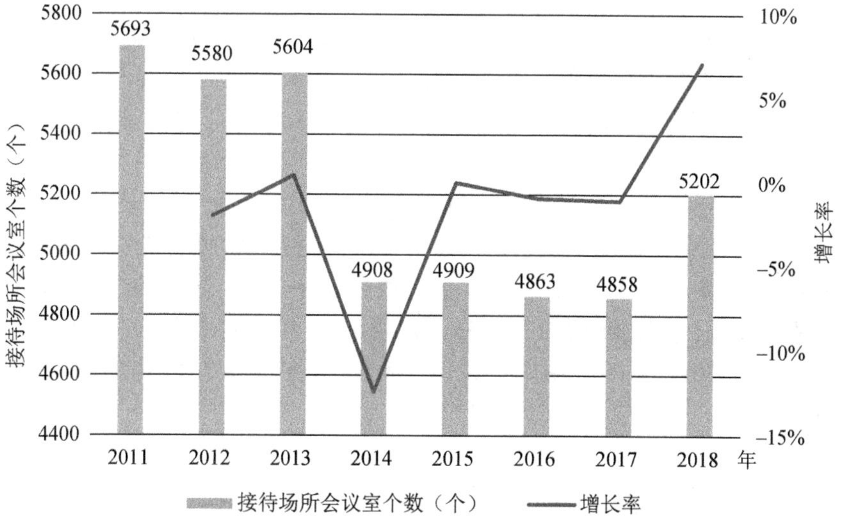

图 6　2011—2018 年北京市接待场所会议室数量及年增长率

从大型会议室（500 座以上）数量情况来看，虽然总数较小，但从 2012—2014 年的数据仍能体现出较大的波动性，相比 2012 年最高峰的 209 个大型会议室，2014 年降低 35 个，缩减至 174 个，降幅达 16.75%，2014 年后以 2~3% 的增长率平稳增长，2017 年上升到 187 个；预计 2018 年北京市大型会议室数量达到 189 个（如图 7）。

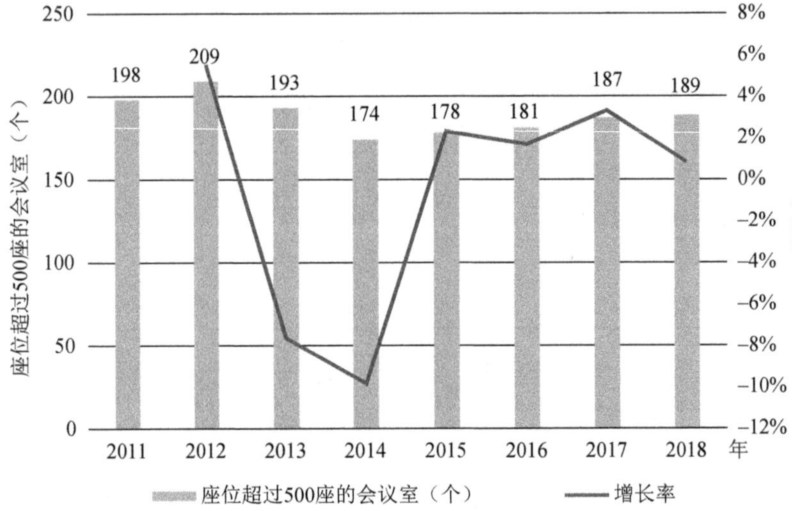

图 7　2011—2018 年北京市接待场所座位超过 500 座会议室数量及年增长率

2010—2018 年间，大型会议室占会议室总量的比例较稳定，保持在 3%~4%，2013 年占比最低，为 3.44%，2017 年大型会议室占会议室总量的比例达到最高点，为 3.85%（如图 8）。预计 2018 年占比在 3.62% 左右。

北京市接待场所会议室的使用面积维持在 71~83 万平方米区间内。2010—2013 年期间，北京市接待场所会议室使用面积稳步增长，并于 2013 年达到最高值 82.21 万平方米；此后的 2014 年接待场所会议室使用面积出现断崖式下降，降至 72.4 万平方米，跌幅达 11.9%；2015 年至 2016 年接待场所会议室使用面积仍略有下降，直至 2017 年开始出现回升迹象，上涨 1.3%，预计 2018 年接待场所会议室使用面积将持续 2017 年的增长势头，并增长至 75.9 万平方米（如图 9）。

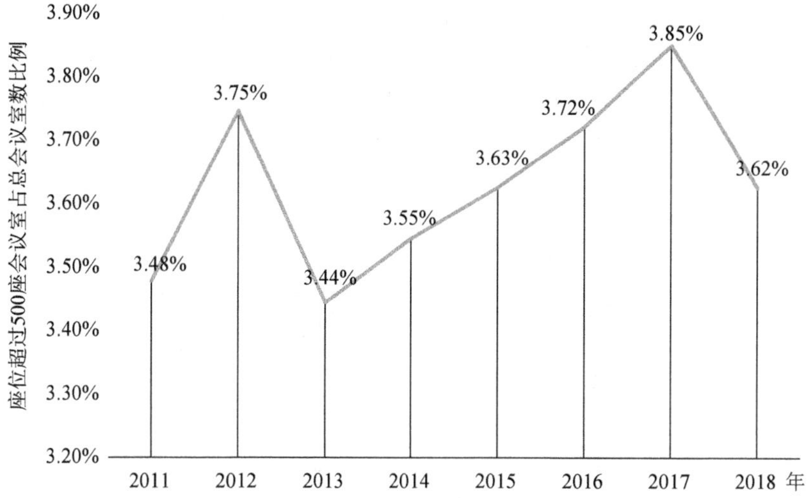

图 8　2011—2018 年北京市接待场所座位超过 500 座会议室占总会议室数比例

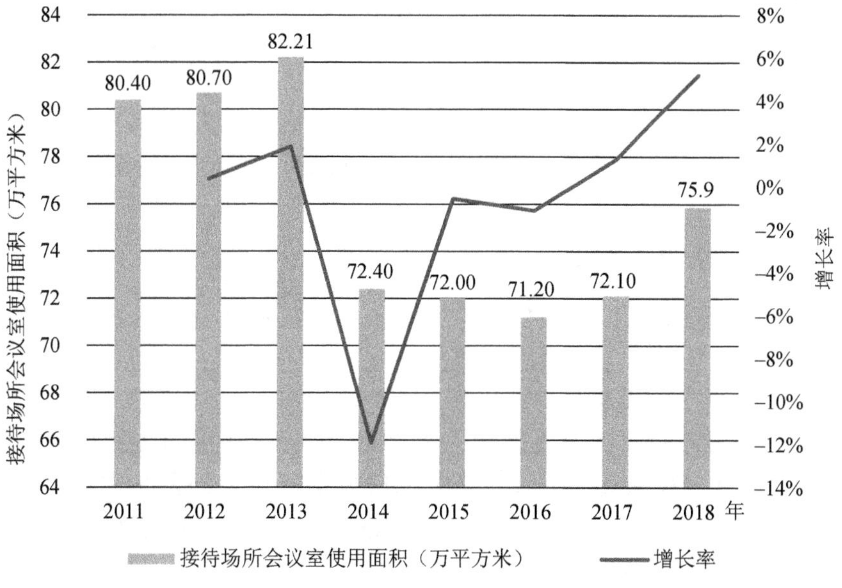

图 9　2011—2018 年北京市接待场所会议室使用面积及年增长率

北京市接待场所会议室可容纳人数在 2011 年至 2013 年期间波动幅度较小，总量维持在 48 万人左右，增长率在 –2%~2% 之间波动。2014 年伴随着会议产业的巨大调整，会议室可容纳人数急剧减少至 43.9 万人，降幅达 9.3%；2014 年后会议室可容纳人数呈波浪式增长，在 2015 年时增速最快，为 1.4%；2017 年较上一年增加 0.5 万人，增长率为 1.1%；预计 2018 年北京市接待场所会议室可容纳人数回升至 46.1 万人（如图 10）。

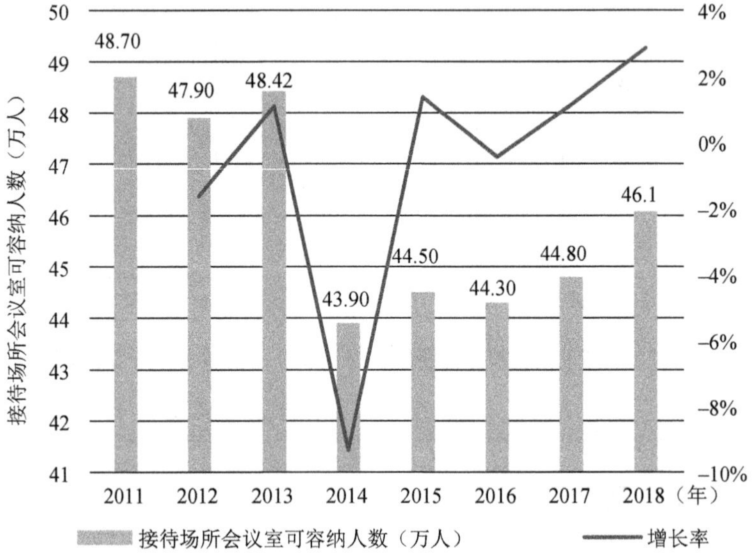

图 10　2011—2018 年北京市接待场所会议室可容纳人数及年增长率

1.4 会展从业人员情况

从图 11 可以看出，2011 年至 2018 年会展行业从业人员数波动较大，主要分为两个阶段，第一阶段是增长阶段，2011—2012 年会展行业从业人员数呈上升状态，总体维持在 20 万 ~22.5 万人之间，增长率在 2%~3%。第二阶段是递减阶段，区间是 2013—2017 年，该区间内除了 2014 年略有上升之外，其余年份都逐年下降，其中 2015 年降幅最大，达 26.6%；2017 年较 2016 年下降 0.6 万人，增长率为 –4.2%；预计 2018 年将有所回升，从业人数达 18.24 万人（如图 11）。

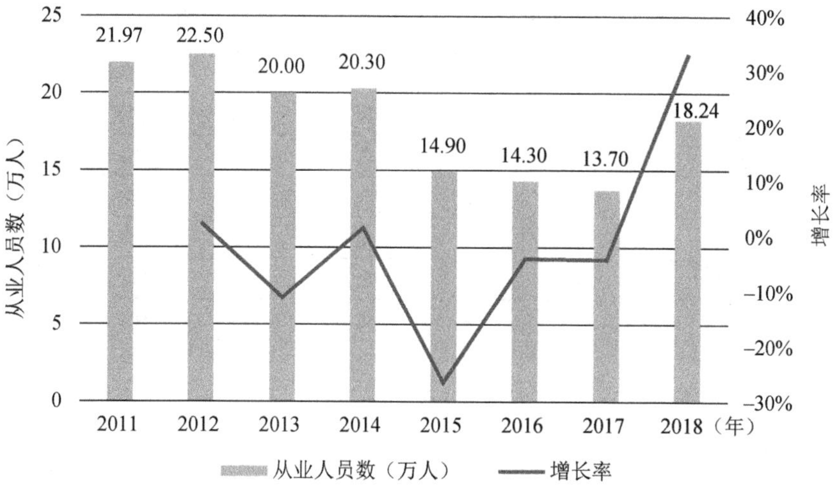

图 11　2010—2018 年北京市会展从业人员数量及年增长率

1.5 接待国际会议情况

根据国际会议协会（ICCA，International Congress and Convention Association）公布的《2018 年度国际会议协会数据报告[①]》，中国 2018 年共举办 449 场国际会议（ICCA 所统计的国际会议，是指至少有 3 个国家轮流举行，且与会人数至少在 50 人以上的固定大型会议），其中，北京举办了 93 场大型国际会议，居全球所有城市中的第 22 位，较之 2017 年排名上升了 3 位，大型国际会议场次增加 12 场；在亚洲城市中排名第 7 位；在国内大陆城市中排名居首位，占国内大型会议的 20.7%。相较于 2017 年北京举办 81 场大型国际会议，占国内的 21.54%，2018 年北京举办大型国际会议的场次有所上升但占比有所下降（见表 2）。总的来说，北京大型会议的数量虽增长较快，但在亚太地区，仍然落后于新加坡、曼谷、中国香港、东京、首尔、中国台北等地区；全球来看，与巴黎、维也纳、马德里、巴塞罗那等城市也有较大差距。此外，与国内其他城市相比较，虽然北京在中国大陆城市中排名始终稳居第一，但上海、杭州、广州等沿海城市及西安、成都等中西部城市也在不断崛起，北京面临的国内外市场上的竞争日趋激烈（如图 12）。

① ICCA. ICCA Statistics Report_2018［EB/OL］. http://www.iccaworld.com/，2019-07-24.

表 2　2017—2018 年举办国际会议 TOP30 城市

城市	排名			会议数量		
	2018	2017	变化	2018	2017	变化
巴黎	1	2	↑ 1	212	190	↑ 22
维也纳	2	2	—	172	190	↓ 18
马德里	3	7	↑ 4	165	153	↑ 12
巴塞罗那	4	1	↓ 3	163	195	↓ 32
柏林	5	4	↓ 1	162	185	↓ 23
里斯本	6	9	↑ 3	152	149	↑ 3
伦敦	7	5	↓ 2	150	177	↓ 27
新加坡	8	6	↓ 2	145	160	↓ 15
布拉格	9	8	↓ 1	136	151	↓ 15
曼谷	10	17	↑ 7	135	110	↑ 25
布宜诺斯艾利斯	11	11	—	133	131	↑ 2
中国香港	12	13	↑ 1	129	119	↑ 10
阿姆斯特丹	13	16	↑ 3	123	112	↑ 11
东京	13	18	↑ 5	123	101	↑ 22
首尔	15	10	↓ 5	122	142	↓ 20
哥本哈根	16	15	↓ 1	120	115	↑ 5
布鲁塞尔	17	22	↑ 5	112	97	↑ 15
都柏林	18	14	↓ 4	104	117	↓ 13
斯德哥尔摩	19	19	—	103	97	↑ 6
布达佩斯	20	12	↓ 8	100	128	↓ 28
中国台北	20	26	↑ 6	100	76	↑ 24
罗马	22	20	↓ 2	93	96	↓ 3
北京	22	25	↑ 3	93	81	↑ 12
雅典	24	26	↑ 2	90	76	↑ 14
蒙特利尔	25	20	↓ 5	87	96	↓ 9
悉尼	25	26	↑ 1	87	76	↑ 11
爱丁堡	27			85		
上海	28			82		
华沙	29	23	↓ 6	76	89	↓ 13
多伦多	30			75		

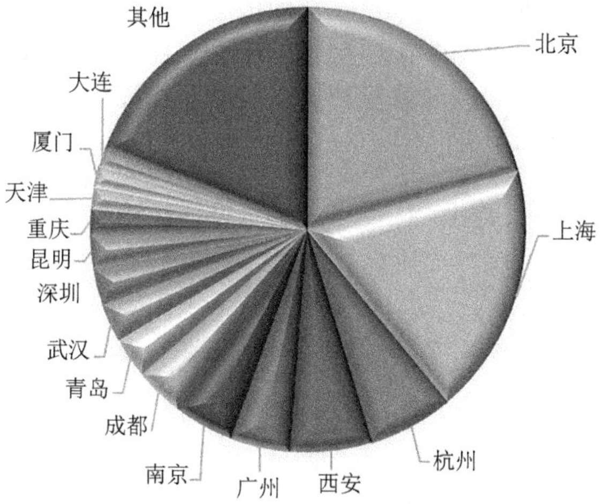

图 12　2018 年国内举办国际会议的城市分布情况

1.5.1 接待国际会议数量情况

根据 2011—2018 年《北京统计年鉴》，北京市接待国际会议数量变化波动较大。2011—2012 年期间，国际会议数量未发生变化，保持在 0.8 万个；2012—2017 年北京市接待国际会议数量逐年下降，并在 2017 年降至最低点 0.4 万个，其间 2013 年降幅最大，达 -21.25%；预计 2018 年的国际会议接待量将接近 2014 年的 0.60 万个（如图 13）。

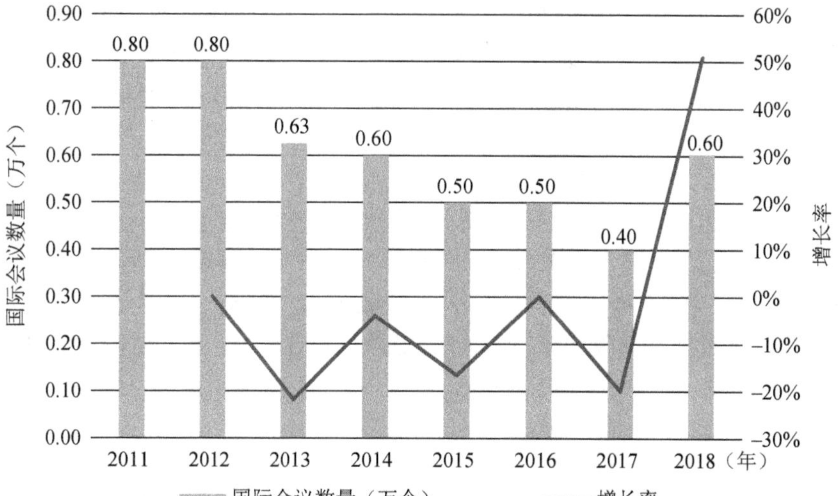

图 13　2011—2018 年北京市接待国际会议数量及年增长率

2011—2018 年期间，北京市接待的国际会议数量占总会议数量的比例在 1.86%~3% 之间波动。其中，占比最高的为 2014 年，达到 2.94%；2014 年后逐年下降，并在 2017 年降至最低点 1.86%。预计 2018 年国际会议占比将有所回升（如图 14）。

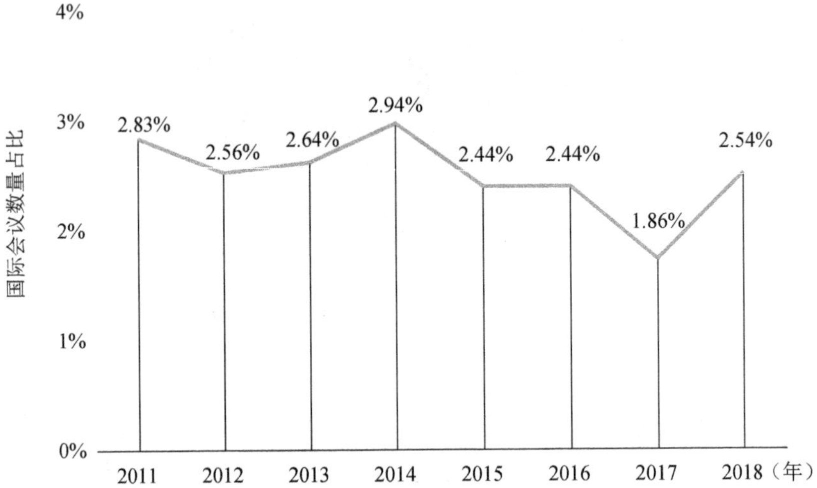

图 14　2011—2018 年北京市接待国际会议占总会议数量比例

1.5.2 接待国际会议人数情况

2011—2018 年北京市接待国际会议人数变化波动较大。其间，2012 年接待国际会议人数增速较快，为 9.22%；2013—2015 年在 59.6 万 ~62.2 万人之间波动；2016 年到达一个增长小高峰，此后的 2017 年经历了一个短暂的负增长期，增长率为 -15.57%；预计 2018 年将大幅回升，接待国际会议人数为 64.6 万人左右（如图 15）。

2011—2018 年，北京市接待国际会议人数占总会议人数的比例在 3.21%~4.38% 之间波动，如图 16 所示。2011—2014 年，国际会议人数占比稳步上升，在 2014 年达到一个小高峰 4.38%；2015—2017 年总体有所回落，2017 年占比回落至近 8 年来的历史最低点 3.21%；预计 2018 年回升至 3.83%。

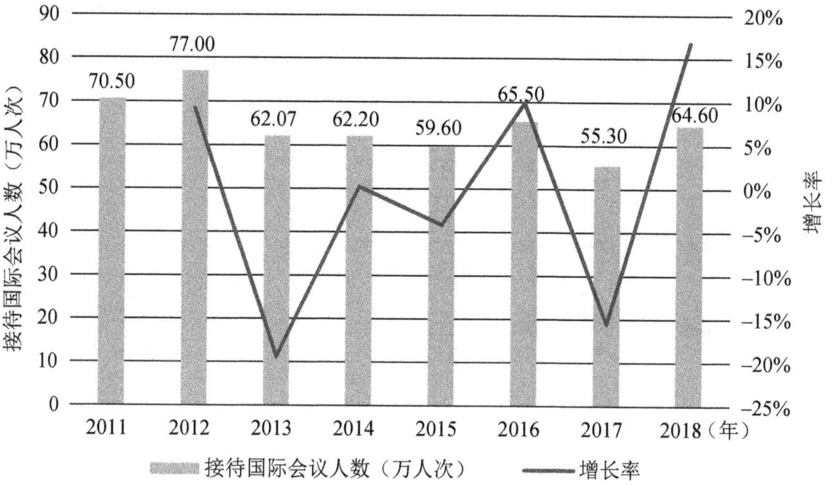

图 15 2011—2018 年北京市接待国际会议人数及年增长率

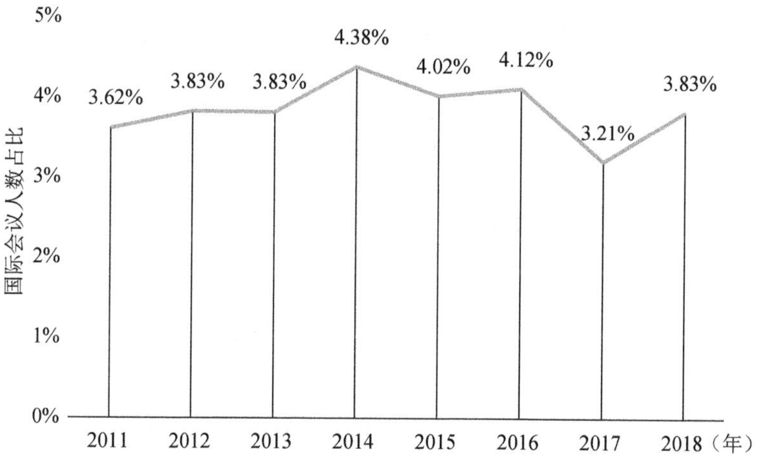

图 16 2011—2018 年北京市接待国际会议人数占总会议人数比例

1.5.3 国际会议收入情况

2011—2018 年北京市国际会议收入总体呈 V 形结构，最高值为 2011 年的 9.6 亿元，最低值为 2015 年 5.7 亿元，相差将近一倍。2011—2015 年，国际会议收入总体呈递减趋势，2015 年降幅最大，为 35.96%；2015 年后至 2018 年总体呈递增趋势，2016 年增长最快，增长率为 29.82%；2017 年较

2016 年有所回升，增加 1.1 亿元；增长率为 14.86%；预计 2018 年北京市国际会议收入与 2017 年基本持平，为 8.41 亿元（如图 17）。

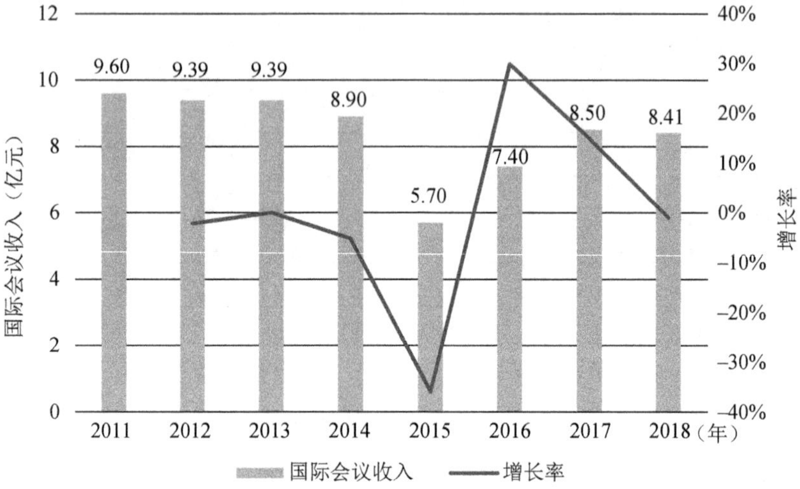

图 17　2011—2018 年北京市接待国际会议收入及年增长率

2011—2018 年间，国际会议收入占北京市会议总收入的比例在 5.65%~9.21% 之间波动。2012—2014 年占比不断上升，2015 年出现短暂的下降，此后国际会议收入占比不断上升；2017 年较上一年占比有所增加，增加至 7.16%；预计 2018 年国际会议收入占比将达到 7.37%（如图 18）。

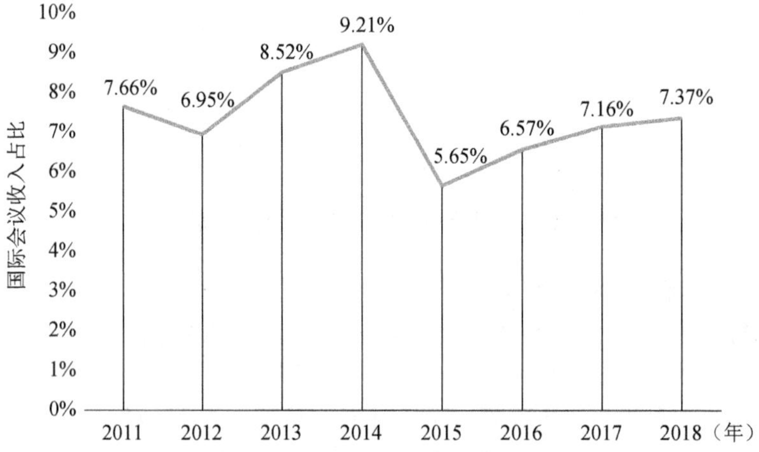

图 18　2011—2018 年北京市接待国际会议收入占会议总收入比例

2. 北京会议市场的主要问题

2.1 规范化运作不足

一直以来，会议市场被视为现代服务业的组成部分，也是传递交流信息，促进经济贸易发展，增进科技文化交流等的平台，但是却未能形成专业化、规范化的运作机制，严重制约了会议业的发展。会议业运行机制仍然不完善，主要体现在两个方面，一个是没有统一的管理机构，一个是没有明确的行业标准。目前，北京市尚未形成统筹协调会议业的专门的管理机构，也没有明确的会议管理的牵头部门。实际工作中，对会议实行分类管理和分级管理相结合的办法，相关审批工作涉及商务、科技、文化、教育等多部门，同时受工商、公安、旅游、消防、城管等多个部门从各自职能角度的监管。各部门间缺乏必要的沟通和统一的协调机制，政策把握和审批标准不尽一致。北京市及各区将会议业纳入各级政府的“十二五”规划和“十三五”规划中，一定程度上解决了会议业发展目标、重点和政策措施缺乏有效的宏观指导和协调的问题，但多头管理、职能交叉、监管缺失的现象并未解决。另一方面，会议业长期缺乏标准化的行业规范，其中是否进行行业标准化，由谁制定行业标准以及如何制定等问题一直被业界所讨论。究其原因，北京会展业目前仅有贸促会及有关机构成立的北京国际会议展览业协会。由于会展业管理体制不明确，行业协会缺乏政府监管和支持，对北京会展行业未起到有效的宏观调控作用，因而不具备主体资质标准和会议评估机制，无法推行有效的行业规范和自理规则。

2.2 国际化水平不高

在《北京市“十三五”旅游业及会展业发展规划》中，明确了北京的总体定位是构建“国际会展中心城市、中国会展业的引领者、京津冀会展业的主导者”。根据 ICCA 的统计报告，从举办国际会议来看，北京一直以来凭借政治、经济、文化等优势稳居大陆城市之首，但在世界范围内，不但与巴黎、柏林、伦敦、纽约等世界一流的会议城市在国际会议数量、规模、品牌、层次上有明显差距，与亚太地区的新加坡、首尔、曼谷等城市也有一定距离。从行业水平来看，北京市会议业在产业集聚化程度、服务专业化水平和从业人员素质方面也有很大的进步空间。此外，北京市会议业仍然处于粗放发展阶段，会议总数相对较多，但总体规模较小，质量参差不齐，会议业市场内部同质化竞争激烈，缺乏国际吸引力和品牌知名度，大型国际会议占比较低，具有国际影响力的大型会议更是凤毛麟角。与国际上成熟的会议城市相比，北京市会议行业内专业化分工协作尚未形成，有待与国际标准化接轨，产业化程度较低，服务化水平相对落后，从业人员素质有待提高，产业集聚发展不足，综合配套与服务不够完善，业态较为单一。总的来说，北京市会议市场满足大型国际会议的市场要求的能力还有所欠缺，会议市场的国际化水平还有待进一步提高。

2.3 专业化人才匮乏

从前文的数据来看，近年来，受国内外经济形势的影响，以及会议行业政策的制约，北京市会议业不仅面临着高端人才匮乏，还面临着专业人才流失严重的问题。首先，由于“一带一路”国家发展战略的推进，北京市举办各类型会议数量不断增加，会议市场规模不断扩大，需要大量的专业人才。会议市场不仅需要大量熟悉会议申办流程以及精通项目管理的人才，也需要精通外语、了解外国文化，具有国际视野和创新意识的人才，这一部分的人才缺口极大。此外，随着会议市场的不断发展，不仅国内外会议城市逐步关注会议人员问题，会展企业对于人才流失问题也越发重视。不少地方政府纷纷出台优惠政策以吸引会议企业和会议人才落户当地，很多企业也采取多种方式和途径引进、培训会展人才。现今，面对北京市会议人才严重流失这一现状，如何吸引和留住会议人才已经成为北京会议业亟待解决的问题。

3. 北京会议市场的发展趋势

3.1 区域集群化趋势

结合北京城市功能特点，“十三五”期间北京市会展业空间布局在“十二五”规划的基础上进行优化，由原来的“四核六板块”会展产业集聚区拓展为“四核九板块”的会展产业集聚区。四核功能区指：顺义新国展片区、奥体会展片区、国展—农展馆片区、首都会展片区。新的九板块在原有的六板块（即海淀稻香湖板块、密云龙湾水乡板块、怀柔雁栖湖板块、石景山首钢板块、昌平小汤山板块、丰台青龙湖板块）基础上进行调整增加，将原密云龙湾水乡板块调整为密云古北口板块，并新增平谷会展板块、通州环球影城板块、延庆会展板块。“四核九板块”以产业聚集和业态创新发展为目标，依托当地的旅游环境、专业展馆和配套服务设施，大力发展高端、精品、专业、国际化的会议、展览、节事活动、奖励旅游四大会展活动，打造独特的、个性差异的会展产业集聚区。在产业区域集群化的条件下，加强竞争与合作，实现优势互补、资源共享，促进区域内会议业专业化、国际化、品牌化发展。

3.2 产业融合化趋势

会议作为信息交流的平台，汇聚了大量的人流、物流和信息流。北京会议业未来的发展将依托北京在信息、科技和文化等方面的独特优势，以及在科学技术、互联网和信息、文化教育、金融、商务和旅游、健康医疗六大重点领域的机遇，通过会议业与相关优势产业的深度对接和资源整合，推进会议业与金融业、科技业、文化业、体育业以及旅游业等产业的合作与融合。会议业与旅游业融合，即北京市旅游品牌形象应用于会议宣传和招商，依托旅游业在市场推广、营销网络、组织构架等方面已经形成的业务网络，结合会议业的特点作适当的提升和扩充，以在国际会议市场争取更多的资源。会议业与其他产业的相互交叉、相互融合，能够创新会议服务模式和展示形式，拓宽会议产业发展的领域，丰富会议跨界融合发展的内容，挖掘会议业内在价值，提升会议业的整体质量，促进会展业从粗放型发展模式向内涵式发展方向迈进。

3.3 智能化趋势

近年来新技术在会议行业中得到广泛运用，例如大数据、虚拟会展以及信息化等技术的应用，对会议业将产生巨大的甚至是颠覆式的影响。

3.3.1 信息平台智能化

信息化技术以及大数据已被广泛应用到会议信息平台建设中。首先是会议评价体系的信息化，主要以大数据库为基础，确立切实可行的数据采集机制，综合运用互联网、云计算、可视化等技术和监测指标体系，及时发布资料信息，对会议项目进行后续评估和总结，以对会议项目进行相应的评估和评级。其次，随着大数据时代的到来，会展业将利用大数据更加精准地开展会议活动。会议活动产生的大数据，将由会议相关企业单位进行采集、分析，进而依托大数据平台，发展智能化会议，提高会议业的服务与营销水平。依托大数据平台，智能化会议可以对参会者进行更加准确清晰的分析，更加明确了解参会者需求和痛点，会议营销将更加精准。信息化、互联网、大数据等新技术将更好地服务于会议业，促进北京会议业的发展。

3.3.2 会议服务智能化

会议场馆正在加快会议服务智能化进程，包括免费无线网络 Wi-Fi 服务、智能信息服务、信息推送、展会 APP、电子地图等，来提高参会效益以及参会者服务质量。展会移动应用平台以移动互联网技术、物联网技术、云计算技术为支撑，整合会议信息，建立专业的实时交流平台，提供新型的信息化服务，将会议活动相关的线下信息和服务最大限度延伸到线上，为参会者提供多样化的服务。服务包括帮助客户获取会议信息、管理会议行程、提供会议周边及馆内的地图导航服务、提供社交分享交流平台、提供移动电子商务功能、为参会者提供精确营销服务等。

4. 针对北京会议市场的发展建议

4.1 规范行业标准，提高专业化程度

针对北京市会议市场规范化运作不足的问题，有必要对行业标准进行规范，提高专业化办会能力和水平。现提出以下建议：

一是建立健全会议管理制度和工作机制，研究制定会议业管理条例和指导性意见，明确北京市和各区相关部门的定位、职能和作用，积极参与会议的协调和监管，注重政府的宏观指导和调控效果，促进会议行业形成差异化竞争和特色化发展格局。二是充分发挥北京会展业已具备的良好基础和综合优势，探索制定北京会议业发展的地方标准，重点推进主办和承办企业、展示工程企业、场馆单位的行业行为标准，为规范会议企业的经营行为提供重要依据。三是建立会议企业评级制度，建立会议企业的信用评估制度，对经营规范、诚信度高的企业，将在会议申请、政策优惠等方面给予支持；对存在各类违规、违法行为的企业则实施淘汰。探索制定展会评估标准，开展展会评级管理。对国际化、专业化、市场化程度高，影响力大的展会，实施申请保护制度。四是合理有效地分配展览业、会议业和奖励旅游业的资源。摒弃以往国内各级政府部门“重展览、轻会议”的观念，会议与展览发展并重，整合全市会议和相关产业，均衡分配资源。重视会议业和展览业的产业合作，实现双赢，同步发展。

4.2 建立人才培养体系，引进高端人才

北京市需要加大对会议产业的各种会议组织、策划、接待、服务人才的培养力度，培育和壮大一支熟悉会议组织管理，善于开拓会议市场，强于策划和营销会议的专业队伍，不断提高北京会议业的服务质量和管理水平。主要从三个方面进行强化：发展高等教育，完善培训体系以及引进高端人才。

4.2.1 发展会议专业高等教育

重视会议人才培养机制与体系。积极发展会议高等教育，鼓励和支持职业院校、高等院校按照市场需求，设置会议管理相关的专业课程，增加会展专业招生数量，并设立会展经济与管理专业本科及硕士研究生教育层次，以提高办学层次，深化教育教学改革，培养复合型专业人才。

4.2.2 完善培训体系

对现有会议从业人员和会议管理人员分期分批进行在职培训。以行业协会为主导，与相关国际会议组织或机构合作开展会议高级人才培训或研修项目，形成会议高等教育、职业教育、职业短训相结合的人才培养体系。此外，充分认识会议专业实务操作性和流程性极强的特性，重视会议高等教育与职业教育的结合，推行理论与实践交叉学习的教育模式。鼓励会议教育定制化，与会议企业合作培养专业人才，实现课程设置模块化、实习活动主题化、理论和实践循环互动的良好机制。注重国际会议培训体系的整体引进，同时结合实际逐步实施本土化内容。开展会议人才职业资格认证工作，形成各个级别和层次的会议管理和会议技术人才评估机制和专业人员聘用体系。

4.2.3 加强人才引进

加强不同领域人才的引进，如会展策划师、设计师、高级项目经理等方面的人才。会议业需要多领域、多层次的复合型人才，其他行业的人才掌握的知识和技能对会议业可能会有更好的促进作用，不同领域的人才也会以独特的视角来看待会议业的发展，给出具有建设性的意见。通过创新人才开发机制，制定高层次人才引进方面的优惠政策来减少人才流失，提高人才的专业化水平。

4.3 加强国际交流，打造国际知名品牌

北京市会议产业将走向国际化，应全面提升北京会议产业的国际竞争

力，推动北京建设国际知名的会议目的地。北京市会议业国际化提升可以从以下四方面采取措施：

一是加强国际合作，通过积极与联合国及附属机构、国际大会及会议协会（ICCA）、国际展览联盟（UFI）等全球与区域性国际组织以及国际展览集团的交流与协作，融入国际会议市场体系，坚持“引进来”和“走出去”相结合的政策，积极申办国际会议，争取让更多的国际品牌会议落户北京，同时借助“一带一路”国家发展战略，开拓国际会议市场，提升品牌会议的影响力；二是与国际会议标准和理念接轨，借鉴国际产业的先进运营管理模式，让会议产业更加绿色、高效、数字化，提升办会的国际影响力；三是积极发挥会议管理部门的功能，发挥北京市文旅局以及北京市高端会奖旅游服务机构（BCVB）的作用，利用好 BCVB 专业的团队、丰富的资源和渠道，为国际会议的申办和举行提供咨询、支持和推广，宣传扩大北京市作为优秀的国际会议目的地的国际影响力。

参考文献

[1] 北京统计局 .22–10 会议及展览活动情况［J］.2011 北京统计年鉴，2011.
[2] 北京统计局 .22–10 会议及展览活动情况［J］.2012 北京统计年鉴，2012.
[3] 北京统计局 .22–9 会议及展览活动情况［J］.2013 北京统计年鉴，2013.
[4] 北京统计局 .22–9 会展业活动情况［J］.2014 北京统计年鉴，2014.
[5] 北京统计局 .22–11 会展业活动情况［J］.2015 北京统计年鉴，2015.
[6] 北京统计局 .22–9 会展业活动情况［J］.2016 北京统计年鉴，2016.
[7] 北京统计局 .14–9 会展业活动情况［J］.2017 北京统计年鉴，2017
[8] 北京统计局 .14–8 会展业活动情况［J］.2018 北京统计年鉴，2018.
[9] ICCA.ICCA Statistics Report_2018［EB/OL］. http://www.iccaworld.com/，2019–07–24.
[10] 北京市旅游发展委员会，北京市发展和改革委员会 . 北京市“十二五”时期会展业发展规划［EB/OL］. http://zhengwu.beijing.gov.cn/ghxx/sewgh/t1210510.htm，2016–07–28.
[11] 北京市人民政府办公厅 . 北京市国民经济和社会发展第十三个五年规划纲要［EB/OL］. http://zhengwu.beijing.gov.cn/gh/xbqtgh/t1434999.htm，2016–03–28/2016–08–01.
[12] 李智玲，周逊，王春才 . 北京会议产业集聚区的形成与发展研究［J］. 经济纵横，

2009（12）：73-75.
［13］刘海莹．会议产业标准化建设初探［J］．质量与标准化，2012（8）：36-39.
［14］何芬．“十三五”推动北京会展业发展的思考［J］．经济界，2016（1）．
［15］范培康．北京会议业进行时［N］．中国贸易报，2014-08-12（005）．
［16］翟元宁，高欣．上海和北京会议业发展成功经验探析［J］．现代商贸工业，2014，26（07）：57-58.

2018 年北京展览业发展报告

许忠伟，张　芸①

1. 北京展览业发展概况

2018 年，从全国会展城市展览数量来看，北京市办展数量 347 场，占全国展览数量的 3.19%，排名落后于上海市（994 场）、广州市（628 场）、南京市（516 场）、重庆市（503 场）、沈阳市（386 场），排名第六位，排名比 2017 年有所下降。从数量来看，北京市办展数量与排名第一的上海、第二的广州有很大差距。

从展览面积来看，2018 年，北京市办展面积 641.19 万平方米，占全国展览面积的 4.44%，落后于上海市（1906.31 万平方米）、广州市（1020 万平方米）、重庆市（913 万平方米）。相对于 2017 年北京市 595.5 万平方米的展览面积，净增长面积为 45.69 万平方米，在全国展览面积净增面积排名中位列第三，仅次于上海市和长沙市。但从整体来看，北京市展览面积与排名第一的上海仍然存在着较大的差距。

1.1 规模以上展览

整体上来看，北京因不少展览迁址南下，展览数量和展览总面积有所减少，办展数量呈下降趋势，北京展会数量稳中有落的态势仍在持续，如图 1、图 2 所示。

---

① ［作者简介］许忠伟（1976–），男，湖北武汉人，博士，北京第二外国语学院副教授，北京旅游发展研究基地研究员，研究方向：旅游企业管理，节事活动管理。张芸（1996–），女，陕西西安人，北京第二外国语学院旅游科学学院 2018 级会展管理专业研究生。

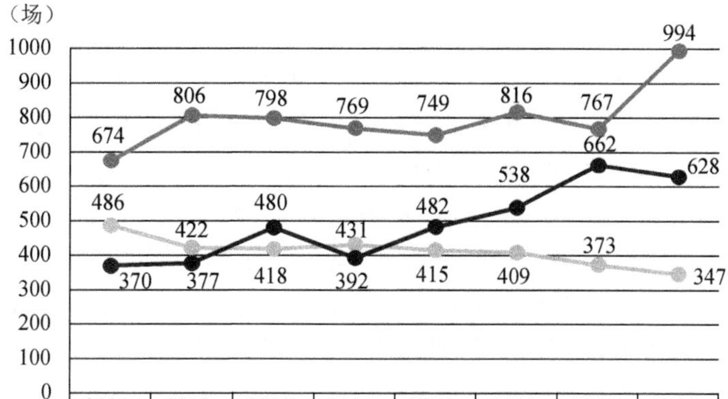

	2011	2012	2013	2014	2015	2016	2017	2018
北京市办展数量	486	422	418	431	415	409	373	347
上海市办展数量	674	806	798	769	749	816	767	994
广州市办展数量	370	377	480	392	482	538	662	628

图 1　2011—2018 年中国一线城市境内办展总数情况

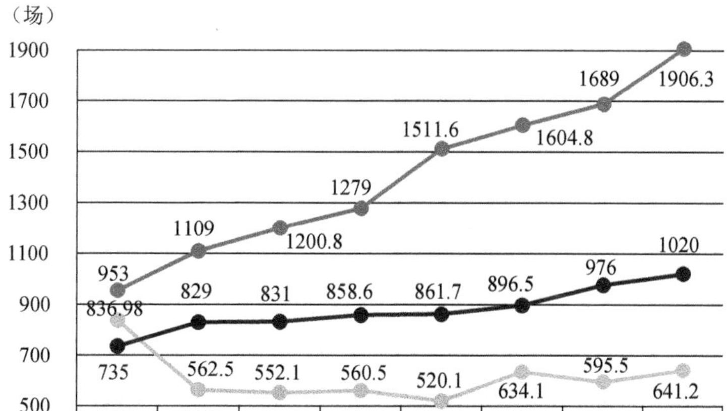

	2011	2012	2013	2014	2015	2016	2017	2018
北京市办展面积	837	562.5	552.1	560.5	520.1	634.1	595.5	641.2
上海市办展面积	953	1109	1200.8	1279	1511.6	1604.8	1689	1906.3
广州市办展面积	735	829	831	858.6	861.7	896.5	976	1020

图 2　2011—2018 年中国一线城市境内办展总面积情况

资料来源：中国会展经济研究会，《2018 年中国展览数据统计报告》

1.2 出境办展

伴随"一带一路"等国际交往政策的提出，赴境外办展越来越受到重视。2018 年，中国境外办展主办机构共 34 家。其中，行政机构 9 家；商会、协会 11 家；企业 14 家，其中国有企业 11 家，民营企业 3 家。其中，办公地位于北京的 19 家，其办展数量为 57 场，占境外自主办展总数的 46.0%；其办展面积 32.06 万平方米，占境外自主办展展览总面积的 48.4%。

北京仍然发挥着其国际交流的巨大优势，在组展机构、办展数量和办展面积等方面均位于全国之首，在境外办展数量和质量上，相对于其他城市来说，具有绝对优势。

表 1　2016—2018 年中国各城市境外办展主体境外办展数量情况

（单位：场）

序号	城市	2016	2017	2018
1	北京	87	78	57
2	上海	3	2	12
3	广州	5	4	9
4	杭州	21	28	40
5	福州	—	—	2
6	南宁	2	4	1
7	宁波	1	1	1
8	西安	—	—	1
9	长沙	—	—	1

资料来源：中国会展经济研究会，《2018 年中国展览数据统计报告》

表 2　2016—2018 年中国各城市境外办展主体境外办展面积情况

（单位：万平方米）

序号	办展城市	2016	2017	2018	同比 +–（%）
1	北京	52.80	53.72	32.06	–40
2	杭州	15.38	20.36	23.31	14

续表

序号	办展城市	2016	2017	2018	同比 +-（%）
3	广州	3.32	3.28	4.90	49
4	上海	1.00	1.36	3.88	185
5	南宁	0.93	2.80	1.08	–61
6	宁波	0.55	0.12	0.44	266
7	西安	—	—	0.33	—
8	长沙	—	—	0.13	—
9	福州	—	—	0.06	—

资料来源：中国会展经济研究会，《2018 年中国展览数据统计报告》

1.3 场馆情况

迄今为止，中国有 146 个城市有展馆，其中单个城市在用展馆数量排名前三的城市分别为上海、北京 、杭州及临沂（并列第三）。北京场馆数量为 8 座，与排名第一的上海仅相差 1 座。从单个展馆规模来看，在 2018 年全国室内可供展览面积 10 万平方米以上专业展览场馆中，位于北京的中国国际展览中心新馆展览面积为 10 万平方米，与排名第一的上海国家会展中心 40 万平方米的室内展览面积有较大差距。依此来看，新建场馆“大规模化”趋势明显，但北京仍然只有中国国际展览中心新馆一个 10 万平方米以上展馆。近几年来没有新增会展场馆可租用面积，已有场馆规模受限，不利于北京展览业服务水平的提升。

表 3　2018 年全国室内可供展览面积 10 万平方米以上展览场馆情况

序号	展览场馆名称	省（区、市）	城市	室内展览面积（万平方米）
1	上海国家会展中心	上海市	上海市	40.00
2	中国进出口商品交易会展馆	广东省	广州市	33.80
3	昆明滇池国际会展中心	云南省	昆明市	30.00
4	重庆国际博览中心	重庆市	重庆市	23.00
5	上海新国际博览中心	上海市	上海市	20.00

续表

序号	展览场馆名称	省（区、市）	城市	室内展览面积（万平方米）
6	中国西部国际博览城国际展览中心	四川省	成都市	20.00
7	温州国际会议展览中心	浙江省	温州市	19.40
8	上海世贸商城展览馆	上海市	上海市	19.00
9	武汉国际博览中心	湖北省	武汉市	15.00
10	南昌绿地国际博览中心	江西省	南昌市	14.00
11	义乌国际博览中心	浙江省	义乌市	12.64
12	淄博国际会展中心	山东省	淄博市	12.30
13	广东（潭州）国际会展中心	广东省	佛山市	12.00
14	青岛新南国际博览中心	山东省	青岛市	12.00
15	青岛世界博览城	山东省	青岛市	12.00
16	南京国际博览中心	江苏省	南京市	11.00
17	成都世纪城新国际会展中心	四川省	成都市	11.00
18	沈阳国际展览中心	辽宁省	沈阳市	10.56
19	深圳会展中心	广东省	深圳市	10.50
20	中国国际展览中心新馆	北京市	北京市	10.00

资料来源：中国会展经济研究会，《2018 年中国展览数据统计报告》

但北京市展览馆利用率较高，中国国际展览中心新馆利用率为 65.43%，仅次于排名第一的上海新国际博览中心（70.33%）。除此以外，中国国际展览中心老馆也以 51.90% 的利用率位列第 7 位。

未来，北京世园会展馆（中国馆、国际馆）的完工，将为北京市贡献 4.50 万平方米的场馆面积，将改写北京多年来没有新增会展场馆面积的局面，有助于北京办展实力的增强。

表 4　2018 年全国展览场馆利用率前十的展馆情况（TOP10）

序号	会展场馆名称	办展面积（万平方米）	展馆利用率（%）
1	上海新国际博览中心	682.3	70.33%
2	中国国际展览中心新馆（顺义馆）	335.28	65.43%

续表

序号	会展场馆名称	办展面积（万平方米）	展馆利用率（%）
3	深圳会展中心	346.9	65.16%
4	上海世博展览馆	239.13	61.63%
5	广州市保利世贸博览馆	257.13	59.43%
6	郑州国际会展中心	207.33	58.89%
7	中国国际展览中心老馆（朝阳馆）	165.97	51.90%
8	中国进出口商品交易会展馆	821.56	48.76%
9	长春国际会展中心	171.24	45.16%
10	成都世纪城新国际会展中心	245.75	44.28%

资料来源：中国会展经济研究会，《2018 年中国展览数据统计报告》

1.4 民间社团与研究机构情况

据不完全统计，至 2018 年，全国 29 个省（直辖市、自治区）设立主管展览业（会展业）的协会、商会或学会有 86 个，同比 2017 年增加 10 个，增幅达 13.16%。位于北京的有中国会展经济研究会、中国展览馆协会、北京市国际会展行业协会三个展览业民间社团，其中，中国会展经济研究会、中国展览馆协会属于全国性社团，也是全国仅有的两个全国性社团。从研究机构来看，全国有 10 个省（直辖市、自治区）成立了 21 个展览业（会展业）研究机构。其中，14 个在高等院校，与 2017 年统计获得数据持平。位于北京的有北京联合大学会展研究所、中国传媒大学新媒体研究院会展大数据研究中心、北京二外会展研究中心。

表 5　2018 年全国各地展览业民间社团一览

序号	省（区、市）	政府机构名称	机构名称
1	上海	上海市会展行业协会	上海对外经贸大学中德会展研究所
			复旦大学会展与服务经济研究中心
			上海大学会展研究院
			上海第二工业大学国际会展产业研究院

续表

序号	省（区、市）	政府机构名称	机构名称
2	广东	广东省会展组展企业协会	广州会展经济发展研究中心
		深圳市会议展览业协会	
		东莞市会议展览业协会	
		佛山市会议展览业协会	
		广州市会展业行业协会	
		中山市会议展览行业协会	
		珠海市会议展览业协会	
		珠海市会展策划协会	
		珠海市会展旅游业协会	
3	北京	中国会展经济研究会	北京联合大学会展研究所
		中国展览馆协会	中国传媒大学新媒体研究院会展大数据研究中心
		北京市国际会展行业协会	北京二外会展研究中心

资料来源：中国会展经济研究会，《2018 年中国展览数据统计报告》

位于北京的这些民间社团和研究机构一方面体现了北京展览业的发展实力，另一方面，也为北京展览业发展提供最新的行业资讯，提出最恰当的建议，同时，也能为北京展览业带来更多的渠道和资源。

1.5 展览国际化

至 2018 年底，IAEE 在中国大陆地区的企业会员达 38 个，同比上一年增加 4 个，增幅 11.8%。北京、上海、杭州三地的企业会员的数量占大陆地区总数的 65.79%，同比上一年增加 2.9%；IAEE 在中国大陆地区的个人会员累计 234 个，同比上年增加 57 个，增幅 33.9%。其中，北京 75 个，上海 49 个，深圳 48 个，北京、上海、深圳、温州 4 个城市个人会员数量占大陆地区总数的 78.63%。

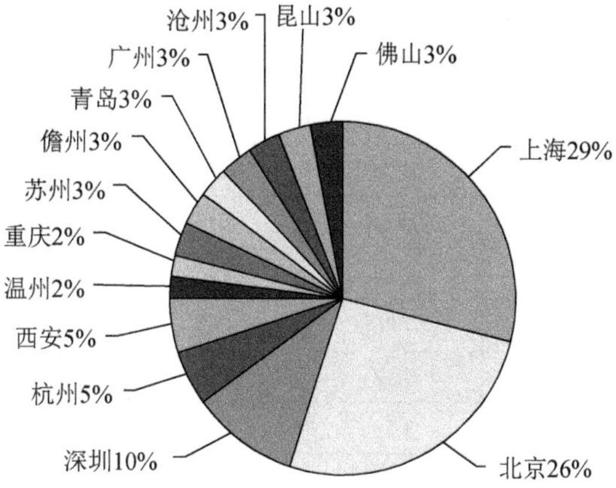

图 3　2018 年 IAEE 中国企业会员分布

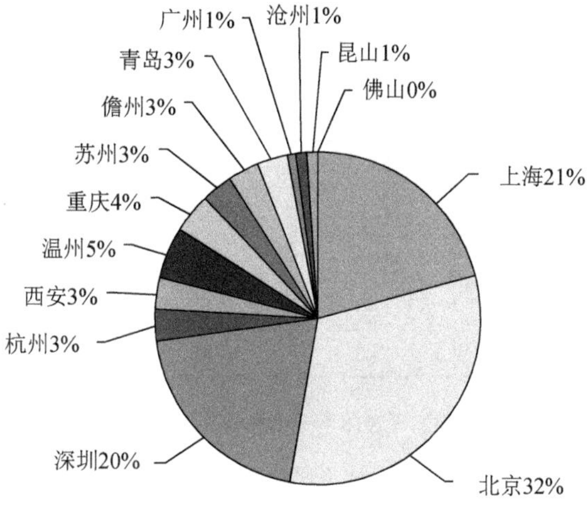

图 4　2018 年 IAEE 个人会员分布

至 2018 年底，UFI 中国会员达到了 140 个，较 2018 年增加 24 个，增幅 20.7%。从城市的分布上来看，北京 32 个，上海 26 个，深圳 13 个，广州 11 个，北京、上海、广州和深圳的会员数量占总数的 65%。总体来看，北京企业和会员数量较其他城市而言数量较多，有着极强的会展国际化程度。

表 6　2018 年中国 UFI 会员的城市分布

城市	会员数量（个）	占比（%）	城市	会员数量（个）	占比（%）
北京	32	22.86	重庆	2	1.43
上海	26	18.58	苏州	2	1.43
深圳	13	9.30	潍坊	2	1.43
广州	11	7.86	东莞	1	0.71
杭州	5	3.58	东营	1	0.71
济南	5	3.58	广饶	1	0.71
成都	4	2.86	三亚	1	0.71
青岛	4	2.86	厦门	1	0.71
南京	3	2.14	沈阳	1	0.71
郑州	3	2.14	佛山	1	0.71
贵阳	2	1.43	唐山	1	0.71
哈尔滨	2	1.43	乌鲁木齐	1	0.71
金华	2	1.43	无锡	1	0.71
宁波	2	1.43	西宁	1	0.71
武汉	2	1.43	杨陵	1	0.71
西安	2	1.43	中山	1	0.71
长沙	2	1.43	珠海	1	0.71

资料来源：中国会展经济研究会，《2018 年中国展览数据统计报告》

2. 境外办展

2018 年，中国境内和境外自主办展共有 118 个展览项目通过 UFI 认证，同比 2017 年增加 19 个，增幅 19.2%。其中，境内通过 UFI 认证的展览项目 100 个，比 2017 年增加 17 个，增幅 20.5%；境外通过 UFI 认证的展览项目 18 个，比 2017 年增加 2 个，增幅 12.5%。在境内通过 UFI 认证的展览项目中，在上海、北京、深圳三个城市举办数量居前三位。上海、深圳等城市近几年 UFI 认证企业和机构数以及 UFI 认证展会项目数与北京相差逐渐减小，这意味着其他城市的展览国际化程度逐渐提高，北京市的展览业国际化优势可能不断减小。

表 7　2018 年 UFI 北京认证展览名录

省（区、市）	城市	展览名称
北京	北京	中国国际电力电工展
北京	北京	中国国际石油石化技术装备展览会
北京	北京	中国（北京）国际工程机械建材机械及矿山机械展览与技术交流会
北京	北京	中国（北京）国际航空展
北京	北京	北京国际印刷技术展览会
北京	北京	中国国际冶金工业展览会
北京	北京	中国国际信息通信展览会
北京	北京	国际医疗仪器设备展览会
北京	北京	中国国际服装服饰博览会
北京	北京	中国国际安全生产及职业健康展览会
北京	北京	中国国际机床工具展览会
北京	北京	北京国际商务及会奖旅游展览会
北京	北京	中国汽车用品暨改装汽车展览会
北京	北京	中国国际集约化畜牧展览会
北京	北京	中国国际科学仪器与实验设备展览会

3. 北京会展 2018 大事记

3.1 北京市印发《关于进一步促进展览业创新发展的实施意见》

为推动展览业创新发展、转型升级，提出今后一个时期北京展览业发展思路、发展布局、发展内容、发展主体、发展方式、发展环境和发展措施等，由北京市商务委等多部门于 2018 年 1 月共同印发了《关于促进展览业创新发展的实施意见》，提出到 2035 年，展览设施布局优良，运营服务体系完善，举办国际展览数量达到 250 个，展览业的专业化、国际化、品牌化、信息化和国际影响力、综合竞争力达到世界先进水平。

3.2 第五届中国（北京）国际服务贸易交易会成果显著

5 月 28 日至 6 月 1 日，第五届中国（北京）国际服务贸易交易会（简称京交会）在北京举行。经过五届培育，由商务部和北京市人民政府共同主办的京交会，已成为全球服务贸易的盛会。

据组委会初步统计，第五届京交会共达成签约项目 311 个，意向签约额达 1025.6 亿美元，创京交会历史新高。其中，国际签约项目 110 个，意向签约额 172.5 亿美元，占意向签约总额的 16.8%。

3.3 中非论坛开幕，中国—非洲经贸博览会立项

9 月 3 日下午，2018 年中非合作论坛北京峰会开幕，国家主席习近平出席开幕式并发表主旨讲话。提出要推动“八大行动”，其中，在实施产业促进行动中，提出在华设立中国—非洲经贸博览会；在实施贸易便利行动中，宣布中国决定扩大进口非洲商品特别是非资源类产品，支持非洲国家参加中国国际进口博览会，免除非洲最不发达国家参展费用；在实施人文交流行动中，提出实施 50 个文体旅游项目，支持非洲国家加入丝绸之路国际剧院、博物馆、艺术节等联盟等。习近平还指出，为推动“八大行动”顺利实施，中国愿以政府援助、金融机构和企业投融资等方式，再向非洲提供 600 亿美元支持。

3.4 “伟大的变革——庆祝改革开放 40 周年大型展览”成功举办

2018 年 11 月 13 日，“伟大的变革——庆祝改革开放 40 周年大型展览”在北京国家博物馆开幕，习近平总书记等党和国家领导人参观展览。

该大型展览以习近平新时代中国特色社会主义思想为指导，以改革开放 40 年光辉历程为主线，紧扣“坚持和发展中国特色社会主义”这个主题，聚焦大事要事喜事，多角度、全景式集中展示改革开放 40 年的光辉历程、伟大成就和宝贵经验。突出展示党的十八大以来，以习近平同志为核心的党中央坚定不移高举改革开放旗帜，推进全面深化改革、全面扩大开放的战略决策部署，展现改革开放是党在新的时代条件下带领全国各族人民进行的新的伟大革命，展现党中央将改革进行到底的政治魄力和坚定决心，展现全面深化改革的总目标是完善和发展中国特色社会主义制度、推进国家治理体系和治理能力现代化，不断增强中国特色社会主义道路自信、理论自信、制度自信、文化自信。

展览设计了关键抉择、壮美篇章、历史巨变、大国气象、面向未来等主

题展区；运用历史图片、文字视频、实物场景、沙盘模型、互动体验等多种手段和元素，充分展示40年来特别是党的十八大以来，人民群众生产生活发生的伟大变迁，中华民族迎来了从站起来、富起来到强起来的伟大飞跃。

4. 北京展览业发展机会与优势

4.1 展览业配套不断完善

2018年7月6日，《北京新机场建设与运营筹备总进度综合管控计划》正式发布，明确北京新机场及其配套工程将在2019年6月30日竣工验收，2019年9月30日投入运营。机场本期建设四条跑道及一条军民两用跑道，70万平方米航站楼，客机近机位92个，在客流达到4500万人次。11月13日，北辰集团获得国家会议中心二期项目建设权。国家会议中心二期项目用地位于奥林匹克公园中心区内，现国家会议中心北侧，总用地面积约为13.88万平方米，地上建筑规模约为48.7万平方米。主体建筑为会展中心，地上总建筑面积约25.6万平方米，主要用于举办国务、政务及高等级国际交往活动；配套建筑包括酒店、写字楼及商业，地上总建筑面积约23.1万平方米。支撑展览的交通、场馆的改善将部分解决北京展览业硬件不足的问题，为北京展览的发展提供助力。

4.2 北京展览业的政策支持

2017年9月，北京市发布《北京城市总体规划（2016年—2035年）》，"规划"要求推动展览业创新发展、转型升级，促进展览业品牌化、专业化、国际化、信息化发展，推动构建"高精尖"经济结构，重点服务国家政务活动和重大国事活动，强化保障能力、服务能力和承载能力建设，进而更好地服务于北京"四个中心"建设和全市国民经济与社会发展。关于北京展览业如何发展，北京市迟迟没有提出系统的政策文件。2018年1月，北京市商务委等9部门联合印发《关于进一步促进展览业创新发展的实施意见》，提出优化空间布局、强化品牌建设、培育市场主体、创新发展模式、提高国际化水平和优化发展环境的六大举措，在建立健全工作机制、完善管理制度、加强财税政策支持、改善金融保险服务、提高便利化水平、健全行业统计制度和加强人才体系建设方面有了具体的保障措施。

4.3 “一带一路”不断推进

“一带一路”倡议的提出实现了沿线国家及地区经济、技术开放合作的愿景，构建了以中国为核心的区域经济增长体系，为会展经济的发展提供了新思路、新机遇和新趋势。随着我国“一带一路”战略不断深化，国际交往不断深入。定位于服务国际交往中心的北京会展业，将持续借势远航。

5. 北京展览业发展的困难与挑战

5.1 国际经济环境变化

进入 2018 年，全球经济不见好转，贸易保护主义抬头，国际贸易争端增加，给展览业带来了不小的冲击。一般而言，参展企业当年展览预算在上一年度或者本年度初做好，就 2018 年而言，这种冲击目前的影响还不明显。如果这样的外部经济环境不能改善，2019 年全国展览市场的大形势会更加严峻，北京展览业将面临更大的挑战。

5.2 国内城市间会展产业竞争加剧

前几年，国内一些城市纷纷大建展览场馆。展览场馆的增长速度，远远高于展览总量的增长速度。展览场馆的供给增加带来的一个结果，就是全国展览馆空置率的增加。而展览馆的建设需要投入大量的资金，这些投入的资金需要偿还银行贷款，其还贷压力比较大。为了能减轻财务压力，提高展览场馆的利用率是重要的途径。三亚、长沙、重庆等纷纷出台当地的会展业促进政策，对一些有影响力、可以促进本地产业发展的品牌展览会的补贴力度非常大。促进展览会落地本地，使城市展览产业的竞争不断升级。作为展览的举办地，从展览的数据上看，北京在全国的地位近几年呈不断下滑的态势——首先被上海超过，再者被广州超过，目前与重庆相仿。与成都，杭州、南京等城市的差距也在不断缩小。

5.3 京津冀展览业区域合作推进缓慢

京津冀协同发展格局下，会展业的协同发展势在必行。在非首都核心功能疏解、场馆规模扩展受限的发展瓶颈下，盘活雄安、天津、石家庄等京津冀城市的会展资源，构建协同发展体系将可以为北京会展业的发展带来新的机会。京津冀会展城市在会展场馆协同、行业展会协同等方面还处于尝试阶段。京津冀三地展览行业从行业协会、场馆、主展机构再到展览的各地研究机构并没有做多少实质性的合作推进。

5.4 北京展览业发展的主导政策模糊

北京政府 9 部门联合提出北京展览业要：“坚持服从服务于‘四个中心’建设。适应重大国事活动常态化需要，优化空间布局，高标准完善国家政务活动和重大国事活动设施；服务具有全球影响力的科技创新中心和中国特色社会主义文化之都建设，健全服务保障的长效机制，提高展览业服务‘四个中心’建设的保障能力；形成为‘四个中心’建设服务的良好环境。”北京展览产业服务北京市的城市定位，理所当然，其问题在于如何去具体服务。因为行业的定位不同，北京的展览业与上海、广州展览业的功能应该有所不同。而目前，各地展览业比较时往往首先提到的就是在该地展览会的数量与展览面积等指标，而这些指标往往是与其经济属性相关，而与政治、文化、国际交往和科技创新关系稍远。北京展览业一方面希望展览的数据更好，另一方面必须做好服务北京城市发展的职能。所以，在北京展览的政策制定上不能形成合力。

6. 北京展览业发展的建议

6.1 加强对北京展览业的研究

“四个中心”的形成其所需的资源和机理是不同的。在推进全国政治中心、文化中心、国际交往中心和科技创新中心的建设中，不同类型展览业所发挥的作用与展览会的组织形式和评价标准也往往不同。

由于展览的类型复杂，北京展览的业态中，有纯粹的商业展，也有承担政治功能的各类展览，还有服务文化传承的各类展览。不同类型展览的社会功能不同，在“四个中心”中发挥的角色不同，必须用不同的评价体系来评价。如在推进北京文化中心的建设中，文化类的展览的后续影响时间会比较长，其展览的传播往往会从现场转移到网络，这类展览规模不宜一味求大，展览地点不用局限于展览馆。这些特点与商业展览非常不同。研究不同类型展览的特点，及其在推进“四个中心”建设中的作用，非常重要。

同时，北京众多的展览集合成的北京展览业，其在北京的“四个中心”建设中到底扮演了什么角色、角色的地位如何、将来还要在哪方面努力，这些问题要进行系统的研究。如果还用“重要的角色”“积极的作用”“广阔的前景”等宽泛而空洞的语言去阐述北京会展业的发展只能阻碍北京展览业的发展。

这些会展研究的深化需要两方面，第一是健全行业统计制度，第二是加强对会展研究的投入。

6.2 北京展览业走出去

中国城市展览业发展长期以来存在一个思维的误区，以为只有展览发生在本地才体现了当地展览业的实力。这只是展览业发展的第一阶段：展览活动发展阶段。北京展览业要破茧而出，必须要快速走出第一阶段，迈向展览业发展的第二阶段：展览资本发展阶段。

北京展览业要借助北京城市在国际和国内的影响力，通过资本运作的方式成立几个大规模的会展产业集团，在更大的范围整合资源。要输出北京的会展管理、会展技术和会展资金，在外地办展。

参考资料

[1] 2018 年中国展览数据统计报告 [R]，中国会展经济研究会.
[2] 中国展览经济发展报告（2018）[R]，中国国际贸易促进委员会.

第二篇

热点与趋势专题

北京市工业空间文化转型的空间特点与转型模式①

刘霄泉，唐鸣镝，耿　婧，尤丽新

1. 北京市产业空间变迁的历史背景

1.1 建国后的北京市产业空间特征

20 世纪 50 年代《北京城市建设总体规划初步方案》将城市发展目标定位为莫斯科型的大工业城市。此后几十年里，北京逐渐形成了完整的工业布局，从 1959 年工业用地方案来看，主要的工业用地新增主要布局在通惠河南北两岸、石景山首钢地区、西北部西苑 - 清河、东北部酒仙桥地区以及南郊 - 丰台几个地区，形成了包括东郊棉纺织区、东北郊电子工业区、东南郊机械和化工区、西郊冶金和机械重工业区的工业布局。

1949—1979 年间，工业增长成为北京市经济增长的发动机，城市工业用地遍地开花，旧城增建了大小不一的工程，其中南部外城较为空旷的地带也新建了很多工厂企业，规模较内城工厂为大，外城沿东西城墙的农业用地被完全利用，旧城内的居住用地内也生长出不少工业用地，兴建了一

① [作者简介] 刘霄泉，女，博士，北京第二外国语学院副教授，硕士研究生导师，MTA 导师，北京旅游发展研究基地研究员，北京区域旅游研究中心副主任，首都发展研究院兼职研究员，主要研究方向为京津冀区域发展、北京空间发展、区域旅游规划与战略等。唐鸣镝，女，北京第二外国语学院旅游管理学院旅游规划系讲师，城市规划与设计专业在读博士，主要研究领域：城市遗产、乡村旅游、旅游解说、旅游规划与设计等。耿婧，北京第二外国语学院旅游管理专业硕士研究生，主要研究方向为区域旅游规划与战略。尤丽新，北京第二外国语学院旅游管理专业硕士研究生，主要研究方向为区域旅游规划与战略。

大批街道工厂，这些工厂的规模较小，多是见缝插针盖房，主要从事轻工业加工，总面积不太大，但是对旧城的城市格局和空间形态形成了较大影响，形成了工业居住混杂的用地特点①。

1950 年北京市政府发出布告，规定新建工厂一般应设在东郊工业区的原则，并在规划的引导下有序建设，形成以朝阳区为主的东郊工业用地集中区域。到 1979 年，北京重工业总产值的比例高达 63.7%，居全国第二，成为重工业占主导的城市（图 1，表 1）。完成了消费城市向生产城市的转变，对城市发展产生深远影响。

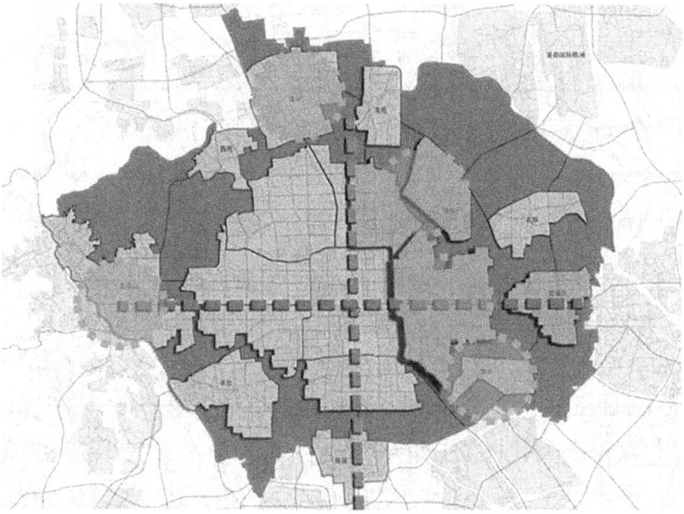

图 1　1956 年北京城市工业用地布局

表 1　北京市工业规划用地分布

（单位：平方公里）

编号	地区	1953 年方案	1954 年方案	1957 年方案	1958 年方案	1959 年方案
	总计	73	81	51.7	47.24	43.57
1	旧城内	较少	较少	较少	0.67	0.62
2	酒仙桥	20.36	18.33	10.31	2.23	3.17

① 谭杪萌，杨安琪.北京旧城工业用地变迁65年初探（1949—2014），《规划60年：成就与挑战——2016 中国城市规划年会论文集（03 城市规划历史与理论）》，2016 年。

续表

编号	地区	1953 年方案	1954 年方案	1957 年方案	1958 年方案	1959 年方案
3	通惠河北	4.86	4.33	3.92	3.87	4.23
4	通惠河南	17.21	14.37	5.5	10.52	8.56
5	南郊	4.66	4.25	10.9	4.67	3.7
6	丰台	0.4	0.32	1.37	3.12	2.92
7	石景山	25.5	39.4	16.65	13.18	12.91
8	清河	较少	较少	0.71	4.38	5.09
9	西苑	较少	较少	2.34	3.94	2.2
10	北郊	较少	较少	较少	0.66	较少

资料来源:《北京城市规划志》– 北京市总体规划方案

1.2 20 世纪 80 年代后的北京市产业空间调整

自 20 世纪 80 年代以来，随着城市定位的调整，北京作为首都，不再强调工业，逐步加强政治、文化、科技以及国际交往等方面的地位（表 2），以国贸中心建设为先河开启工业区腾退更新。尤其是二环以内大量工业用地腾退，少量保存下来的工业用地零散地分布在城市内部（图 2），其中长安街以南留存的工业用地多于北部地区，对工业用地的改造也明显晚于北部地区。

20 世纪 80 年代开始，北京彻底改变了经济发展方向，立足服务于北京作为全国政治中心和文化中心的要求，不再发展重工业，着重发展高精尖、技术密集型工业，发展食品、电子、轻工等特色工业，对市内污染较为严重的、侵占城市绿地、文物古迹和学校的工厂，全部采取了搬迁疏散措施。1984 年以后，政策允许工厂转让旧厂址以获得搬迁补偿费，加快了工业的向外搬迁。通过这一系列政策的实施，市区内大量工业用地发生了功能更新，如图 2 所示，1991 年二环以内工业用地面积大幅度缩小，遗留下来的工业空间面积小、分布零散。

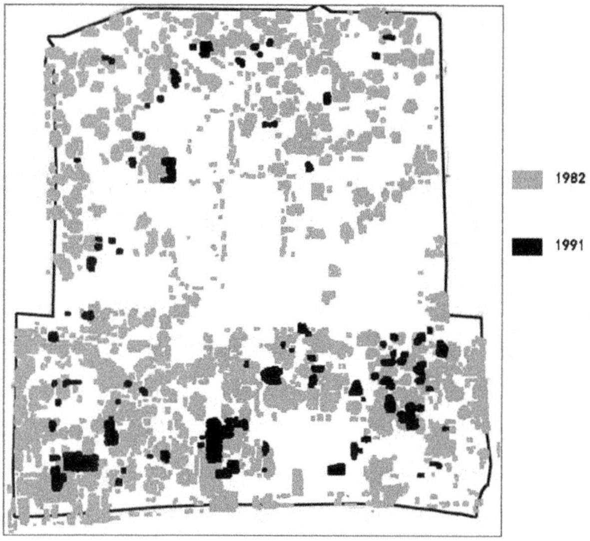

图 2　1982—1991 年北京市旧城工业用地对比图①

2004 年之后，城市中心区产业空间的大规模开发时期基本结束，代之以“退二进三”“选择性”更新优化功能布局，工业用地性质与用途得以缓慢地转型更迭。随着文化创意产业的迅速兴起，部分富含历史价值、文化内涵和社会意义的工业遗产开始为文化创意产业所用，形成了保护与利用相得益彰的良好格局。

表 2　历次北京城市总体规划中的城市定位

时间	北京城市定位
1958	北京是我国政治、经济和文化的中心，特别要把它建设成为我国强大的工业基地和科学技术的中心。
1982	北京是我们伟大社会主义祖国的首都，是全国的政治中心和文化中心。
1992	北京是我们伟大社会主义祖国的首都，是全国的政治中心和文化中心，是世界著名古都和现代国际城市。
2004	北京是中华人民共和国的首都，是全国的政治中心、文化中心，是世界著名古都和现代国际城市。
2016	北京是中华人民共和国的首都，是全国的政治中心、文化中心、国际交往中心、科技创新中心。

① 参照谭杪萌等“北京旧城工业用地变迁 65 年初探（1949—2014）”图 7 修改绘制。

新一轮北京城市总体规划（2016—2035）出台后，新时期的城市发展目标更为明确清晰。全市紧紧围绕统筹推进“五位一体”总体布局和协调推进“四个全面”战略布局，坚持以人民为中心的发展思想，牢固树立创新、协调、绿色、开放、共享的发展理念，牢牢把握首都“四个中心”的城市战略定位，大力实施以疏解北京非首都功能为重点的京津冀协同发展战略，转变城市发展方式，完善城市治理体系，有效治理“大城市病”，不断提升城市发展质量、人居环境质量、人民生活品质、城市竞争力，实现城市可持续发展，率先全面建成小康社会，建设国际一流的和谐宜居之都。

在“减量”背景下如何“再发展”是新时代首都发展的重大理论和实践课题。现阶段北京发展的核心是通过对城市土地的功能改变、增量控制、存量优化，优化提升首都核心功能，以城市功能“量”的减法，换来发展势能“质”的提升，从而实现北京城市更高水平、更高质量的发展。作为疏解非首都功能的主要地区，北京中心城区伴随减量背景下的产业提升，存量土地的功能转变更是疏解整治的基础条件和关键抓手。而“退二进三”“腾笼换鸟”等政策的实施，使得大量遗留的工业用地成为盘活存量土地的重点。

北京最新版的总体规划指出，到 2020 年北京的工业用地减量有 80 平方公里，到 2035 年工业用地的减量还有 163 平方公里，加起来有 240 多平方公里。这些老旧的工业资源正在通过功能的转变，实现资源的转变，从原来的工业生产的资源转变成了文化资源，转变成了城市的特色，这些城市的新特色和新资源，正在为我们这个城市的经济发展和城市建设提供着新的动力。

目前，存量工业用地继续纳入北京市整体供地计划中，一般有三种转变方向：一、用地性质转变为居住用地，用作保障性住房建设；二、用地性质不变，作为文化创意园区、产业园区和创客空间等方面改造；三、用地性质转变为绿地，用作生态建设与城市休闲功能使用。其中，后两者与北京疏解政策相符，是现阶段的主要功能转变方向，特别是大量老厂旧厂纷纷向创意产业园方向发展，大量文创科技产业依托原有工业用地发展壮大，在实现空间产业化转型的同时，也成为了城市文化旅游的新载体。

2. 北京市工业空间转型的模式与特征

2.1 北京市工业空间转型的基本特征

全市腾退老旧工业厂房 242 处，总占地面积超过 2500 万平方米，已经转型利用的工业遗存占地面积601万平方米，正在转型改造的占地138万平方米，两者合起来不到总数的30%，其中待保护利用的老旧厂房107个，占地面积约1778万平方米，占全市的70.6%，全市有七成左右的老旧厂房处于待利用状态。2017年底，北京市政府办公厅印发了《关于保护利用老旧厂房拓展文化空间的指导意见》（京政办发〔2017〕53号），进一步为老旧厂房"怎么保""怎么用"指明方向。按照以往的模式，城市工业遗存改造的思路是拆掉搞房地产开发，建设居民住宅楼，增加了城区人口增长的压力。以西城区天宁1号文创园为例，该项目占地约8万平方米，如果改为开发住宅项目，可建住宅建筑面积为20万平方米，大概会增加2000户家庭约6000人。而如今建设成为工业遗存型文创园模式，既减少了人口压力，又增加了区域的经济效益，促进了区域经济结构的升级。

2.2 北京市工业空间转型的模式

2.2.1 北京市文化产业园区的空间布局特征

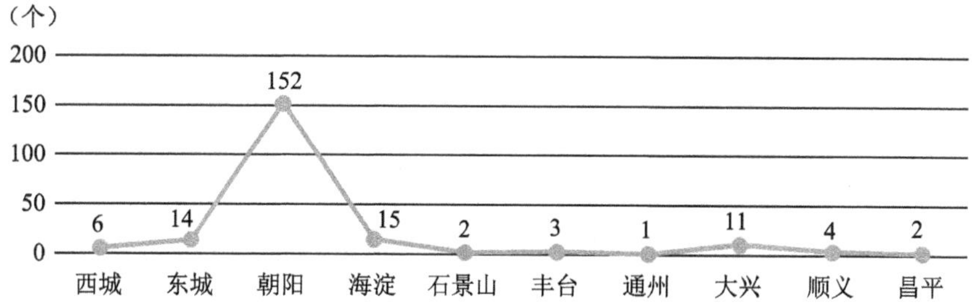

图3　北京市文化产业园区分布

数据来源：北办网 https：//www.office8008.com/

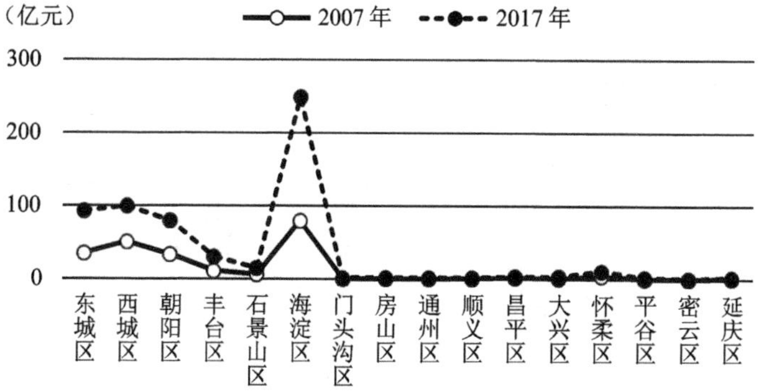

图4　2007、2017年北京市文化、体育和娱乐业分区增加值

根据图 3、图 4，目前北京市文化产业园区的分布较为集中，以朝阳区数量最多，其次是海淀、东城和大兴。但是就文化、体育和娱乐业的增加值情况来看，海淀区独树一帜，朝阳区尽管数量居于首位，但海淀、东城、西城的增加值均超过了朝阳区，表现出朝阳区文化创意产业园用地分布零散、产业联动效应有限等现象。

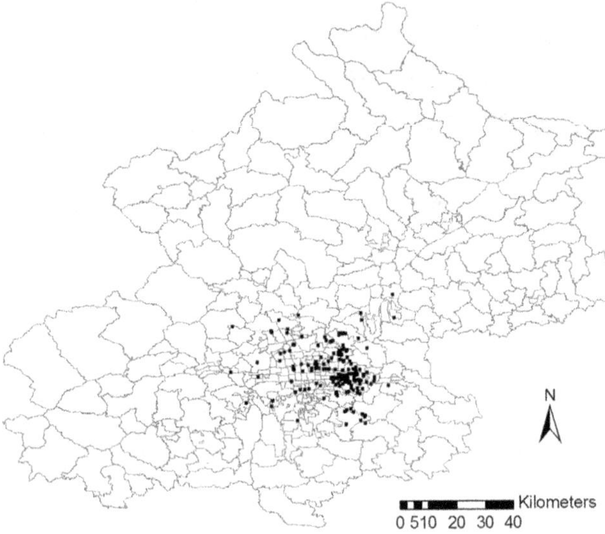

图 5　北京市文化创意产业园区的空间分布

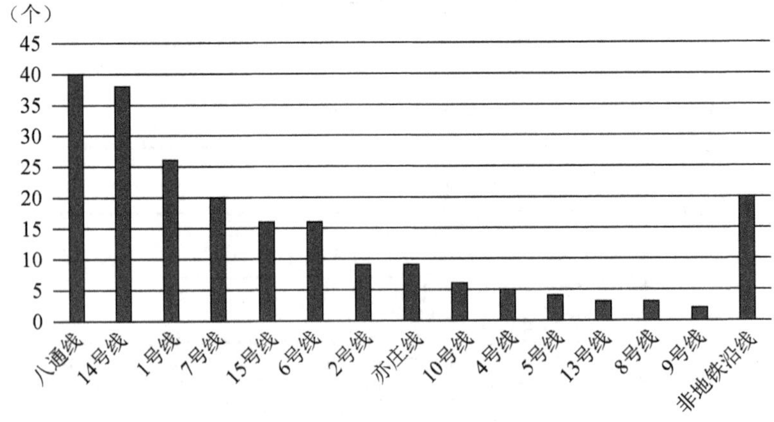

图 6　文化创意园区沿地铁分布情况

根据图 5、图 6 所示，北京市文化创意产业园区主要分布在五环以内，以东部地区为主，大多数距离地铁不超过 3 公里，交通较为便利。其中比较集中的分布区域包括八通线、14 号线、1 号线、7 号线、15 号线和 6 号线沿线。

2.2.2 北京市工业遗产转型园区的空间布局特征

进一步观察由工业空间转型的文创产业园，就其空间分布来看，较北京市文创产业园的分布更加集中，其中 70% 的产业园均集中在朝阳区，东西向主要在 1 号线－八通线及 7 号线之间，以及东部的沿线区域；南北向则主要分布在 14 号线沿线，形成了“L”形的空间布局特征（如图 7、图 8）。

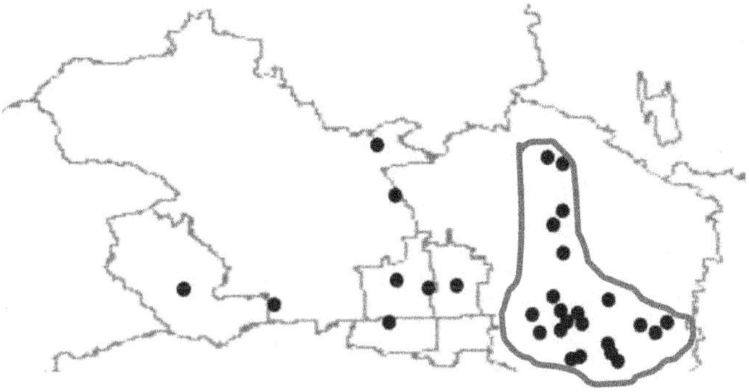

图 7　工业遗产转型文创园的空间布局

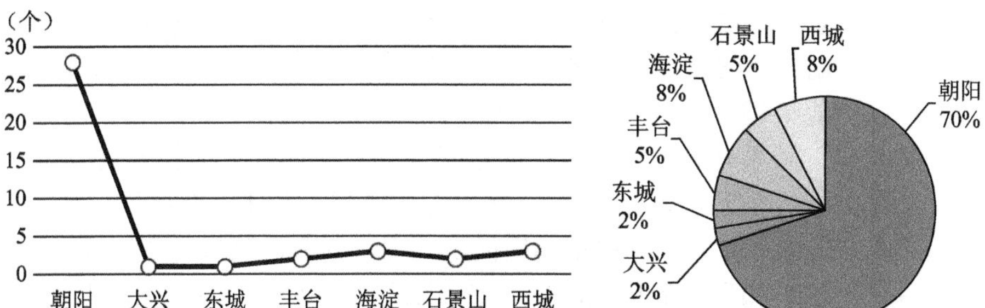

图 8　工业遗产转型创意园区分布

从数量来看，工业遗产转型园区的数量占到北京市产业园区的大约 1/7，而就朝阳区来看，工业遗产转型园区占朝阳区产业园区的数量超过 1/6，比重更高，工业遗产转型成为了朝阳区文化创意产业园区的主要组成部分。

2.2.3 北京市工业遗产空间的转型模式

为了进一步了解北京市工业遗产的转型模式，我们对工业遗产转型创意园区的发展模式进行了分析。就开发模式来说，老厂房的文化再造历程也经历了从自发到自觉的探索提升转变过程，其利用工业遗存发展文化创意产业的模式也不尽相同。根据模式的主要特点，可以大致将功能特色梳理出 5 种主要类型，包括现代艺术园区模式、公共文化休闲模式、主题遗址公园模式、特色产业模式及商业办公服务模式等（表 3、表 4、表 5）。

现代艺术园区模式，重点保留工业区的风貌以及明显的工业符号，如砖石墙体、钢铁、机械等，注重环境设计，通过现代改建手法形成对比，吸引创意人才入驻。独特的艺术氛围成为时尚新地标、时代精神的代表。

公共文化休闲模式，利用旧有工业建筑，融合特色行业特点，以工业构筑物构成其特色地标，用以营造某种独特的氛围，同时赋予其新的产业功能，园区餐饮、住宿、休闲等配套设施完备，服务设施与文化活动辐射周边，成为城市社区中的公共文化休闲功能区，服务于城区或人口密集区域，重点关注设施和公共服务，不重视产业发展和转型。

主题遗址公园模式，主要出现在遗址规模较大、工业遗存保存完好的工业区，历史悠久，物质与非物质工业遗产较为丰富；能够较好地反映某个地区、某个时期和某个行业的工业技术发展史，具有典型性和重要地位；工业生产线具有独特性和趣味性，展示的内容能够吸引参观者。强调遗产教育、文化服务功能，不重视产业转型和提供公共办公空间。

特色产业模式主要包括三种类型——影视传媒、文化科创及户外旅游，其中文化科创和影视传媒两类是主要的转型模式，主要利用旧有工业建筑，吸引特色产业集群在园区集聚，并为产业集群发展提供综合服务。根据具体产业情况，对原有工业建筑风貌采取不同的开发模式。该模式的重点在于不仅利用了原有的工业遗产空间，还全方位推进了产业的更替和发展。

商业办公服务模式，利用用地规模空间大、具有建筑特色环境等特点，通过对原有建筑和环境的优化改造，重点以提供办公服务和孵化空间为核心，为轻量型企业定制共享办公空间，打造综合服务完善、空间创造共享的综合型园区。这种模式不一定是产业园区的终极模式，很多园区在最初是以一种开放的形态，提供共享办公空间，但在发展的过程中，由于入住企业和产业的特色，可能逐步强化某一类产业的发展，最终可能逐步演化为特色产业模式。

就工业遗产的转型利用来看，除 798 和 77 文创园外，转型均发生在

2000 年之后，而从发展模式来看，其中有 21 个园区属于特色产业模式，另有 8 个园区为商业办公服务模式，也存在向特色产业模式转型的可能，这意味着 3/4 的园区在空间转型的过程中，不仅是对遗产物质形态的艺术化和文化利用，更进一步在原有空间上载入了新的产业，通过产业转型将重新提升原有空间的附加值。就特色产业园区模式来看，最突出的是文化科创模式，主要分布在朝阳区和海淀区；其次是影视传媒模式，主要分布在朝阳区。从区分布来看，朝阳区各类产业园区模式齐全，海淀区的园区全部为文化科创特色产业模式；而公共文化休闲模式、主题遗址公园模式、现代艺术园模式，除朝阳区外，主要分布在石景山区和西城区，体现了不同区域在工业遗产空间利用过程中的关注重点。总体来看，石景山区和西城区在园区利用中，更加关注艺术和文化服务，而并不过度关注产业的培育和打造，这与两个区域的发展定位有较强的关联；而其他区域，都在不同程度关注工业空间的物质利用和产业转型。

表 3　北京市工业遗产改造模式

工业遗产利用类型	模式特征描述	利用原有建筑空间并适当改造	强调突出原有建筑风格	形成特定产业集群	提供办公空间	提供公共文化休闲空间
现代艺术园区模式	保留工业区的风貌以及明显的工业符号，如砖石墙体、钢铁、机械等，注重环境设计，通过现代改建手法形成对比，吸引创意人才入驻。独特的艺术氛围成为时尚新地标、时代精神的代表。	√	√	√	√	√
公共文化休闲模式	利用旧有工业建筑，融合特色行业特点，以工业构筑物构成其特色地标，用以营造某种独特的氛围，同时赋予其新的产业功能，园区餐饮、住宿、休闲等配套设施完备，服务设施与文化活动辐射周边，成为城市社区中的公共文化休闲功能区，服务于城区或人口密集区域。	√	√	否	√	√

续表

工业遗产利用类型	模式特征描述	利用原有建筑空间并适当改造	强调突出原有建筑风格	形成特定产业集群	提供办公空间	提供公共文化休闲空间
主题遗址公园模式	工业遗存保存完好，规模较大，历史悠久，物质与非物质工业遗产较为丰富；能够较好地反映某个地区、某个时期和某个行业的工业技术发展史，具有典型性和重要地位；工业生产线具有独特性和趣味性，展示的内容能够吸引参观者。强调遗产教育、文化服务功能。	√	√	不一定	否	√
特色产业模式	利用旧有工业建筑，吸引特色产业集群在园区集聚，并为产业集群发展提供综合服务。根据具体产业情况，对原有工业建筑风貌采取不同的开发模式。	√	不一定	√	√	不一定
商业办公服务模式	利用用地规模空间大、具有建筑特色环境等特点，通过对原有建筑和环境的优化改造，重点以提供办公服务和孵化空间为核心，为轻量型企业定制共享办公空间，打造综合服务完善、空间创造共享的综合型园区。	√	不一定	不一定	√	否

表 4　不同模式代表性产业园区

工业遗产利用类型	区	代表性产业园区
现代艺术园区模式	朝阳	一号地产业园、万荷艺术文创园、红厂设计园区、798 艺术园区、醉库国际文化创意园、尚 8 万荷文创园
	西城	新华 1949 创意园
公共文化休闲模式	朝阳	24H 齿轮厂、898 创新空间
	西城	尚 8 西什库设计园
	石景山	郎园 PARK
主题遗址公园模式	朝阳	北京焦化厂工业遗址公园
	石景山	首钢产业园

续表

工业遗产利用类型		区	代表性产业园区
特色产业模式	影视传媒	朝阳	E50 艺术区、E9 区影视基地、813 文化创意产业园、启城空间创意园、塞隆文化创意园、E9 创新工厂、竞园 – 国际影像产业基地、603 文化创意园
		东城	77 文创园
	文化科创	海淀	中关村西三旗数字文化产业园、768 创意园
		朝阳	北京自动化仪表三厂、北化机爱工场科技产业园、i 工场文化创意产业园、天海科技广场、梵石 ITOWN 西店记忆
		大兴	77 文创（亦庄大地）
		丰台	二七机车
	户外旅游	朝阳	北人户外
商业办公服务模式		朝阳	北化华腾 · 易心堂文创园、五方 PARK、东方金叶文创园、E9 区创新工场、北汽齿轮厂文创园、半壁店 1 号、自空间 CBD 写字园
		西城	天宁 1 号创意园
		丰台	启城空间

表 5　不同模式产业园区分区分布

工业遗产利用模式		朝阳	大兴	东城	丰台	海淀	石景山	西城	总计
公共文化休闲模式		2					1	1	4
商业办公服务模式		6			1			1	8
特色产业模式	户外旅游	1							1
	文化科创	6	1		1	3			11
	影视传媒	7		1					8
现代艺术园区模式		5						1	6
主题遗址公园模式		1					1		2

3. 北京市工业空间转型模式的代表性园区及遗产利用状况

3.1 现代艺术园区模式

3.1.1 总体特点

保留工业区的风貌以及明显的工业符号，如砖石墙体、钢铁、机械等，注重环境设计，通过现代改建手法形成对比，吸引创意人才入驻。独特的艺术氛围成为时尚新地标、时代精神的代表。

3.1.2 北京代表性园区

（1）万荷艺术文创园

北京万荷文创园位于艺术家工作室以及艺术群落聚集的北京朝阳区顺白路，总占地面积共 328 亩，建筑面积达 30 万平方米，园区旗下有万荷美术馆、北京当代中国写意油画研究院、众多知名艺术家、收藏家工作室，以及具有文化影响力的文化创意、科技教育类机构和企业百多家。2016、2017 年举办了万荷文化艺术节活动；2018 年举办了首届崔各庄论坛暨诺奖成果转化高峰论坛。

2008 年，喜荷、爱荷且醉心画荷的艺术家、收藏家张晋先生发现了马泉营村的这片老旧工厂。秉持着“修旧如旧”的理念，逐步建设开发了以万荷美术馆、艺术家工作室及创意设计、影视、广告、动漫、新媒体及电子商务等多领域的大型综合文化体——国门一号 · 北京万荷艺术文创园。1 号院是万荷艺术文创园自 2008 年起投入改造建设的第一期项目，由呈现“万荷”风情的核心建筑——万荷美术馆及三十多套独立的艺术家工作室形成。2 号院和 3 号院是由紧邻 1 号院的两个旧有的工业厂房整体改造而成，是万荷文创园第一期的延续。

（2）798 艺术园区

由原国营 798 厂等电子工厂改造，从 2001 年开始，北京周边和北京以外的艺术家开始集聚 798 厂，他们对原有厂房进行改造装饰形成了有特色的艺术展示和创作空间。主要包含创作展示和交流类、设计类两大类，还有传播发行和书店及餐饮酒吧一类的跟艺术创作沾边的一些小门类。至少有 300 位艺术家直接居住在 798 艺术区或者以 798 艺术区为自己的主要艺术创作空间，其中还有一些来自国外的艺术家，他们分别来自法国、美国、比利时、荷兰、澳大利亚、韩国、新加坡等。进驻 798 艺术区的既有大名鼎鼎的艺术家如刘索拉（作家、音乐人）、洪晃（出刊人、出版家）、李宗盛（音乐人）、李象群（雕塑家）等，也有名不见经传的无名之辈。

主要改造成百年印象摄影画廊、798 艺术工厂、ebeecake 蛋糕坊、北京东京艺术工程、川菜 6 号、七酒吧料阁子、二万五千里长征文化传播中心、西苑雅集画廊、北京季节咖啡店、感叹号艺术空间、3818 库、隋建国雕塑工作室、中国当代、果子 SAGE、现代书店、季节画廊等。

3.2 商业办公服务模式

3.2.1 总体特点

注重环境设计，利用旧有工业建筑，融合特色行业特点，设立各专业独立工作室及产业链各端，将设计、生产、消费、经营、活动组织等以及餐饮、酒吧等配套融汇，构成专业生产消费的特色商贸区。

3.2.2 北京代表性园区：中关村西三旗数字文化产业园

中关村西三旗数字文化产业园位于北京市海淀区，占地 45 亩，总建筑面积 4 万平方米，由北京风机二厂原西三旗厂区改造而成。以数字文化及电子竞技产业为核心，充分发挥海淀区高校、游戏研发优势，广泛联动聚集电竞上下游企业，引入数字文化及电子竞技产业研发技术，建成集电竞赛事和电竞直播功能为特色的数字文化产业园。

中关村西三旗数字文化产业园包含教育实训基地、电竞活动体验中心、数字内容研发中心三部分，并有酒店及餐饮、休闲、娱乐等配套建筑设施。其中，教育实训基地将联合高职院校合作开设电子竞技运动与管理专业，提供师资、教学与实训场地等服务。电竞活动体验中心将结合现代电竞馆的设计，打造拥有舞美效果、能容纳中等规模电竞比赛的专用场馆，将举办电竞赛事、商业推广、嘉年华和发布会等活动。数字内容研发中心将引入数字文化科技研发企业，推进“科技 + 文化”产业融合。

3.3 公共文化休闲模式

3.3.1 总体特点

服务于城区或人口密集区域，工业构筑物构成其特色地标，用以营造某种独特的氛围，同时赋予其新的产业功能，园区餐饮、住宿、休闲等配套设施完备，服务设施与文化活动辐射周边，成为城市社区中的公共文化休闲功能区。

3.3.2 北京代表性园区：朗园 Park

郎园 Park 的前身是石景山博古艺苑工艺品市场，南靠长安街西延线，周边被老山公园和雕塑公园环绕，距离地铁 1 号线八宝山站仅 200 米。2017 年郎园 Park 首次公开亮相。不同于普通园区，朗园 Park 是在原市场建筑基础上改造建成的。郎园 Park 作为北京文化创意产业园的品牌示范园区——郎园 Vintage 的姊妹篇，两个园区一东一西沿长安街对称互动，将引入郎园品牌成熟的发展模式、运营资源，通过空间重塑、文化植入、智能管理等方式，建设成为国家级高端文化创意产业示范区，形成石景山区文创产业新名片。

郎园 Park 将在现有建筑格局基础之上，对园区整体进行艺术提升和业态调整。形成精装四合院、花园式艺术中心，还将引入艺术改造的理念，设置大量城市家具、灯光秀等装置艺术，城市广场、艺术花园、草地艺廊等共享空间；园区还将配套特色餐饮和艺术咖啡、无人超市等创意体验商业，为金融、科技、文创类企业提供丰富的办公选择。

3.4 主题遗址公园模式

3.4.1 总体特点

工业遗存保存完好，规模较大，历史悠久，物质与非物质工业遗产较为丰富；能够较好地反映某个地区、某个时期和某个行业的工业技术发展史，具有典型性和重要地位；利用原有的建筑空间进行改造，同时又突出强调原有的建筑风格；工业生产线具有独特性和趣味性，展示的内容能够吸引参观者。强调遗产教育、文化服务功能，并可给参观者提供文化休闲空间。

3.4.2 北京代表性园区：首钢产业园

首钢产业园，紧临永定河，背靠石景山，是北京城六区唯一集中连片待开发的区域，是首都北京长安街金轴线的西部起点，北京西山永定河文化带的重要组成部分，也是新版北京城市总规重要的区域功能节点。在地理区位、空间资源、历史文化、生态环境上，首钢园区具有独特优势，是落实首都功能定位的重要支撑。

首钢园区正按照市委市政府赋予的功能定位和北京市总体规划对城市西部地区发展要求，建设以跨界融合创新为鲜明特色的新一代高端产业园区，打造具有国际影响力的“城市复兴新地标”。在产业规划方面，遵循市委市政府对首钢园区“传统工业绿色转型升级示范区、京西高端产业创新高地、后工业文化体育创意基地”的定位，将规划建设体育 +、数字智能、文化创意三个主导产业，消费升级、智慧场景、绿色金融服务三个产业生态和首钢国际人才社区，形成“三产三态一社区”的产业体系。现在，首钢集团已经正式成为北京 2022 年冬奥会和冬残奥会官方合作伙伴，这项官方合作伙伴类别也是一种创新，是首次出现在全球奥运会赞助行列中。

首钢始建于 1919 年，在这 100 年里，首钢经历了建国初期的经济建设、改革开放的飞速发展，是我国冶金工业发展的缩影。进入 21 世纪，为了保障2008年北京奥运会的顺利进行，首钢率先实施钢铁业搬迁调整，将产能搬迁至唐山曹妃甸，为北京成功举办2008年奥运会做出了历史性贡献，首钢在北京石景山留下的巨大冶炼、热轧等设备也随之进入了长达10年的“休眠期”。

2018年8月25日，北京市领导就新首钢地区规划建设情况进行调研时指出，首钢最有条件立足自身，实现城市复兴，并提出“四个复兴”的具体要求。2018年9月28日，在北京市城市总体规划实施动员和部署大会上，北京市委书记蔡奇进一步明确指出“首钢地区应成为城市复兴新地标”。2018年12月27日，北京市印发《加快新首钢高端产业综合服务区发展建设打造新时代首都城市复兴新地标行动计划（2019—2021年）》。2019年2月1日，习近平总书记视察首钢园区，为首钢园区开发建设指明方向。

3.5 特色产业模式

3.5.1 总体特点

利用旧有工业建筑，吸引特色产业集群在园区集聚，并为产业集群发展提供综合服务。根据具体产业情况，对原有工业建筑风貌采取不同的开发模式。特色产业模式的园区是新型的工业园，它的建设促进了同类产业的集聚和整合，实现了行业规模经济和区域规模经济，形成产业整体竞争优势。目前，这类园区又可细分为三类：以影视传媒为主导的特色产业模式、以文化科创为主导的特色产业模式、以户外旅游为主导的特色产业模式。

3.5.2 北京代表性园区

（1）以影视传媒为主导的特色产业模式：E50艺术区

E50艺术区是由国家新闻出版广播电视总局四九一台变电站老厂房改造完成的。占地面积约50 000平方米，总建筑面积约30 000平方米，单栋面积200平方米到3000平方米不等，建筑顶层露天，可做花园休闲使用。E50艺术区位于CBD商务中心区东向延长线上，地处双桥产业带核心地段，广渠路临街辅路。交通便捷，区位优势明显。主导新闻服务、出版发行和版权服务、广播电视电影服务、文化艺术服务、网络文化服务、文化休闲娱乐服务等产业。

E50艺术区是基于国家文化产业政策、区域的产业规划、当地积累的产业资源所推出的文化创意产业园区。旨在整合产业资源，构建完善的一站式全产业链服务平台，打造双桥地区文化产业示范园区，帮助企业转型升级，提升整体实力和竞争力。

E50 艺术区未来将涵盖企业运营区、配套企业服务区、附属配套实施区、创业创新孵化区、人才培训区，集文化传媒产业聚集、金融服务、企业孵化、人才培养等功能于一体，形成具有全产业链的文化创意产业园区。作为核心业务板块，其规划建设的文化艺术平台，为文化传媒产业园提供快速、安全的一体化服务，助力各企业发展。

（2）以文化科创为主导的特色产业模式：二七机车

其前身是卢保铁路卢沟桥机车厂，近年来该创意园借助中国中车的技术研发优势，以文化创意、科技创新、信息技术、金融服务为支撑，打造国际知名的科技创新和文化交流基地。协同丰台河西区域发展，融合二七历史文化与西山永定河文化，打造多元发展、绿色环保、舒适健康、充满活力的科技文化创新城，建设宜居宜业的产城融合示范区。

在新时代、新政策的引领下，按照北京市疏解非首都功能的总体要求，老厂整体退出制造业，进行产业转型升级。2017 年，中青旅文化产业发展（北京）有限公司与二七厂正式签订合作协议，就二七厂产业转型升级确立了打造首都示范功能区域，使其成为丰台区标志性商业综合体的战略目标，二七厂建设项目全面启动。

二七厂项目以文化科创产业为服务对象，有效集聚、整合各类资源，为企业提供合作交流平台、优势互补渠道，降低企业的创新、创业成本和风险，提升企业的可持续发展能力。园区重点引入国际化创新商业配套模式，一站式地解决园区配套服务问题，为园区持续引入活力。随着国家体育总局国家冰雪运动训练基地落户二七厂 1897 科创城，标志着该项目响应北京市疏解非首都功能号召，顺利完成二七厂老旧厂房改造再利用。与此同时，对于周边道路改善、环境设施等硬件配套起到了良好的推动作用，丰台区百姓在自家门口也可以欣赏到冬奥会的大型赛事。

（3）以户外旅游为主导的特色产业模式：北人户外

北人户外文化产业园于 2014 年 6 月在北京市朝阳区垡头化工路 9 号顺利开园。是由北京北人文化产业发展有限公司创立，与央广华视文化传媒有限公司共同运营项目及推广的国内大型户外资源共享平台。伴随着首都文化中心的功能定位，北人集团公司利用老旧工业厂房，完成了从传统工业领域向文化产业领域的完美转型。北人户外文化产业园的建立，实现了国家传统企业的转型，促进了国内户外行业的快速发展，提升了户外生活领域的整体品质，为户外运动爱好者们搭建了一个梦想的家园。

北人户外以做户外装备领导者为目标，以垡头文化休闲产业带为政策支撑，打造极具引导性的户外文化产业园区。北人户外文化产业园的核心功能是大型户外装备集散中心（汇集水上、露营、雪地、渔猎、骑行、山地、飞行等水、陆、空各类专业户外装备知名品牌）、专业培训体验活动中心、国内首家标本艺术中心、户外专题旅游推广中心。园区集聚了国内外知名的装备厂商、代理商、专业俱乐部以及相关协会的入驻，力求打造一个集办公、展示、培训、体验、销售于一体的大型国内户外资源共享平台。

4. 北京市工业空间转型的问题与建议

4.1 北京市工业遗产空间转型的主要问题

4.1.1 城市空间的再融入

工业用地经过功能转换后形成的文化创意产业园区，不同于制造园、工业园，区内不仅有产业的重新植入，工业遗产的利用和文化价值利用，是园区的独有内涵。与传统的土地使用类型变更后重建小区或厂房不同，这些空间将最大程度保留工业遗产文化并利用其文化附加值，实现与城市的重新融合。在这个空间中，将存在文化的创意设计者、生产者，还有观摩者、体验者，更有文化产品的购买者和文化休闲娱乐设施的消费者，这个空间将不再是单纯的生产空间，而是由文化空间、生产空间、消费空间、休闲空间等相嵌合的复合空间，空间的文化价值需要通过城市休闲旅游者的参与，才能够最大程度地发挥。而就以朝阳区为主的工业遗产空间来看，由于地块较为零散，散布在城市原有肌理之中，这必然造成新空间与周边社区产生新的关系，以及与外部交通的衔接等问题，园区的可进入性，与城市空间关系的重塑，都将成为影响工业遗产空间转型发展的重要问题。

4.1.2 工业文化遗产的传承与利用

从工业遗产的物质角度上讲，工业厂房建筑本身的建筑特色是最为直观的物质遗产，新中国成立前的欧式和日式工业建筑，20 世纪 50 年代的苏式及东欧式厂房建筑，60 年代的中国干打垒、火柴盒式建筑，70 年代以后的日、美、德、意等工业厂房等，其本身都是重要的文化遗产。然而工业文化遗产的内容远不止建筑遗产，工业发展与城市的文化交融、工业生产过程中形成的产品、精神、制度、特色生活生产模式等，都是重要的工业文化遗产。如何更好地挖掘这些工业遗产，将是工业遗产转型园区发展中的重大挑战。就现有园区来看，艺术化是最为常见的利用模式，包括对原有厂房的重新利用，利用园区老废旧零部件塑造艺术作品等，能够成为吸引大量城市游客的要素。然而这些内容中，很难真正地体现工业文化遗产的传承与利用。而不同的产业园区中，哪些是需要保留和传承的遗产，仍然需要细致地调查和研究评价。

在实践探索中，朝阳区自 2000 年起就利用补贴、奖励、贷款贴息等政策，开始引导工业厂房转型升级，发展文化创意产业。目前形成四种主要模式：艺术家自发聚集发展，政府提供管理服务的“798 模式”；产权方与专业机构联手打造的“751 模式”；政府投资建设并运营管理的“朝阳规划艺术馆模式”；由国有企业组建新的运营团队进行整体改扩建的“莱锦创意产业园模式”等。在不同的运营模式下，在多主体参与和管理的过程中，其基本诉求会产生一定的差异，如何在这种差异中实现工业文化遗产的合理传承与利用，值得进一步地深思。

4.1.3 园区改造与城市旅游的协同

就目前工业遗产转型产业园区的发展来看，仍然以产业发展模式为核心，产业特别是产业集群的打造，能够最大程度实现遗产空间的再价值化，是推动工业用地转型的有效模式。

然而，开放性是文化产业园区发展的重要特征。工业遗产转型园区的发展过程中，文化价值的再利用与城市旅游发展不可分割，尤其在全域旅游建设与城市文化发展的双重趋势下，文化园区已经成为城市休闲旅游的重要空间，例如 798 在作为艺术区的同时，自转型以来已经成为国内重要的旅游休闲打卡空间，但与大多数传统文化旅游景点的开发具有类似的特征，旅游活动的密集化可能带来消费空间和商业空间的增长，在极大程度上影响产业园区的发展模式和产业接续发展。更重要的是，旅游活动带来的商业空间将驱逐原有的艺术文化与产业集群，从企业运营成本上看，文化创意企业普遍规模较小，经济实力弱，相对于高档写字楼，老工业厂房房租较低，地理位置优越，配套齐全，交通便利，因此经营成本相对较低，这些都成为工业遗产吸引文化创意企业的成本优势所在。而商业发展会快速推高租金成本，这也是大量艺术家从 798 转向宋庄等新艺术空间集聚的根本原因。因此，如何处理好工业遗产空间转型和城市旅游开发，是需要关注的另一个问题。

4.2 北京市工业遗产空间转型的发展建议

4.2.1 规划先行，政策保障

组织行业管理、产业及学界专家组成规划研究团队，梳理北京市工业遗存与文创园项目的发展现状，系统构建相关战略框架，制定保护与发展总体规划、近期实施计划，研究相关政策、管理办法，以及制定引导性的建设管理导则等，在大力推动空间和产业转型提升的同时，注重工业文化遗产的保护与城市发展协同，着眼于打造世界级文化创新实验区，提升北京工业遗产的文化价值。

4.2.2 推动工业文化遗产的调查与研究

文化与其他产业资源最大的区别就是地域特色性，一定的地域、人群和历史传统决定了该地区文化所具有的特殊禀赋。北京市工业历史印记是工业遗产转型园区发展赖以生存的资源，文创园区是对一定区域内文化禀赋的整合，因此更应注重对城市特色文化资源的开发和利用。应当重点挖掘首都工业发展在中国发展历史上的特殊意义和深厚的历史价值，重现首都工人拉近与世界工业先进水平距离的奋斗历程，进一步通过工业博物馆、旅游解说体系、城市雕塑、遗址公园等空间载体，增强工业文化遗产的影响力，并通过口述史等加强非物质遗产的保护，积极传承和利用好工业文化遗产。

4.2.3 增强工业遗产空间的复合型功能改造

鼓励开放性的园区格局，坚持文化服务大众宗旨，发挥文化传播战略高地的作用；鼓励开展各种文化活动，鼓励文化创意生产过程的前台化，使文化创意生产者能够走出后台的限制，在开放生产过程的同时与消费者有更多关于文化创意的思想交流，产生同道中人的共鸣，激发更多创意灵感。同时，开放生产过程可以增进消费者对文化创意产品的了解程度，培养出更多文化创意爱好者，提高文化传播的效果，打造一种立体化、多维度的文化传播综合体。

鼓励承担更多的社会责任，开展多元的文化活动，反哺地方文化，积极参与社区营造。实现文化生产与消费的结合，实现多项功能（包括工作、休闲、居住）的复合。在实现经济功能的同时，强调社会建设功能，为社区提供服务，产生园区经济以外的社会价值和社区反馈。建设社区儿童玩乐的场所、图书馆、开放和非正式的娱乐场地，利用园区激发更多的联动与碰撞，从而进一步促进文化创造力与社会参与能力的生长。

4.2.4 有序引导旅游休闲活动与工业遗产空间的融合

为实现遗产空间的生产、休闲旅游、消费等空间的有序管理，可尝试通过时段化、空间化分时分区管理的模式，有序引导旅游休闲活动与工业遗产空间的融合。例如，园区可以提供夜间活动且延长地区的使用时间，将生产空间和旅游空间有效分离；通过有序的空间规划，实现产业空间和旅游空间的合理交叉与分隔，在避免旅游休闲活动对产业生产空间干扰的同时，确保旅游休闲活动的适度开展，完善工业遗产文化体验与艺术活动的设施和条件，为居民、艺术家、生产者、游客等提供不同形式的交流空间。

第二专题——老城保护与遗产旅游

北京老城保护与遗产旅游发展报告①

唐鸣镝，刘霄泉，黄震宇

位于首都功能核心区的北京老城，作为全国政治中心、文化中心和国际交往中心的核心承载区，是历史文化名城保护的重点地区，也是展示国家首都形象的重要窗口，每年吸引着数以亿计的中外游客前来旅游。面对如此大规模的人口流动，如何在应对旅游压力的同时实现可持续发展，是城市与旅游共同面对的巨大挑战。

1. 北京老城保护现状与背景

1.1 老城城市与遗产现状

北京老城是北京的历史城区，历经辽、金、元、明、清、民国和新中国时期的变迁，具有悠久的城市规划建设史和完善的规划指导思想，是中华传统都城礼制的代表，迄今仍保持着较为完整的格局、风貌和众多历史文化遗产，是北京历史文化名城保护体系的核心与重点。同时，62.5 平方公里的老城②范围内还承载了约 200 万常住人口，其中 45 万为外来人

① ［**作者简介**］唐鸣镝，女，北京第二外国语学院旅游管理学院旅游规划系讲师，城市规划与设计专业在读博士，主要研究领域：城市遗产、乡村旅游、旅游解说、旅游规划与设计等。刘霄泉，女，博士，北京第二外国语学院副教授，硕士研究生导师，MTA 导师，北京旅游发展研究基地研究员，北京区域旅游研究中心副主任，首都发展研究院兼职研究员，主要研究方向为京津冀区域发展、北京空间发展、区域旅游规划与战略等。黄震宇，男，北京第二外国语学院旅游管理学院旅游规划系讲师，主要研究领域为旅游规划设计与研究、景观规划设计与研究。报告撰写参与者还包括：2017 级旅游管理研究生刘佳丽、2017 级旅游管理本科生余多丽、孔彤，2016 级人文地理与城乡规划专业本科生曲肇兴。

② 老城面积 62.5 平方公里，东城区与西城区合计为 92.15 平方公里。

口，每平方公里的常住人口密度超过 2 万人；地区生产总值超过 6100 亿元，其中第三产业占比 93%，人均可支配收入超过 7 万元。[①] 老城不论从总体规模还是单位密度都是北京最大最密集的城市空间，是一个拥有众多人口，居住及配套设施齐全，商业、金融等行业发达，各项现代城市功能完备的地区，是市民安居乐业的场所和城市社会、经济、文化等各项活动的中心。

从目前的老城遗产看，其历史风貌遗存包括古城城廓、河湖水系、街巷胡同肌理、绿地和古树名木，以及文物保护单位、普查登记项目、挂牌保护院落、优秀近现代建筑、历史文化街区和风貌协调区的平房院落等建筑空间，现状大约占核心区空间的 22%[②]。与此同时，随着城市整体发展，老城面临的问题也越来越突出，比如功能、人口过度集聚，就地平衡的实施模式没有根本性改变，民生亟待改善，精细化治理欠缺，整体空间秩序与公共环境品质不佳等，保护面对的人口、经济和社会压力越来越大，老城部分地区出现了衰败的趋势。[③] 遗产高度密集的老城，其社会空间也呈现出复杂多元的面貌。“北京的社会阶层空间分布研究”[④] 课题组根据第六次人口普查数据做了深入的研究，结果表明相当多的历史街区属于以商业服务业人员阶层、产业工人阶层和农业劳动者阶层为主的下层街道社区[⑤]，这是历史街区更新面临的社会现状。表 1 是北京核心区中下层街道的相关数据，指数反映了一个街乡的社会阶层结构。如果社会阶层指数大于 0.5，则该街乡的某个阶层占本街乡的比例很大，且已经占据绝对的优势，也可以看出老城历史街区的社会结构、遗产保护与旅游的冲突与隐含关系。我国老城区人口结构的收入低、老龄化、外来人口多等突出问题是现阶段极为普遍的现象，被规划从业者戏称为“穷、老、外”，是城市遗产保护必须面对的现实。

---

① 引自北京市统计局2017年数据（http://www.bjstats.gov.cn/tjsj/）。本文除特殊标注外，老城相关统计数据均以北京市东城区、西城区数据为来源。

② 北京城市总体规划（2016—2035 年）。

③ 崔琪．从旧城到老城，从整体保护到走向复兴［J］．北京规划建设，2018.

④ 李君甫．北京的人口、社会阶层与空间结构［M］．北京：社会科学文献出版社，2017.

⑤ 该研究按职业地位（7大类63小类职业）把从业人口划分为七个阶层和三大阶层。社会上层包括国家与社会管理者阶层和企业负责人阶层，社会中层包括专业技术人员阶层和办事人员阶层，社会下层包括商业服务业人员阶层、产业工人阶层和农业劳动者阶层。

表 1　首都功能核心区内的下层街道一览

街道名称	频数	指数 [①]	社会阶层空间	历史街区	旅游热区
大栅栏	1014	0.681 91	下层街道	是	是
什刹海	2663	0.586 05	下层街道	是	是
前门	284	0.579 798	下层街道	是	是
景山	1131	0.579 109	下层街道	是	是
西长安街	1460	0.560 891	下层街道	部分	部分
天桥	972	0.520 064	下层街道	部分	部分

根据李君甫 . 北京的人口、社会阶层与空间结构［M］. 北京：社会科学文献出版社，2017。

数据来源：2010 年第六次人口普查数据、北京市统计局统计信息网年度数据、区域数据和统计公报、北京市各区政府官方网站和统计局网站数据、国家卫计委流动人口监测数据等。

1.2 老城战略定位与保护重点

北京正在全面实施新一轮城市总体规划（2016—2035 年），城市战略定位是全国政治中心、文化中心、国际交往中心、科技创新中心。位于首都功能核心区的老城是“四个中心”重要的核心载体区，是历史文化名城保护的重点地区，是展示国家首都形象的重要窗口地区。[②] 在此目标指导下，北京城市总体规划（2016—2035 年）要求核心区优化空间布局，推进功能重组，处理好疏解与整治的关系。强调老城整体保护与复兴，建设承载中华优秀传统文化的代表地区，处理好保护与利用、物质与非物质文化遗产、传承与创新的关系，成为保有古都风貌、弘扬传统文化、具有一流文明风尚的世界级文化典范地区。北京城市总体规划（2016—2035 年）继续了老城整体保护的“十重点”，并在科学保护的基础上做好老城范围内文物腾退与合理利用工作，扩大开放，引导社会资本投入，实现文化遗产保护与传承。在老城范围内形成以各类重点文物、文化设施、重要历史场所为带动点，以街道、水系、绿地和文化探访路为纽带，以历史文化街区等成片资源为依托，打造文化魅力场所、文化精品线路、文化精华地区相结合的文化景观网络系统。

老城作为活态的城市遗产，将保持历史文化街区的生活延续性，传承老北京的文化记忆。为此，总规将核心区内具有历史价值的地区进一步纳

① 该指数是以一个街道某阶层人数除以该街道的从业人口数，该指数最大等于1，最小等于0。该指数反映一个街乡的社会阶层结构。

② 北京城市总体规划（2016—2035 年）。

入历史文化街区保护名单，通过腾退、恢复性修建，做到应保尽保，最大限度留存有价值的历史信息。扩大历史文化街区保护范围，使历史文化街区占核心区总面积的比重提高到 26% 左右。将 13 片具有突出历史和文化价值的重点地段作为文化精华区，强化文化展示与传承（图 1）。[①]

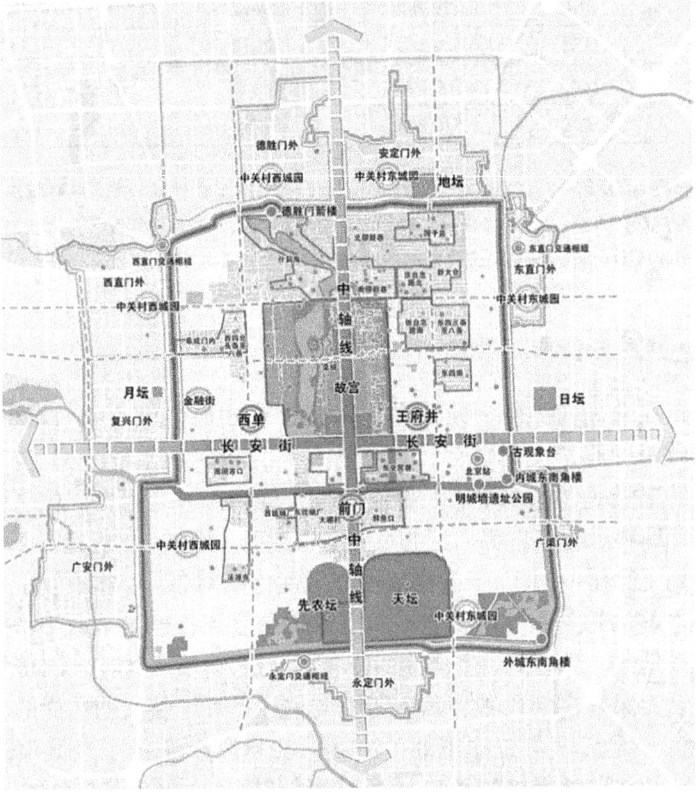

图 1　北京核心区（老城）空间结构

引自：北京城市总体规划（2016—2035 年）

在总规的战略引领和刚性约束下，核心区从聚集资源求增长向疏解功能谋发展转变，紧紧围绕服务保障首都核心功能，统筹推进非首都功能疏解、城市更新改造、城市精细化管理、产业优化升级和民生保障等工作，相继推出了一系列政策措施和试点探索，从重大项目、功能区建设、专项整治、功能疏解、产业提升、文化建设等诸多方面推进老城的整体保护与

① 北京城市总体规划（2016 年—2035 年）。

复兴，并积极推动核心区控制性详细规划编制，历史文化街区实现风貌保护管控导则全覆盖。

以减量提质为目标的城市发展面临着大量空间腾退与再生问题，触及到更为深层和广泛的社会经济问题。参与者也不仅仅只有地方政府，而是包含了更多的利益相关者。老城历史街区的更新与提升在社区治理①、街区整理②、街区责任规划师制度、“居商共融”③“共生院”④等创新模式上积极探索，搭建多元参与平台，完善工作机制，推进老城整体保护复兴，建立政府主导、指挥部统筹、街道主责的工作模式，统筹协调，形成覆盖区域、街道、街区、街巷胡同、老旧小区、平房院落的空间体系。

2. 老城遗产旅游概况

2.1 老城旅游产业供给

数据显示，北京市旅游接待总人数从 2008 年的 1.46 亿人次上升到 2018 年的 3.11 亿人次，同比增长 4.5%，旅游收入达到 5921 亿元，同比增长 8.3%，旅游购物和餐饮消费额占社会消费品零售总额的 24.2%。国内旅游市场占主导地位，外地来京旅游者数量增长稳健，长期占有总人次的 60% 左右，本市消费者也逐年递增（图 2）。2017 年，老城入境旅游人数达 132 万人次，占全市入境人数的 34%。2015 年老城旅游接待人数达 1.51 亿人次⑤，占全市总接待量的 55.3%，是当年老城常住人口⑥数量的 41 倍，游居比不断攀升，旅游者停留天数、消费水平也持续增加，旅游收入达到 1152.7 亿元，占全市旅游总收入的 25%，其中，旅游商业、旅行社、住宿业和餐饮业贡献突出，消费结构正经历从观光为主走向观光与休闲度假并重的结构性转换。

① 全市3177个城市社区全部建立了议事厅，“五民工作法”“街巷长制”“小巷管家”队伍也在逐步完善。

② 2017年11月，西城区率先在全市制定出台《西城区街区整理实施方案》《西城区街区整理城市设计导则》《西城区街区公共空间管理办法》，打破地区规划界限整体统筹，实施街区更新。

③ 前门地区引入文华东方酒店，探索“居商共融”新模式。

④ 在胡同疏解腾退与街区更新的大背景下老城探索的一种胡同更新创新模式，包含新老建筑共生、新老居民共生和文化共生三层含义。

⑤ 2015年西城区旅游接待总人数6579万人次，东城区旅游接待总人数8509万人次，数据来源于东西城区 2015 年统计公报。

⑥ 2015年东西城区常住人口为220万人，数据来源于北京市统计局分区常住人口数据（http://www.bjstats.gov.cn/tjsj/）。

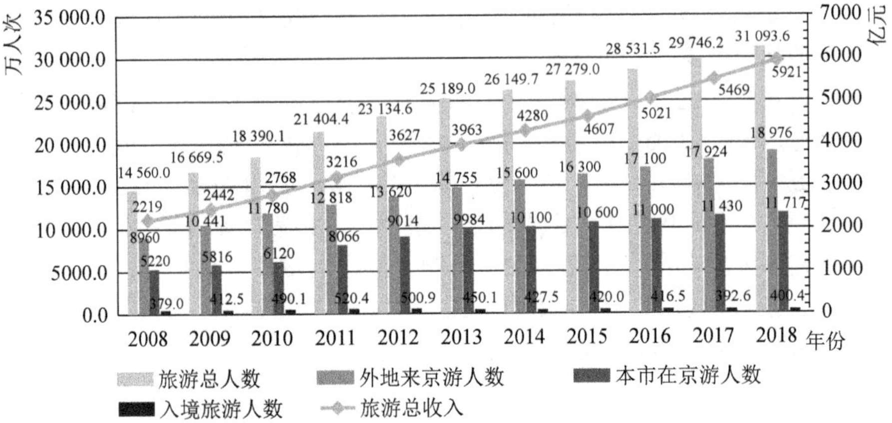

图 2　北京市旅游接待总人数及主要市场人数的变化（2008—2018 年）

数据来源：北京市统计局数据，http://tjj.beijing.gov.cn/

与此相对应，北京城市旅游供给数量与质量也在逐年稳步提升，2018年北京 A 级景区 248 个，在 8 个 5A 级景区中，老城拥有 3 个；旅行社 1192 家，北京首批高等级旅行社 19 家（5A 级），老城有 9 家，占全市 47%；星级饭店 450 家，老城有 133 家，虽然星级酒店整体受到市场环境方面的影响态势走低，但高星级酒店基本保持稳定，老城有五星级酒店 19 家，占全市 33%（图 3）。

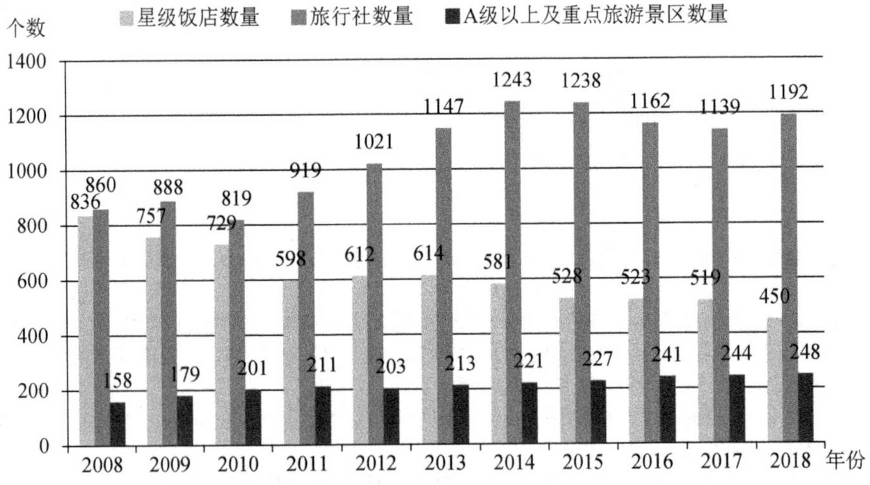

图 3　北京市旅游供给情况变化（2008—2018 年）

数据来源：依北京市统计局数据（http://tjj.beijing.gov.cn/）、北京市文化和旅游局官网（http://whlyj.beijing.gov.cn/）、北京旅游统计年鉴相关数据绘制除了上述传统旅游产业的“老三件”外，更多更为丰富的旅游产业类型如雨后春笋般涌现，他们与农业、工业、文化传媒业、娱乐业等产业相融合，产生了大量的特色文化空间。传统产业通过与文化旅游跨界合作探索新型商业模式吸引消费者，反映了城市空间旅游化的活跃现状。以老城民宿为例，大量面向城市散客的各类文化酒店、精品民宿等非标住宿产品蓬勃发展，既盘活了老城腾退后的空间存量，其鲜明的地方特色也迎合了城市文化休闲的旺盛需求。其中的传统四合院民宿是最受游客欢迎的类型，大多集中在什刹海、南锣鼓巷、东四胡同、景山、雍和宫、国子监等老城历史街区，特别是老城特色商业街附近。图 4 是根据小猪短租显示的民宿数量与分布绘制的老城民宿空间关系图。

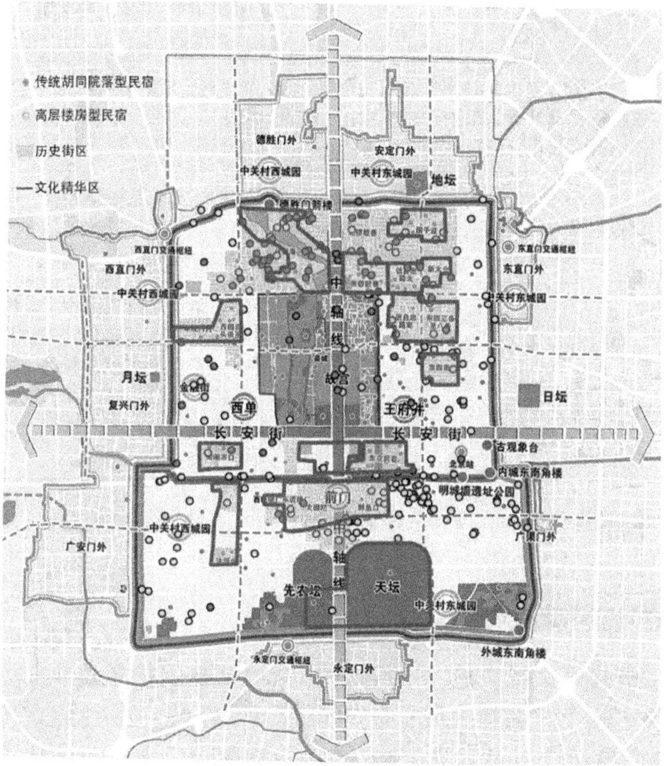

图 4 老城民宿空间分布与历史街区关系

数据来源：小猪短租，自绘

此外，政府也着力自上而下加大城市供给侧结构性改革，利用城市特色街区、特色功能区[①]推进区域旅游综合改革。东西城区相继建设有 15 条特色街区、15 个特色功能区，加上全市范围内的 3 个老城旅游功能区和 7 条特色街道，形成了以环境改造综合提升为目的、以旅游项目为引领、旅游资源要素和服务要素综合配套的聚集地，有效发挥了产业集聚功能、资源整合功能、产业协作功能和辐射扩散功能[②]。

表 2　北京老城特色街区与特色功能区

区域 / 策略	特色街区	特色功能区
西城区	琉璃厂东西街、大栅栏商业街、烟袋斜街、什刹海茶艺酒吧街、荷花市场、护国寺小吃特色街、大栅栏西街、马连道“中国茶叶一条街”	什刹海历史文化保护区、大栅栏传统商业区、天桥演艺区、西单商业区、琉璃厂艺术品交易中心区、广安产业园、北京金融街、德胜科技园、马连道地区、北展地区
东城区	前门大街、鲜鱼口、南锣鼓巷特色街、五道营特色商业街、红桥市场、南新仓文化休闲街、簋街特色商业街	前门历史文化展示区（前门商业区）、王府井区域、中关村东城园、和平里商务新区、永外现代商贸区
老城	三横四纵为代表的文化景观街道	中轴线文化旅游体验区、前门大栅栏文化商业旅游体验区、什刹海南锣鼓巷休闲旅游体验区
主要实施策略	以文化为核心，以业态调整为突破口，积极引导发展文化主题类业态，逐步推动特色商业街区从以商业为主的业态格局向文化主题业态格局转型，创新工作机制，统一规划，统筹管理	以旅游大项目为引领，旅游资源要素和服务要素综合配套，突破行政区划限制，实现资源整合利用，转变旅游发展方式，通过机制创新，以区域旅游综合改革的方式，高位推动功能区各项工作的展开

根据东西城区政府官网、北京城市总体规划（2016—2035 年）等整理而成

2.2 遗产旅游发展现状

目前北京共有文物古迹 7309 项，国家级文物保护单位 126 处，市级文物保护单位 326 个，区级文物保护单位接近 800 处，43 处北京历史文化保护区，7 项世界遗产以及入选 UNESCO 人类非物质文化遗产代表名录项目 10 项，是我国拥有顶级文化遗产资源最多的城市，具有极强的旅游吸引力。

①② 北京市人民政府. 北京市人民政府关于印发本市旅游功能区规划建设和加快旅游产业发展有关意见的通知［EB/OL］. http://www.bjta.gov.cn/xxgk/zcwj/wgfxwj/366109.htm.

当前，随着文物建筑的进一步开放与利用，越来越多的文旅项目参与其中，用于展览展示、参观游览、文化交流、公共服务、文化体验服务、非遗传承、公益性办公等，遗产越来越多地走进日常生活，成为大众旅游的焦点。表3显示了老城主要的遗产存量与旅游规模的关系，老城以大约占全市0.5%面积的空间承载了近一半的高品级遗产资源和旅游客源。

表3　北京老城主要文化遗产存量与旅游概况

区域/占比	主要景区接待人数（万人次）			文化遗产（个）				文物博物馆[①]	
	2016年	2017年	2018年	世界遗产	文物保护单位			数量（个）	接待人数（万人次）
					国家级	市级	区级		
东城区	7511	7256	7093	2	35	70	58	7	244
西城区	5524	6382	7577	1	45	61	78	9	179
全市	30 351	30 402	31 131	7	126	326	约800	43	1031
老城占比	43%	45%	47%	43%	63%	40%	17%	37%	41%

数据来源:《北京统计年鉴》2016年、2017年、2018年，东、西城区文化和旅游局以及北京市文物局官网等

上述文化遗产与旅游的关系通过大数据可以更为清晰地反映在城市空间上，我们以Flickr社交平台2005—2017年北京市地理标记照片为数据基础，利用密度聚类（P-BDSCAN）方法识别旅游热区并按其热度排序[②]，可以看出老城旅游活动主要围绕着文化（遗产）资源集聚成片，根据主导功能与性质主要集中在传统观光景区和历史文化街区两类热区，分布在中轴线部分及老城东部，呈现出与城市休闲娱乐、餐饮购物等服务设施及相关产业空间重叠的复合趋势（图5）。这种遗产与旅游之间的依存互动关系，是推动城市更新与环境提升的强大变革力，也为老城遗产保护和城市管理带来巨大挑战。

① 北京文物局系统博物馆统计，引自北京市统计局2017年数据（http://www.bjstats.gov.cn/tjsj/）.

② 唐鸣镝，秦静，黄震宇，et al. 北京城市旅游功能热区的演变与规划响应［J］. 规划师，2018，34（4）：88-94.

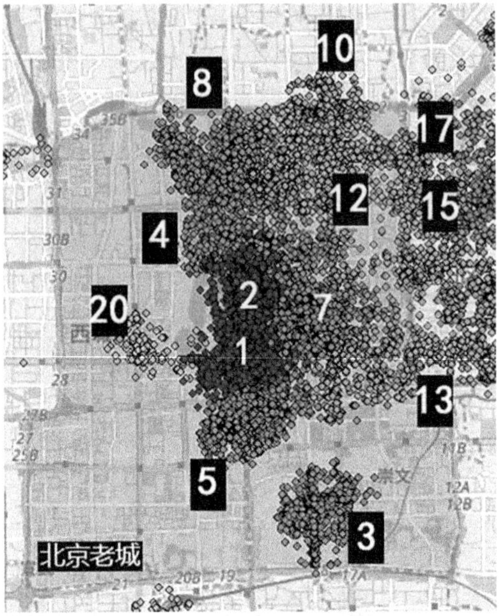

图 5　通过 P-DBSCAN 算法聚类得到的北京老城旅游热区分布

数据来源：2005—2017 年 Flickr 北京市游客地理标记照片，自绘

表 4　图 5 中旅游热区 Top20 中老城区域名称、排序及属性

热区	老城热区名称	功能类型	热区	老城热区名称	功能类型
No.1	天安门广场	传统观光景区	No.8	什刹海 – 南锣鼓巷	历史文化街区
No.2	故宫	传统观光景区	No.10	雍和宫 – 国子监	历史文化街区
No.3	天坛	传统观光景区	No.12	张自忠路	历史文化街区
No.4	北海 – 景山	传统观光景区	No.13	建国门 – 北京站	城市商务区
No.5	前门 – 大栅栏	历史文化街区	No.20	西单 – 金融街	城市商业、商务区
No.7	王府井	城市商业区			

3. 老城遗产旅游的压力与挑战

3.1 遗产的压力与问题

历史文化名城历史悠久、遗产丰富，从改革开放伊始就承担了重要的旅游接待任务。随着旅游从单一接待创汇的行政事业发展到全民休闲的国

民经济重要产业，旅游业的转型变化深刻影响着北京以及其他全国历史名城的城市风貌与遗产保护的状况。特别是21世纪以来，城市被更多地赋予了经济活动组织者的身份，并以经济活动、创新和文化中心为发展目标。在此背景下，很多以历史文化为主的城镇街区将文化遗产产业视为复兴、发展和提升的基础。全球化的资本与文化遗产商业化紧密结合在一起，日益增长的需求也促使地方政府积极出台新政来鼓励文化复兴、提高城市竞争力，利用文化遗产作为其最重要的路径。城市遗产也因此遭遇了前所未有的环境压力与变化，这是一个全球性的问题。

北京老城作为首都核心区，在城市“四个中心”的目标导向下，遗产保护传承与旅游发展促进的平衡工作更为艰巨，老城在全球化与旅游化的冲击下至少面临以下两个基本的严峻现实。

3.1.1 过度旅游问题

“过度旅游”（overtourism）这个曾经的网络词语成为欧洲乃至全球社会广泛关注的重要话题。2017年，意大利、西班牙、葡萄牙、希腊以及其他南欧国家的多个城市掀起了反游客的示威游行活动，从威尼斯到巴塞罗那，市民因不堪忍受游客过多造成的城市拥挤而走上街头，在西班牙甚至有人在墙上贴上“游客等于恐怖分子”“游客在杀死城市”的标语。“过度旅游，增长并非敌人，问题在于如何对其加以管理”也成为2017年UNWTO与世界旅游交易会部长峰会的主题①。

同样的情况也发生在我国，过度拥挤的遗产旅游使遗产受损与游客满意度下降。体现在北京老城则问题更为突出，其高品级景区资源和吸引力使得旅游成为不可避免的现实。前述北京城市核心区的旅游强度远超其他区域，游客比重占全市近70%，其中景区（点）的接待量更是占全市近80%②。旅游作为城市更新、创造美好生活的重要推动力，如何更好地服务社会、服务城市的问题摆在新一届政府的面前。当前，在四个中心的目标指引下，在疏解非首都功能的任务前提下，北京市政府提出“努力使核心区静下来”。这里的“静下来”并不是不要旅游，而是要“有序”的旅游、令人民群众更加满意的旅游。而如何“静”，则需要更深入的策略研究。

3.1.2 过度商业化问题

在市场的裹挟下，遗产作为资源成为产业，过度商业化成为最为突出

① 宋瑞，金准，李为人，等. 2017—2018年中国旅游发展分析与预测［M］. 北京：社会科学文献出版社，2018.

② 北京旅游学会. 北京旅游发展报告（2017）［M］. 北京：社会科学文献出版社，2017.

的基本现象。作为开放区域的老城历史街区自 20 世纪 90 年末至今经历了几轮经济发展的冲击。2001 年北京的烟袋斜街在建成之初，借用了欧洲城市更新的思想，通过政府投入市政基础设施改造公共空间，激活整个街区的升值，促使交易活动和房屋修缮的发生。作为当年的样板工程，针灸式的疗法促进了整个区域的活力，烟袋斜街成为治疗什刹海历史文化保护区的关键穴位。彼时政府对于城市商业活跃的鼓励带着强烈的示范作用，“原来卖光盘的地方变成了酒吧间，紧闭着的大铁门变成了一家茶馆，发廊变成了旅游工艺品店，一年内就发生了明显变化”①。从当年的这段采访中可以看出历史街区商业的快速兴盛，也折射出当时的政策导向以及规划管理对旅游化影响的经验不足，谁也不会料到交给市场后的历史街区会全面迅猛转向商业服务并广泛波及周边社区，游客与资本的裹挟涌入对当地居民生活和社会结构带来了深远巨大的影响。

旅游活动带来的全球化资本和趋同的消费彻底冲洗了原来地方的特质，带来同质化。大量遗产研究倾向于对旅游商业化现象进行批判。丽江、周庄曾经一度被视为中国文化遗产过度商业化的典型，旅游界的相关研究也认为旅游发展导致遗产地人工化、商业化、城市化等问题，破坏遗产地自然人文环境，影响游客的真实性旅游体验，制约遗产地旅游可持续发展，而一些非物质文化遗产的商业化影响了文化的原真性，影响传统文化的传承。

上述过度旅游、过度商业化这两个基本矛盾问题都暴露了遗产保护主体缺失的现状，资本与权力自上而下直接影响了历史街区发展的走向，从而引发了一系列遗产保护更为深层的危机，包括：地方精神沦丧、身份认同危机、遗产主客体倒置等更深层的问题。时代更迭、社会变迁，推动城市发展不可逆转的力量改变着遗产保护的环境，而“保护的基本目的不是要留住时光，而是要敏锐地调适变化的力量。保护是作为历史产物和未来改造者对当代的一种理解”②“物质和非物质遗产是社会凝聚力的源泉，是多样性的要素，是创造性、创新性和城市更新的推动力。我们必须更努力地驾驭这股力量”③，并努力找寻驾驭它们的方法。

---

① 宋瑞，金准，李为人，等. 2017—2018年中国旅游发展分析与预测［M］.北京：社会科学文献出版社，2018.

② Garnham, H.L., Maintaining the spirit of place. Governance，1985. 27（1）: p. 1–8. 转引自张松，历史城市保护学导论（第二版）［M］. 上海：同济大学出版社，2008.

③ 教科文组织总干事伊琳娜·博科娃女士于世界城市论坛的发言，那不勒斯，2012.

3.2 遗产的机遇与挑战

在新常态、新经济背景下，以旅游为代表的第三产业服务业作为主导产业被国家政策加持，发展的风险与机遇并存。“创新驱动”带动经济发展将成为未来很长一段时间里的动力源泉，这一动力与城市功能的变化和空间资源的再利用以及城市遗产保护都有着非常密切的联系[①]。2016年，国务院《关于进一步加强文物工作的指导意见》，强调丰厚的文化遗存对于传承中华民族优秀文化精神、增强社会凝聚力和国家软实力具有不可替代的文化价值，强调在保护中发展、在发展中保护，坚持公益、创新、依法、服务的原则，指明了新时代遗产保护的新方向。“让收藏在博物馆里的文物、陈列在广阔大地上的遗产、书写在古籍里的文字都活起来”[②]，“处理好城市改造开发和历史文化遗产保护利用的关系，切实做到在保护中发展、在发展中保护”[③]，这些重要指示为文化遗产的旅游和文化遗产的合理利用指明了方向。2017年，党的十九大再次强调，要加强文物保护利用和文化遗产保护传承，积极发挥遗产传承与服务的功效。2017年出版的《中国文化遗产事业发展报告（2016—2017）》蓝皮书以“自觉主动融入经济社会发展大局，努力走出一条符合国情的文物保护利用之路”为主题进一步统一思想，凝聚全社会的力量[④]。2018年，在国家机构改革中文化和旅游部批准设立，遗产与旅游的关系更加密切，文化与旅游将以融合发展为主线，以守正创新为动力，实现新的突破和跨越。

现阶段，我国遗产保护事业进入到一个蓬勃发展的黄金时期，遗产保护肩负了民族文化复兴与文化自信的使命，也承载了社会发展的时代责任。在遗产保护主动积极融入社会生活过程中，在遗产保护战略的引导下，众多优秀的城市遗产的产业化利用使得城市旅游日益活跃，特别是资源富集的老城。据统计，遗产旅游作为遗产正面贡献主体的“大头”，其增加值在对国民经济和社会发展的贡献份额中始终保持在72.5%左右（扣除重复计算）的大份额，特别是十二五期间，随着经济复苏和旅游产业的大发展，

---

① 张桦．宁镇扬历史文化名城与旅游发展关系探析［J］．东南大学学报（哲学社会科学版），2012，（S3）：98-102.

② 习近平2014年3月在巴黎联合国教科文组织总部的演讲。

③ 习近平2014年2月在北京考察工作时谈城市历史文化保护。

④ 苏杨，张颖岚，卓杰，等．中国文化遗产事业发展报告（2016—2017）［M］．北京：社会科学文献出版社，2017.

以及文物系统日益强调文物的合理利用，遗产旅游有了大幅提升[①]（图 6）。旅游给城市遗产保护带来了发展机遇与严峻挑战，也是当前城市发展面临的客观现实。随着经济社会的迅速发展，文化遗产在社会发展中的影响不断凸显，对文化遗产保护提出了更高的要求。如何从单纯对文物的保护，逐渐发展成展示、利用与保护并重，特别是如何利用旅游推动遗产保护发挥其积极的效应，综合考虑文化遗产保护的社会效益，更加强调保护对社会发展的促进作用，是当今文化遗产保护要重点解决的问题。

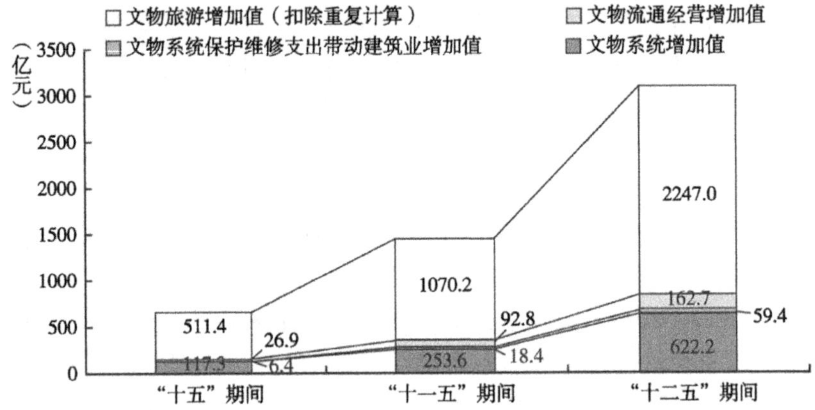

图 6　“十五”“十一五”“十二五”期间全国文物系统对国民经济贡献构成

引自：苏杨等，中国文化遗产事业发展报告（2016—2017）

4. 遗产与旅游协同路径建议

4.1 遗产传承与可持续旅游观念

遗产的保护利用必须有严格的保护制度与法规保障，在依法保护的基础上对遗产进行“加工”，才能使遗产文化融入国民的文化生活。旅游是文化交流最重要的载体，文化遗产需要旅游实现和发挥其社会、经济、情感、教育等价值。不论是遗产事业还是遗产产业，在遗产系统中主要是通过旅游等传播方式把文物从资源转化为市场需要的产品再到商品，这个过程既要符合遗产事业的政策法规，也要符合旅游产业的基本规律。

遗产保护要融入社会生活。“历史城市的遗产与活力是吸引创意产业、

① 苏杨，张颖岚，卓杰，等. 中国文化遗产事业发展报告（2016—2017）[M]. 北京：社会科学文献出版社，2017.

商业以及旅游的一项重要的资本”[①]，创意与遗产、社区与复兴、全民与创业，随着更多的具体而微观的利益相关者进入遗产保护的视野，居民、商家、旅游者、不同的NGO以及社区一级地方政府都成为了遗产保护的力量。而大量鲜活的实践探索也在城市展开，比如北京大栅栏社区、史家胡同等，社区规划师这一角色在我国现阶段城市规划中也开始逐渐显现。作为活态的非物质遗产，“要处理好继承和创造性发展的关系，重点做好创造性转化和创新性发展”[②]，要践行在提高中保护、走进现代生活、见人见物见生活的生态保护理念。

遗产保护要体现当代价值。在发展转型过程中，传统的旅游业价值观和思维模式面临着被“底层格式化”，即从认知基础上的解构和重构传统旅游[③]。“遗产＋”“文化＋”成为创新动力，“城市进程的推动力”[④]（urbanistic impulse）可以将保护与规划、设计和教育等多种学科领域关联起来，创造各种群体的合作伙伴关系，实现更广泛的社会目标。诸多遗产保护因为创新内容的改变与植入焕发了生机与活力，通过文化资源的利用、文化创意的引入，提升旅游品位，丰富旅游业态，增强产品吸引力，拓展旅游发展空间。遗产展示、深度体验、文化消费等现实需求与价值体现，将有可能成为对于遗产保护的一种新时代的文化注解与可持续发展的支持。

遗产保护要培养可持续旅游的观念。遗产保护是新世纪旅游业转型与变革的重大挑战，人们认识到旅游“更多并不意味着更好，而增长并不意味着发展”[⑤]。1995年，UNESCO、UNEP和UNWTO在《可持续旅游发展宪章》及《可持续旅游发展行动计划》中提出必须建构一套完整的规划和管理方法，确保旅游为遗产的可持续保驾护航。行动计划包括：正确评价旅游对全球可持续的贡献；制定以可持续发展为宗旨的旅游发展规划；发挥旅游业主要参与者的作用；提高旅游业在当地经济中的作用；优先考虑的地方包括历史名城；辅助性手段包括教育、解说、信息交流等[⑥]。从纲领到计划，

① 瓦莱塔原则的立场文件，CIVVIH Position Paper。

② 2014年习近平在主持第十八届中央政治局第十三次集体学习时明确提出了以“双创”为核心的非遗保护理念。

③ 魏小安．第四次旅游革命［J］．旅游学刊，2018，（02）：11-14.

④ 兰德尔·梅森，卢永毅，潘钥，等．论以价值为中心的历史保护理论与实践［J］．建筑遗产，2016，（03）：1-18.

⑤ Hall C M. Changing Paradigms and Global Change：From Sustainable to Steady-state Tourism［J］. Tourism Recreation Research，2010，35（2）：131-143.

⑥ 魏小安，张凌云．共同的声音：世界旅游宣言［M］．北京：旅游教育出版社，2003.

人们在遗产与旅游协同发展上摸索出一套指导实践的理论与方法，包括可持续发展战略、制度层面的顶层架构、管理框架以及具体的管理手段。实施关键突出体现在旅游目的地层级上的遗产、社区、旅游三者之间的关系上，换句话说，围绕着利益相关者，以地方政府、当地居民、旅游者为主体的作用关系已成为遗产保护可持续的核心。

4.2 景区疏导与精细化管理

老城的规划重点在结构调整、综合治理、业态升级、有序旅游，使得核心区旅游“静下来”，防止过度商业化，从严管理旅游秩序，动态管理游人容量，提高游客满意度，质与量兼得。

对于老城标志性景区，一直以来都是旅游最为重要的核心吸引物，是造成强劲旅游流的磁极，是游客心目中神圣空间的地标。作为城市中特殊独立的意义存在，景区集中的人流是遗产管理中的关键，除了自身内部的管理，也涉及周边的城市公共空间管理。要解决快速疏导与旅游体验之间的矛盾，需要建立智慧管理体系、建立交通集散体系有效引导旅游流，实施精细化管理。北京由于资源丰富、旅游人数规模大，需要建立多种运营体系在老城内部、城与郊之间协调部署，包括旅游观光专线、城市夜景观光专线、观光巴士等，需要优化部署现有散客集散体系。一方面通过老城内的旅游交通系统进行快速游览和疏导，在兼顾城市基本的生活生产需求的前提下与周边城市交通进行综合统筹；另一方面在北京城市遗产体系的拓展完善下，将更多的遗产路径和廊道作为遗产的一部分纳入系统，继而依托交通、事件、旗舰项目等引领，持续培育热点稳定的功能区吸引力，进一步完善城市遗产格局。

此外，需要外移现有旅游集散中心，将城市公共交通系统特别是轨道交通与旅游集散有效衔接，疏散大规模旅游流。市域空间是老城遗产空间的发展腹地，需要建立在市域尺度下的集散平衡体系，以帮助老城与其他区域建立关联，建立现代都市旅游集散体系，改变城市特别是首都城市单中心的格局，构建“老城 + 外围枢纽 + 节点”的空间结构。健全综合旅游集散服务体系，大力依托公交系统，建立以 P+R（郊区轨道枢纽的自驾换乘）、B+R（城区公交系统的共享单车换乘）为基础的 T+R（旅游枢纽换乘）旅游交通服务体系，以此支持全域旅游发展。T+R 旅游交通服务体系，可以在 TOD 发展导向下，将现有以职住目标为主的单一交通换乘进行“旅游化”延展，即旅游集散服务体系与郊区轨道枢纽、城区公交系统相结合，让旅游更好地深入生活，以集散体系带动遗产地的整体保护与发展。

4.3 居民主体与遗产社区治理

随着我国社会民主进程的发展，城市遗产保护要满足当前包括发展旅游在内的各种挑战，是一项高度敏感、富有争议的政治、经济、民生的综合工作。遗产保护不应是僵化的、自上而下的行动，而应该是在包容性、无差异与开放的城市发展方向中持续地考虑社会、经济与政治的多元要求。老城需要保护，不拆不拓，留住原住民，也需要腾挪，需要“退二进三”的产业升级，需要还历史旧账，适量地疏解人口与低端产业是其唯一的出路。现阶段我国遗产保护已成为全民运动，社区共治、利益共享共建问题是保护的社区前提，通过社区治理机制建立共治平台，建立推广“参与型”社区协商模式，逐步将公共服务、公益事业等事项纳入民主议事范畴。要通过提高公众参与水平，鼓励市民志愿参与城市管理服务，发挥社会工作者专业服务作用，支持和规范服务性、公益性、互助性社会组织发展，推动企业积极主动履行社会责任，鼓励新闻媒体开展舆论监督，形成多元共治、良性互动的治理格局。要畅通公众参与城市治理的渠道，围绕城市治理突出问题和重大事项，开展社会公众共商共议活动，建立城市管理公众评价机制，完善公众意见采纳情况反馈机制，广泛凝聚社会共识。老城遗产的治理重点在于在有限的空间中达成遗产多方利益的平衡，在有序疏解的基础上建立共享共治平台机制是其主要策略。

虽然公众参与喊了若干年，但实际情况还是不容乐观，目前的程序或制度也远未成熟，也缺乏相应的机制保障，公众参与多以试点区域进行，以项目来推动参与，民众的参与深度大多还停留在被动理解与执行，缺少主动参与的意识。由于遗产社区的社会结构不同，公众参与的深度与力度也会因地而异，需要因地制宜，通过社区营造等多种路径提高原住民遗产意识与价值认同。大栅栏地区、史家胡同、什刹海白米斜街等社区治理探索，社区能人的挖掘与培育，以及社区规划师通过专业介入扎根社区全程参与社区公共空间微更新项目等积极尝试，为社区参与做出了很好的示范效应，相关的经验和不足有待更多地积累与总结。

4.4 主客共享与地方价值共创

老城是城市历史积淀最深厚的地方，经历了时间层积富含大量密集的城市遗产，拥有浓郁的历史人文气息与生活活力，既具备成熟的城市公共服务设施又有充足多元的旅游接待设施，是外来旅游者首选的驻留地。老城的人口拥堵也是普遍的客观存在，游客的涌入更加剧了集聚的程度，成为热区与热度双高集中的地方。

在保护与更新的发展语境下，旅游作为关联性最强的综合性产业，是在产业重组、社区重建、旧城复兴等方面最有效的柔性手段，整体保护的老城在小规模渐进式的更新中逐步恢复了活力。除了什刹海、大栅栏等传统旅游区的深度提升，史家胡同、白塔寺社区、鲜鱼口社区等传统老旧胡同居住区开始了各种社区复兴的尝试，工业遗产在产业升级的契机下与文创产业结合也生发出很多都市亮点。最为可贵的是过程中产生了像大栅栏跨界中心、史家胡同风貌保护协会这样的社区自治体，协调着社区居民、开发商、管理者、规划设计者、商家、游客等多方利益诉求，社区在老城旅游与利用中发挥着越来越举足轻重的作用。社区共享共治平台的建立将满足各种人群对多元集聚的共享需求，利用平台集聚，激励消费者成为内容生产者、价值共创者，供其他消费者消费，让优质内容自我发展、流动，着力培育这种内生性的发展动力[①]。老城只有在共享共治融合发展中才能跳出“小旅游”的框框，在遗产保护、城市更新更大的框架下得以重塑。

在流动与多元的时代中，旅游和其他活动之间的界限正在消失，由于各种原因在城市中长期、短期停留的人流，在参与中不断改变重塑着地方认同。当下的共享经济无疑更加加剧了这种流动性，共享经济提供的住宿、交通、导游服务等对现代旅游业与旅游体验产生了颠覆性的影响，“共享”使得游客不再是“旅游”在异地，而是“生活”在异地。住宿和交通等设施条件的变化，使游客可以将惯常环境的社会关系“举家”完整地带入到异地的旅行环境中，完成流动的整体转移。住宿、交通、通信方式的改变，也使旅游者有了更多行动与认知的自由，穿梭于城市的大街小巷、远山近景，与当地消费者的行为深度同步。共享使游客拥有城市的“家”，串接出几乎与市民相同的生活场景，游客成为地方精神重建的一员，而不是旁观的凝视者。流动性使得遗产保护更加复杂多元，凸显了游客管理、社区治理的重要性，强调旅游部门或公共部门更好的公共服务，更强调“细水长流”的动态管理思路。

---

① 厉新建，张凌云，崔莉. 全域旅游：建设世界一流旅游目的地的理念创新——以北京为例［J］. 人文地理，2013，(03)：130-134.

第三专题——康养旅游发展

北京市康养旅游产业发展报告[①]

武守强，李朋波，张　超，朱志胜

前　言

康养在中国传统中有着丰富的文化内涵和深厚的文化底蕴，不论是远代先贤在养生哲理的阐述中还是对文化要素的养生理念里均有所涉及，而在当代，习近平总书记在十九大报告中指出“要积极应对人口老龄化，构建养老、孝老、敬老政策体系和社会环境，推进医养结合，加快老龄事业和产业发展”。在“健康中国”正式成为中国发展核心理念的背景下，康养旅游产业将在未来迎来重大发展机遇期。伴随着“健康中国 2030 康养规划纲要”逐步落地执行，中央近年来也出台了一系列推动发展政策，从多个方面开始鼓励地方开展康养旅游产业建设。康养 + 旅游将成为下一步中国各地健康水平提升和旅游产业发展的主流特色发展模式之一。田园康养、养老社区、森林康养等新一批康养旅游商业模式逐渐打造出来，在迎合了当下人们注重养生心理的同时也充分利用了既有的自然与人文资源。北京地区也通过制定《“健康北京 2030”规划纲要》进一步明确了北京地区健康

---

① 武守强，男，管理学博士，北京第二外国语学院旅游科学学院讲师，北京旅游发展研究基地研究员，主要研究领域包括组织行为与人力资源管理、领导行为、组织文化等；李朋波，男，北京第二外国语学院旅游科学学院院长助理，副教授，健康产业管理系系主任，北京旅游发展研究基地研究员，主要研究领域包括领导力与组织行为、人力资源管理、管理创新与变革等；张超，女，经济学博士，美国密歇根州立大学访问学者，北京第二外国语学院旅游科学学院教授，硕士生导师，北京市中青年骨干教师，兼任中国医疗保健国际交流促进会国际医疗旅游分会委员，中国旅游研究院饭店产业研究基地成员，北京市饭店星评员，主要研究领域为制度约束下的旅游消费行为、健康消费行为与生活质量、康养旅游产品开发与规划；朱志胜，经济学博士，北京第二外国语学院旅游科学学院讲师，北京旅游发展研究基地研究员兼秘书长，主要研究领域为早期人力资本投资、移民创业、老年健康与养老服务、应用微观计量经济学等。

体系建设的详细步骤与具体目标。这份纲要是北京地区康养产业发展的纲领性文件，为北京地区康养产业发展提供了指导性意见。

目前我国 60 岁以上人口已经达到 2.5 亿，在第十三届全国人大第二次会议的政府工作报告中指出“要大力发展养老特别是社区养老服务业，对在社区提供日间照料、康复护理、助残助行等的服务机构予以税费减免、资金支持等优惠扶持”。随着中国人口老龄化趋势加快，人口康养问题的严重性和必要性也逐渐成为焦点之一。在诸多养老社区如火如荼开展的同时，康养产业究竟如何发展仍面临着很多困惑和挑战。而在北京地区，康养旅游产业也已经成为重要的发展趋势，北京地区老龄人口持续增多，亚健康群体规模不断扩大，居民健康意识不断提升，同时北京地区拥有丰富的旅游资源以及传统文化资源，这些都是大力发展康养旅游产业的重要基础。目前北京地区康养产业也已经有了长足的发展，已经初步形成部分知名康养社区、养老中心、太阳城社区等模式。

1. 康养旅游：理念与背景

与一般意义上的健康、养老、养生等概念相比，康养产业囊括了养颜健体、营养膳食、修心养性、关爱环境等功能，让人们在身体、心智和精神上都能够达到自然和谐的优良状态；康养旅游更是将康养功能和旅游功能实现有机统一，既可以作为一种持续性、系统性的行为活动，又可以体现短住、疗养、康复等短暂性、针对性的功能。《中国康养产业发展报告（2017）》对康养能够实现的功能从三个维度上进行了阐述，报告指出康养会兼顾到生命的三个维度：首先是从生命长度上看，康养会提升个体的寿命，延伸生命长度；其次是生命丰度，即个体在精神层面的丰富性，康养可以丰富和扩充个体的精神生活；最后是生命自由度，即个体所获得高质量的生命历程。尽管目前在关于康养的内涵界定时更多指向了养老健康，但从三个维度上来看，不论处在生命的哪个阶段，均存在不同类型的康养需求。[1]

随着经济水平的发展和国民对健康的关注，健康已经成为人们生活中的一种普遍追求，不论是高龄人口还是亚健康人群，对健康和养老的诉求不断上升。近些年国家层面出台的相关政策不断落地实施，健康养老和相关康养旅游模式也在积极探索，康养旅游产业市场前景巨大。从需求端来看，康养旅游市场未来发展趋势主要基于以下三个基本背景：第一，老龄化程度进一步加深，亚健康群体规模扩大，健康诉求呈现出多元化发展。

早在2000年时我国65岁以上人口占比已经达到7%，步入老龄化社会，且之后持续升高，老龄群体规模的上升激发了“银发经济”市场的壮大，老年健康产品与服务有较大的发展。此外，较多亚健康群体也对养生提出了新的诉求，职业病、心理疾病等新型亚健康病症比例逐渐上升，国民对健康的诉求呈现出多元化、多样化的发展趋势。第二，多种疾病发病率升高，居民健康意识逐步提升。有报告指出，中国居民慢性病患病率短时间有了较大的升高，癌症、糖尿病和高血压发病率未来预期也逐年走高，健康问题日趋严重在很大程度上推动了康养产业的快速发展，国民健康意识逐渐提升，人们开始关注生态环境与生命健康和谐共生的有机联系，营养保健以及生态养生成为人们追求健康的新的发展趋势。第三，居民可支配收入稳步提升，国民健康消费行为逐渐增多。经济条件是国民消费的基础，我国城镇居民可支配收入逐年上升，不断增长的人均收入和居高不下的储蓄率潜移默化地影响着人们的健康观念，刺激着人们增加在康养方面的投入，这是对康养产业发展的物质保障和基础。

北京地区康养产业发展也存在巨大市场和发展前景。一方面，从老龄人口群体规模来看，北京市已经到达较高水平的老龄化阶段。2019年10月北京市老龄工作委员会办公室发布《北京市老龄事业发展报告（2018）》，报告指出北京市老龄人口增速快、老龄化程度高，截至2018年底，60岁及以上常住老年人口已达364.8万人，比2017年增加6.6万人，占北京市常住人口的16.9%，已经达到较高水平的老龄化程度[2]。另一方面，北京地区居民可支配收入稳步提升。在全国范围内处在靠前排名位置，居民可支配收入是北京地区康养产业发展的基础，北京地区较高的居民可支配收入能够保证较高的健康投入。

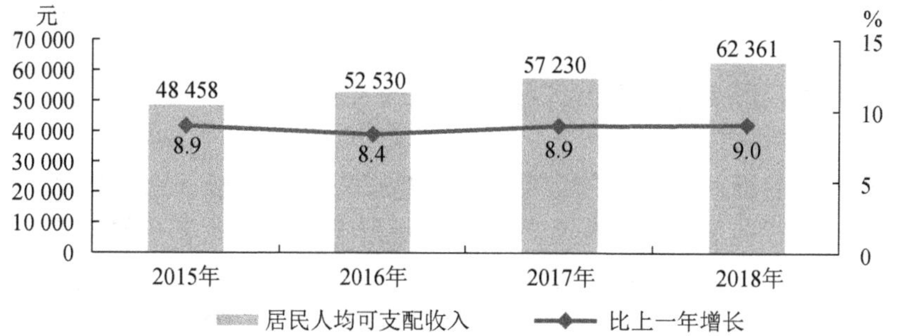

图1 北京地区居民可支配收入数据（2015—2018年）

数据来源：北京市统计局公开资料

在健康中国战略实施背景下，北京地区也制定了《“健康北京 2030”规划纲要》（下文简称规划纲要）。规划纲要指出，健康北京 2030 的总体目标是“到 2020 年，城市健康基础设施水平全面提升，城乡健康环境条件持续改善，影响健康的主要因素得到积极治理，居民健康生活方式广泛普及，人均期望寿命稳步增长，市民健康水平明显提高，健康城市建设水平位居全国前列；到 2030 年，与国际一流的和谐宜居之都相适应的现代化卫生与健康治理体系基本建立，人人享受健康生活、人人享有基本医疗卫生服务、人人拥有健康环境的局面基本形成，人均期望寿命、婴幼儿死亡率、孕产妇死亡率等主要健康指标继续保持国际先进水平，健康中国首善之区基本建成”。规划纲要同时还对未来北京地区健康服务业总规模做出了预期，到 2020 年北京市健康服务业总规模预期达到 0.8 万亿元，到 2030 年将达到 1.6 万亿元。在“优化老年人健康服务”一栏中，规划纲要指出“推进老年医疗卫生服务体系建设，推动医疗卫生和养老服务相结合，将医疗卫生服务延伸至社区和家庭，支持养老机构开展医疗服务，为老年人提供预防保健、治疗期住院、康复期护理、稳定期生活照料以及临终关怀一体化的健康和养老服务。建立健全对经济困难的失能和高龄老年人照护服务补贴制度，支持、引导商业保险机构开发长期护理保险，为老年人提供多层次长期护理保障。推动康复辅助器具产业发展。推进公共服务场所和老年人家庭无障碍设施建设，努力将北京建设成老年友好型城市。加强人口老龄化国情市情教育，树立健康老龄化、积极老龄化的理念，提高老年人生活生命质量。到 2030 年，老年人健康管理率保持 70% 的水平，每千名户籍老年人养老机构床位数达到 40 张以上，为失能老人服务的护养型床位达到总床位数的 70% 以上，养老机构床位使用率达到 80% 以上”。规划纲要为北京康养产业发展提供了指导思路，对未来北京地区康养产业的发展有重要意义[3]。

2. 典型康养企业的运作模式

康养产业行业对国民的生活已经产生了深刻的影响，那么康养企业的一般运作模式是怎样的？康养产业的发展形态和基本业态是如何的？本部分将以总结分类的形式对目前国内典型康养企业的运作模式进行基本介绍。

在了解国内康养企业运营模式之前，我们可以先看一下美国康养养老运作模式的发展。从全球康养养老地产行业市场来看，按照参与主体的分类不同，我们可以将康养养老地产划分为政府主导型、市场化开发型以及政府和开发商合作开发型。美国的康养养老地产经营时间较长，市场化程度较高，对于国内康养产业发展有一定借鉴意义。美国养老产业不仅是单纯提供年长人士居住的土地和房屋，也不单是一种盈利的方式，而是一整套完整的金融生态系统，其组成者包括了开发者、投资者以及运营者三个方面。美国老年社区市场经营情况复杂，市场竞争较为激烈，养老地产在运作模式上也有较高的要求，位于洛杉矶东北方的太阳城便是美国养老地产的一种独特方式。太阳城定位精准，只规定年龄在 55 岁以上的老年人可以申请入住，对入住老年群体的健康状况有一定要求。太阳城采取将保险、地产、养老产业融合在一起发展的商业模式，即养老 + 地产的开发模式，这种模式将地产开发商与创造消费者生活方式结合在一起，采用酒店式管理，以会员制度作为主要的收益模式进行资本回收，其与保险公司也存在多方面合作。随着中国社会老龄化程度的加大，很多国内知名地产商也开始关注和开展养老地产实践，美国太阳城的地产开发与运作模式是值得借鉴和深入思考的。

在了解了美国养老地产的典型模式后，我们接下来关注国内康养旅游产业的基本运作模式。在健康中国的战略背景下，健康养老、康养已经成为产业发展的新契机，在此基础上很多开发主体和企业也紧抓市场趋势，投身到康养产业发展的大军中。康养产业发展需要大量的财力资本和人力资本投入，其回报周期较长，在经营管理过程中，商业模式和基本的运营管理就会显得非常重要。国内已经有诸多企业投身到康养产业发展中，尽管其产业背景不同、行业优势各异，但也已经积累出优秀的运作经验。

首先关注的一种模式便是以地产公司为开发主体的康养产业模式。地产公司凭借丰富的运作经验，敏锐察觉到康养产业的市场前景，快速准确切入康养地产开发，逐步打造高端康养养老社区，如万科早在 2012 年时已经着手战略布局养老业务，目前已经在北京、上海、杭州、青岛等多个城市实现运作。

其次是以保险类公司为开发主体的产业运作模式。保险公司拥有丰富的资金资本力量，加之保险与养老康养之间的天然联系，很多保险公司也早早嵌入养老机构的投资与运作管理中，如中国人寿旗下首个康养度假基地——国寿嘉园·逸境于 2018 年在三亚海棠湾揭幕，基地遵循“医、食、住、行、文、娱、思、享、健”九大服务体系，将打造具有国际领先水平的高端品质康养度假基地。

再次便是基于自然资源基础，将秀美风光和陶冶情操的自然作为康养旅游产业发展的基础资源延伸出来的康养旅游产业模式，如近些年兴起的森林康养模式。尽管森林康养模式在我国发展起步较晚，且国内目前并没有统一的定义和表述，但基本认可森林康养是指以森林生态景观和资源、森林空气环境和林间特色食材等为依托，配备相应医疗康养服务设施，开展森林游憩、度假、疗养、保健、养老等一系列有益于人类身心健康的活动及过程。森林康养是集林业与康养等多元产业形成的新概念和新业态[4]。

从次是基于已有相关资源的主体转型展开的商业模式运作，如中医药资源、中华养生文化资源等。中医药资源和中华文化养生资源是中国传统文化中的重要组成部分，不论是道家的养生文化理念，还是儒家的孝道文化中蕴含的健康思想，都有着悠久的传承历史，而中医药文化更是具有独特中国特色的要素，很多基于传统中医药资源和中华文化养生资源的主体也积极转型从事大健康产业模式和康养医疗商业模式，如以岭药业基于自己所拥有的中医药资源和养生理念打造的以岭大健康城，从中医养生、健康食材、医养住宿等多个方面构建了全方位的健康城体系，能够满足具有多种康养诉求的客群需求。此外，有着丰富中华养生文化和武术文化的少林寺，也充分发挥自身优势，独创的养生理念和八段锦养生操等均已成为对外宣传的特色康养产品。

最后是基于体系化建设的特色养老小镇运作模式。目前很多地区充分利用自身独有资源，积极开发具有体系化的特色康养小镇项目。在特色小镇中，有以康养为主题的康养小镇，以健康为终极目标，以养身为核心，将养生、休闲、养老、康复、旅游等多个产业融为一体，深度挖掘当地资源和地域特色，结合本地和周边市场需求及消费水平，打造宜人宜居、充满活力的多健康业态聚合的居所集合地。康养小镇以健康养生养老产业为核心，能够提供真正符合市场需求的康养服务，包含了健康养生服务、医疗保障服务、休闲旅游服务等以及延伸的相关健康养生养老产业。

3. 北京市康养旅游产业发展的困难与挑战

在健康中国的战略背景下，中国康养旅游产业已经展现出了强大的发展潜力和动力，尽管目前康养旅游产业中出现了多种多样的商业模式，在康养产业市场中已经形成初步效果，然而在各个商业主体崛起和商业模式创新过程中，仍然存在着诸多问题。而北京地区康养市场发展也处在初期，尽管已经有多个较为成熟的养老社区、太阳城中心以及其他养老中心，但依旧存在诸多问题，总体上有如下几点：

第一，对康养旅游概念内涵的准确理解是把握产业范围的基础和前提，目前学术界和实践界对康养及康养旅游概念的统一认识相对缺乏。康养旅游产业的崛起离不开老年化趋升的背景，早期对康养的理解也更多聚焦于传统意义上的健康养老以及养生和疗养等层面，特别是伴随着老龄化、老年高龄化的大趋势，养老问题的严重性和必要性逐渐成为康养产业所关注的焦点之一，因此，目前在学术界和产业界对康养内涵的界定仍主要集中在对老年群体中。但从产业实践的发展来看并非如此。康养产业所涵盖的范围广阔，其对应的康养行为也十分广泛，从面对的群体中可以看到，康养不仅包含了老年和高龄群体，在不同年龄阶段中个体的康养诉求也各不相同、差异较大，从健康到亚健康再到病患发生每个阶段均存在康养关怀诉求，因此，需要从康养旅游产业所面对群体的角度出发更深刻把握康养旅游的内涵。

我们认为康养和康养旅游要从更加系统和宏观的角度出发来理解，康养旅游产业也是未来中国以“康养 + 旅居 + 地产 + 医养 + 农业”等多种要素相结合的新型康养旅游度假型产业。

第二，政策是助推产业发展的主要动力之一，目前康养旅游产业政策与法规建设相对滞后。尽管近年来国家地方在土地供应、资金补助、税费减免等方面出台制定了一系列产业发展的优惠和扶持政策，给予康养产业在宏观发展上很多指导，但所制定颁布的政策缺乏具体化，配套机制相对较少，使得康养旅游产业领域中的政策在落地执行过程中出现了各种各样的问题，政策难以真正落实到位，不能充分发挥政策优惠对康养旅游产业领域的激励与扶持作用。

第三，从康养旅游产业的供给方来看，目前仍然处在供不应求的发展阶段，行业市场中表现出较大的产业需求，产业发展前景广阔，增长速度较快，但有效供给明显不足。从行业结构上来看，康养产业包括了上游康养产业原料及服务生产商、中间服务集成商、产品与服务设计规划商、康养产业行业产品与服务代理商以及行业经销商和消费者。在整个产业结构中，处在中间和下游的产业主体已经基本成型，特别是消费者所爆发出来的产品与服务消费诉求进一步推动着整个产业向前发展，但从上游产品与服务的原料供应商和服务集成商来看，目前仍然明显不足。在《中国康养产业发展报告（2017）》中就以医疗设施为例，阐述了康复医院在城市中的建设存在明显不足的问题。面对巨大的市场需求，如何从产品和服务原始端提升产业的有效供给量，是康养旅游产业持续、健康发展的基本保证之一。目前我国养老及其他相关康养产业还处在发展的初级阶段，供给存在严重不足，与美国、欧洲以及日本等发达国家相比，我国在养老产业占比、养老产业投资等方面存在较大的差距。当然，从另外一个方面看，这也表明我国养老产业发展有着巨大的发展潜力和发展前景。

有研究表明，从康养旅游产业资源供给的角度来看，康养产业对资源的依赖性较高，其发展对农业、制造业和服务业均有不同程度的需求。从这个角度看，康养旅游产业供给不足一部分是由于资源问题引起的，资源缺乏、资源空间分布不均以及资源诉求不匹配等问题造成了康养旅游市场的供给不足。当然，康养旅游产业的优势也在于能够实现资源的异地供给，空间距离在康养旅游产业发展中并不是难题。以资源禀赋引领市场康养需求、以资源跨空间调度解决康养诉求局部发展不均衡等问题，都可以形成良好的业态发展模式。因此，如何有效利用本地资源以及资源的跨空间传输，也会成为解决康养旅游产业供给不足问题的重要路径之一。

第四，从产业模式上看，目前康养旅游产业中商业模式多基于既有资源基础上发展起来的传统模式，对智慧技术的应用有待进一步加强。李克强总理在 2016 年提出了五大幸福产业的发展理念，旅游、文化、体育、健康、养老随之备受关注，结合康养旅游产业，诸多康养商业模式已经发展成型，并形成了独特的商业特色。本报告在前面已经对现有康养旅游产业运作的基本模式做出了总结和分析，如以地产开发为主体的康养地产开发运作模式、以保险系公司为主体的产品与服务运作模式、以自然资源为基础的森林康养运作模式、以既有资源优势成功转型和嵌入康养产业发展的模式以及基于体系化设计和规划的康养特色小镇运作模式等，尽管在康养旅游产业中这些模式均属于商业模式创新，但更多还是基于运营主体既有资源基础上发展起来的商业模式，有一定传统性。互联网时代对传统商业模式提出了挑战，也提供了巨大的发展机遇，康养旅游产业如何与新时代智慧技术深入结合，充分提升康养旅游产业的发展效率，将是康养旅游产业未来发展的一个重要趋势。当然，目前远程医疗技术、智慧康养小镇等模式的打造也为康养产业发展提供了更多参考。

第五，经济基础薄弱所带来的消费群体消费动力不足，健康意识缺失、康养理念匮乏使得市场不能将诉求转换为有效的消费行为。随着健康与亚健康问题日渐突出，人们已经在思想意识上对健康有了更多的重视，国家从战略层面布局健康中国计划，也是在宣传国民健康的重要性。但从另一方面看，由于地域差异、文化差异和经济发展水平差异，国民的健康意识也不尽相同，如有研究表明，西北地区人群的健康状况与其经济发展滞后有着密切关系，因此提高地区健康水平首先应当提高经济基础，转变健康理念，强化康养意识。从康养产业的需求方来看，不论是亚健康人群规模的持续扩大，还是老年群体和高龄群体日渐增多，都表明康养产业市场端的巨大潜力，然而在经济基础受限、健康意识缺失时，市场的巨大潜力也难以转换为有效的康养消费行为。

第六，产业结构有待进一步完善，康养旅游产业体系有待深入规划。有研究指出，康养产业在促进养老、医疗康复、养生健康等相关产业发展的同时，也明显带动了上下游产业以及周边相关产业的发展，但从目前发展现状来看，由于政策的碎片化和过于宏观指导、发展模式较为粗放、相关人才资源短缺、商业模式创新性不足等因素制约，康养产业远未形成一个健康、完整的产业体系。康养产业体系的打造需要多方资源和力量的配合与支持，很多康养地产项目在占地规模和资金投入上非常巨大，但缺乏相应体系的规划设计，没有相应产业支持，最终并未形成完整的产业链形态，单靠养生娱乐度假产品和服务模式，难以获得持续成长与发展。

第七，人才是产业发展的根本，康养旅游产业发展目前缺乏专业人才。康养产业涉及诸多专业，综合类人才是产业发展的根本，尽管目前康养产业发展既存在巨大的市场发展前景，也有较为利好的产业发展政策扶持，但康养产业仍属于高风险、高投入、高技术、低利润、长回报周期的产业类型，其中对特殊专业人才的要求较高，很多开发主体依据既有资源拥有较多的规划师、设计师、专业医师等人才资源，但往往在项目经营管理中的专项人才有诸多缺口。目前康养产业发展亟须大量专业人才，在未来产业发展中应当重视康养人才队伍建设以及专业人才梯队的培养。

4. 北京市康养旅游产业发展建议

北京地区拥有大量的老年群体和亚健康群体，市场规模较大，发展潜力较好，但从目前发展现状来看仍然存在诸多问题，报告提出北京康养旅游产业发展的几个建议：

第一，政策保驾护航，在宏观政策制定的基础上，要更加注重政策的具体指导价值，密切关注政策的落地执行效果，不断优化与完善相关政策。政策是康养产业发展的保障，尽管北京地区已经制定推行多项康养产业政策，但更多偏向于宏观指导，在具体执行过程中，政策与制度的制定和推行还需进一步完善，特别是在政策落地执行过程中，要不断进行优化与完善。

第二，创新产业模式，综合利用互联网技术，将智慧技术嵌入到康养旅游产业发展模式中。随着社会发展和人民生活水平的提升，国民健康意识越发浓厚，单纯养老服务业已经满足不了现代的市场诉求，特别是对老年人来说，养老需求呈现出高、精、准的态势。在互联网时代下，要充分利用大健康和大数据对康养模式变革的影响，积极将互联网技术和智慧技术嵌入到康养产业发展模式中，促进康养产业成长。

第三，聚焦京郊和环京资源，打造山水型康养项目。京郊和环京拥有丰富的自然资源，在地产开发方面也有着天然的价格优势，充分利用京郊和环京资源，积极有效开发康养旅游地产及其他相关项目，也能够成为北京康养产业模式发展的重要路径之一。

第四，借鉴经验，打造复合式老年养老社区，创建中国特色的 CCRC 项目。CCRC 项目全称 Continuing Care Retirement Community，意为持续照料型退休社区，是一种复合式、综合式、体系化的老年养老社区。在 CCRC 项目中，入住者能够在健康的情况下享受到丰富多彩的社交生活，也能够在身体健康出现问题时接受到专业化治疗和护理，CCRC 项目为老人提供了一种全新的养老模式。从现有的 CCRC 项目中可以看到，CCRC 是一个复合式的养老综合项目，能够为老人提供从独立行走到卧病在床的一站式养老服务，让老人在熟悉的场景中生活和老去。美国 CCRC 项目的收益模式以入场费 + 月费的形式为主，有可以供选择的多层次方案。北京市康养旅游产业可以在既有资源的基础上，借鉴国内外优秀经验，充分发挥经营模式优势，创建中国特色的 CCRC 项目[5]。

第五，挖掘北京地区文化旅游资源，打造康养文化娱乐项目，构建养老服务站，丰富老年群体的精神生活。北京地区拥有丰富的自然风光和人文风光资源，在文旅融合的大背景下，基于北京地区独有的文化旅游资源，可以打造老年康养文化娱乐项目，助力北京康养产业发展。逐步构建有特色的养老服务站，不单单从身体健康角度进行产品与服务设计，更要从精神层面进行丰富。

第六，积极培养相关专业人才，打造康养旅游产业专项人才梯队，丰富人力资本，着重打造商业运营精英。人才匮乏是制约康养产业发展的重要桎梏，在推动北京地区康养旅游产业发展的过程中，也应当高度重视康养相关专业人才的培育工作，特别是对专项人才梯队的建设和康养建设项目运营类精英人才的培育。

第七，进一步优化京津冀健康资源布局，充分发挥京津冀协同建设效应。在政策制定和制度设计上，要积极引导在京医疗机构在津冀地区开办分院或鼓励采取合作办医等方式，优化资源布局，提升服务效能，开展多种形式的医疗技术、经营模式、运营管理交流，实现优势整合。

第八，结合首批国家中医药健康旅游示范区，着力打造局部典型康养模式。2017 年北京市东城区被确定为首批国家中医药健康旅游示范区创建单位。基于中医药文化的健康旅游也可以纳为康养产业领域，可以充分利用此次中医药健康旅游示范区创建，着力打造具有北京中医药特色的康养产业模式。

参考文献

[1] 何莽，等．中国康养产业发展报告（2017）[M]．北京：社会科学文献出版社．

[2]《北京老龄事业发展报告（2018）》，北京市老龄办、市老龄协会、北京师范大学中国工艺研究院发布，2019 年 10 月．

[3]《“健康北京 2030”规划纲要》，中共北京市委，2017 年 7 月．

[4] 刘朝望，王道阳，乔永强．森林康养基地建设探究[J]．林业资源管理，2017（2）：93–96.

[5] CCRC 养老模式详解[EB/OL]. http://www.360doc.com/content/18/1216/22/59320440_802278709.shtml.

责任编辑：刘彦会

图书在版编目（CIP）数据

北京旅游发展研究报告. 2019 / 北京旅游发展研究基地编. -- 北京 : 旅游教育出版社, 2020.3
ISBN 978-7-5637-4067-3

Ⅰ. ①北… Ⅱ. ①北… Ⅲ. ①旅游业发展－研究报告－北京－2019 Ⅳ. ①F592.71

中国版本图书馆CIP数据核字(2020)第027859号

北京旅游发展研究报告 2019

北京旅游发展研究基地　编

出版单位	旅游教育出版社
地　　址	北京市朝阳区定福庄南里 1 号
邮　　编	100024
发行电话	（010）65778403　65728372　65767462（传真）
本社网址	www.tepcb.com
E - mail	tepfx@163.com
排版单位	北京旅教文化传播有限公司
印刷单位	北京虎彩文化传播有限公司
经销单位	新华书店
开　　本	710 毫米 ×1000 毫米　1/16
印　　张	13.5
字　　数	187 千字
版　　次	2020 年 3 月第 1 版
印　　次	2020 年 3 月第 1 次印刷
定　　价	59.00 元

（图书如有装订差错请与发行部联系）